DE L'ORIGINE

DES SOCIÉTÉS.

Tome 1er.

AVIS.

On peut également , dans les Provinces , faire des demandes , ou pour la totalité de cet Ouvrage , ou pour les parties que l'on désire ; ou pour ce qui est imprimé , ou pour la continuation , chez les Libraires où l'on prend le Défenseur, la Quotidienne , le Drapeau Blanc *et* le Journal des Débats.

DE L'ORIGINE DES SOCIÉTÉS,

ET

ABSURDITÉ

DE LA

SOUVERAINETÉ DES PEUPLES;

OU L'ON VERRA

L'origine certaine des Inégalités, des Propriétés, des Droits, des Autorités, des Pouvoirs, des Cités, des Lois, des Constitutions, de la Vie nomade, de la Vie sauvage, etc.;

OU L'ON PROUVERA CONTRE L'ESPRIT RÉVOLUTIONNAIRE :

1° Que jamais les Hommes ne furent Egaux en droits ;
2° Que jamais il n'y eut de Pactes sociaux ;
3° Que jamais la Souveraineté ne résida dans le Corps des Peuples ;
4° Que c'est Dieu lui-même qui l'a placée, en toute propriété, dans leurs Chefs.

PAR M. L'ABBÉ THOREL.

Date magnificentiam Deo nostro.
Cantic. Moïs.

TROISIÈME ÉDITION.

tome 1ᵉʳ

A PARIS,

Chez
{
A. EGRON, rue des Noyers, n° 37 ;
DENTU, rue des Petits-Augustins, n° 5 ;
H. NICOLLE, rue de Seine, n° 12.

M. DCCC. XXI.

AUX LECTEURS.

MESSIEURS,

Quoique les doctrines meurtrières aient plus spécialement dirigé leurs poignards contre la personne sacrée
des souverains, cependant il est certain qu'elles n'ont
épargné aucuns états; qu'ainsi, nous sommes tous infiniment intéressés à les connoître. Quelle sera la surprise de ceux qui sont dans l'erreur, quand ils sauront
que ces doctrines meurtrières sont précisément celles
qu'on veut établir partout de nos jours: celles de *l'égalité, des pactes sociaux, et de la souveraineté des peuples !* quand en se transportant derrière la toile où elles
se cachent, ils verront clairement, que ce sont elles
qui tiennent dans leurs mains tous les fils des scènes
sanglantes qui se passent sous nos yeux; elles, qui,
sans se montrer, en font parler et mouvoir tous les ac-
teurs, dirigent tous les poignards, et égorgent toutes
les victimes; quand ils connoîtront qu'elles ne nous
montrent dans le lointain un fantôme éblouissant de
bonheur, que pour nous faire tomber dans les abîmes
de calamités qu'elles ont ouvert devant nos pas; que,
comme les passions qui les ont engendrées, elles ne nous
ravissent par la douce mélodie de leurs chants, que
pour nous dévorer dans leurs rochers ; quand enfin ils seront bien sûrs, qu'au lieu de les appeler il faut les fuir;
qu'au lieu de les écouter, il faut se boucher hermétique-
ment les oreilles; qu'au lieu de chercher à les établir, il
faut promptement travailler à les détruire, sans quoi,

nous marchons à pas précipités vers la dissolution du monde ; et nous nous trouverons tous, sans en excepter ceux-mêmes qui sont dans l'erreur, ensevelis sous ses ruines !

Enfin, *quelles sont les doctrines meurtrières qui désolent l'univers? leur nom, leurs principes, leurs caractères distinctifs, et leurs progrès effrayans, leur perfidie, leur perversité, et les principes véritables auxquels il est infiniment pressant de revenir!...* Si on lit sans partialité, voilà ce qu'on trouvera clairement exposé dans cet ouvrage. Comme il n'est pas encore connu en France, attendu qu'ayant été composé dans l'émigration, la deuxième édition a été complettement épuisée dans l'étranger, long-temps avant la chute de l'usurpateur, on ne sera peut-être pas fâché de savoir ce qu'en ont pensé les premiers lecteurs. Nous nous contenterons de citer ici brièvement deux lettres dont les auteurs sont parfaitement connus ; l'un magistrat et l'autre ecclésiastique très en état d'en juger.

Lettre d'un célèbre Magistrat, écrite à l'Editeur, à Vienne, lors de la première édition, en 1807.

MONSIEUR,

Lorsqu'on a commencé la lecture de ce traité, on est étonné de ce que cette conception, qu'on peut regarder avec raison comme neuve, ne s'est pas présentée plus tôt à l'esprit de tous les hommes. On a encore plus de regret lorsqu'on considère les excès et les extravagances auxquelles ont donné naissance les théories impossibles et par conséquent les chimères de la souveraineté du peuple et du contrat social. Les principes établis dans cet ouvrage combattent avec le même succès le système *de Hobbes* et cet état prétendu de nature qui étoit la guerre de chacun contre tous: ce qui ramène au contrat social. On voit que les plus grands publicistes tels que *Puffendorf* n'ont pas été à l'abri de ces rêveries systématiques. Les grands politiques tels que *M. d'Aguesseau*, n'en ont pas attaqué positivement le principe, quoiqu'ils en aient combattu les conséquences. Ici l'auteur très-orthodoxe sur tous les points remonte à la source première de toute autorité; mais une fois écoulée de cette source sacrée, il en suit toutes les branches, tous les rameaux et toutes les divisions. Autant la philosophie a cherché à dégrader l'homme en l'assimilant aux animaux qui habitent les forêts, autant l'auteur lui assigne un rang honorable dans la société, dont il le constitue le monarque et le législateur. Et ce qui est arrivé à l'égard de tous les peuples dont l'histoire et les voyageurs nous ont donné connoissance, arriveroit encore pour toutes les peuplades qui pourroient se former à l'avenir par des colonies qui marcheroient sous les ordres d'un chef. Le plan de l'ouvrage est simple, il est clair. Une fois posé, la démonstration va de suite: le raisonnement est conséquent et suivi. Il l'adapte à toutes les branches, à tous les peuples et à tous les pays. *Il est bien important que cet ouvrage soit connu et généralement répandu.* Il a eu raison de le dédier aux gouvernemens et aux peuples car il les défend les uns comme les autres. Quelque séduisant que soit l'intitulé, il n'annonce rien, il ne promet rien dont on ne trouve les motifs, l'exposition, les preuves ou l'application dans l'ouvrage: et ceux des hommes systématiques qui le liroient sans prévention auroient lieu de rougir de leurs erreurs. J'ai l'honneur d'être, etc.

iv

*Autre lettre écrite à l'Auteur lui-même, à Londres,
lors de la seconde édition, le 5 juillet 1809.*

Monsieur,

Il ne me reste qu'à vous féliciter sur le succès qui ne peut
manquer de couronner votre travail. Le premier volume a
donné un extrême désir de voir le second. Je n'ai rencontré
personne qui l'ait lu, qui n'en soit parfaitement content. Le
sujet est d'une utilité générale. Votre manière de le traiter le
met à portée de tous les esprits. Vos preuves sont des dé-
monstrations qui se répètent sous toutes les formes, sans devenir fastidieuses. Elles inculquent les vérités qu'elles dévelo-
pent : et vous avez trouvé le secret de répandre de l'intérêt
et de la chaleur sur des matières qu'on auroit crues arides
et sèches.

Vous ne me devez plus de remercimens, monsieur, pour
les peines que je me suis données : et je ne doute point, si
j'en mérite, que les souscripteurs eux-mêmes, après vous avoir
lu, ne se chargent de la reconnoissance. Je suis avec les sentimens de l'estime et du dévouement le plus sincère, etc.

Nota. Comme la vérité seule mérite des éloges, ce sera à chacun
à voir jusqu'à quel point ceux-ci sont mérités. Mais comme cette
histoire ne sera que l'exposé bien simple des œuvres de Dieu, s'il
est dû des louanges, c'est non pas à nous, mais à celui qui a subordonné aussi parfaitement les sociétés. *Date magnificentiam Deo
nostro. Dei perfecta sunt opera.* Ce qu'il y a de certain, c'est que
tous ceux qui ont lu les deux premières éditions, leur ont rendu
le même témoignage, soit verbalement, soit par écrit.

QUESTION PRÉLIMINAIRE.

Est-il bien vrai que ce soient les peuples qui se sont donné des gouvernemens, et qu'auparavant les hommes fussent égaux en droits ?....

RAISONS D'EN DOUTER.

I. **LA** *première raison d'en douter*, c'est qu'une infinité de graves auteurs, tels qu'*Aristote*, *Platon*, *Bossuet*, *Fénélon*, et mille autres que nous citerons dans le corps de l'ouvrage, prétendent que c'est l'auteur de la nature lui-même qui a subordonné l'ordre social *par la succession seule des naissances.* Or, si c'est Dieu, ce n'est pas nous. Si c'est lui, ce ne sont pas les peuples. Si c'est lui, il faut l'adorer *comme auteur et ordonnateur* des sociétés. Transférer aux créatures les hommages qui sont dus au créateur, c'est une révolte impie, qui mérite tout le courroux du Tout-Puissant. *Date magnificentiam Deo nostro.*

II. *La seconde raison de douter*, c'est que tous ceux à qui nos deux premières éditions ont pu parvenir pendant la révolution, se sont joints aux auteurs que nous avons cités, pour proclamer le Tout-Puissant, *le véritable ordonnateur* des sociétés ; et nous sommes bien sûrs que tous ceux qui liront cette troisième sans partialité, lui rendront le même hommage. *Date magnificentiam Deo nostro.*

III. *La troisième raison de douter*, c'est l'obscurité de cette opinion. On se plaint, de nos jours, qu'on ne retrouve plus dans nos meilleurs ouvrages, cette noble simplicité qui fit le caractère distinctif des beaux âges de notre littérature, et on en demande la raison ?... Elle est bien simple. C'est que, ce qui est faux, est essentiellement obscur ; et que, si c'est Dieu lui-même qui a arrangé l'ordre social, l'univers entier est retombé, sur ce point, dans les ténèbres de la plus affreuse idolâtrie. Car quelle origine donnons-nous aujourd'hui aux sociétés ?... Des guerriers, des conquérans, des soldats heureux ; de grandes assemblées, qu'on a appelées *pactes sociaux*, où les peuples réunis, après s'être donné des chefs, des souverains et des législateurs, distribuèrent à chacun des places, des biens et des honneurs, à condition qu'on les emploieroit à nous rendre heureux, sans quoi, le *pacte social* seroit rompu, et l'on reprendroit ses dons. Nous en attestons l'univers entier. Voilà ce que nous avons mis à la place du grand ordonnateur, et les systèmes que nous avons presque généralement adoptés. Mais si tous ces systèmes sont faux, s'ils sont absurdes et impossibles, s'ils se trouvent généralement démentis par toutes les histoires, tous les faits et tous les monumens ; ne sont-ce pas de puissantes raisons pour examiner si nous ne nous serions pas trompés ?...

IV. *La quatrième raison de douter*, ce sont les absurdités inséparables de ce système. Car pour pouvoir attribuer aux peuples l'arrangement de l'ordre social, il faudroit que Dieu eût créé les hommes absolument égaux en droits. Pour peu qu'il y eût eu des inégalités, c'eût été ceux qui avoient des droits, qui eussent constitué, et le reste du peuple en eût été exclu. Or, nous en demandons pardon. *Des hommes absolument égaux en droits*, eussent été des hommes *sans pères ni mères.* Car tout le monde sait parfaitement, que des pères et des mères ont *des droits naturels d'autorité* sur ceux qui leur doivent le jour. Donc l'égalité absolue des droits paroît une chimère.

1°. *Des hommes absolument égaux en droits* (nous en demandons encore pardon), eussent été *des hommes sans corps....* Car, qu'est-ce que *la propriété ?...* C'est ce qui nous appartient en propre. *Ma propriété*, à moi, c'est mon corps, mon âme, mes facultés, tant spirituelles que corporelles, et les biens que je gagne par leur moyen. *L'autorité* que j'ai sur mes enfans, est *ma propriété*, parce que c'est moi qui les ai engendrés. *Les droits* que j'ai sur mes productions, sont *mes propriétés*, parce que c'est le fruit de mes travaux. Donc l'égalité absolue des droits est une chimère.

2°. Des hommes absolument égaux en droits eussent été des hommes sans bestiaux ; car ceux qui les eussent élevés, en eussent été *les propriétaires !...* des hommes sans tentes, sans cabanes et sans maisons, car c'eût été la propriété de ceux qui les auroient bâties; des hommes sans passions, sans quoi il eût fallu des lois contre les méchans ; des hommes sans besoins, car le moyen de les satisfaire sans se réunir ?... des hommes sans bêtes féroces, car le moyen d'errer dans les bois, eux et leurs enfans, sans en être dévorés ?... etc. , etc. C'est d'après ce tas d'absurdités , et mille autres qui se présentent d'elles-mêmes à l'esprit, que **MM.** *de Voltaire, de Buffon,* et une infinité d'autres, se sont moqués de cet état primitif d'égalité, et que tous les bons auteurs l'ont rejeté, comme une fable absurde qui n'exista jamais. *Ut commentum philosophicum.*

V. *La cinquième raison de douter,* ce sont les difficultés inconcevables *des pactes sociaux :* car, après avoir dispersé les hommes dans les bois, il eût enfin fallu les réunir pour se donner des gouvernemens. Or, où se fût tenue cette immense assemblée?... Qui l'eût convoquée ?... Qui y eût présidé, et qui en eût recueilli les voix ?... Où en sont, comme le dit M. *Bossuet,* les actes et les monumens ?... Si tous les hommes se fussent d'abord accordés à se disperser, par quel délire inconcevable se fussent-ils ensuite accordés à se réunir ?... S'ils eussent été *si libres et si heureux* dans les bois, pourquoi ne fussent-ils pas restés dans cet état délicieux ?... Comment des hommes qui se fussent séparés par inclination pour être libres, se fussent-ils ensuite décidés à se réunir pour se soumettre à des lois et à des châtimens qu'ils auroient voulu fuir ?...

Cela ne suffit pas. Quand il eût fallu se donner des chefs, comment ces millions de sauvages s'y fussent-ils déterminés? Comment ces millions de volontés se fussent-elles accordées ?... Comment ensuite leur donner *des pouvoirs universels* sur eux tous ?... Où les prendre?... C'est d'après cette série inconcevable d'impossibilités, que tous les bons auteurs se sont accordés à rejeter les pactes sociaux, et qu'ils ont soutenu que les hommes ne furent jamais sans chefs et sans gouvernemens.

VI. *La sixième raison de douter*, c'est que cette opinion es absolument contraire *à la foi ;* car *il est de foi*, que, par le cours seul des générations, c'est Dieu lui-même qui a donné un chef universel au genre humain ; un à chaque branche et un à chaque famille, et point du tout, dans cette opinion, les hommes n'eussent point eu de chefs avant les pactes sociaux. 2°. *Il est de foi*, que c'est Dieu qui nous a donné tous nos biens : *à quo bona cuncta procedunt ;* et point du tout, dans cette opinion, ce seroit le peuple qui auroit tout distribué dans les pactes sociaux. 5°. *Il est de foi*, qu'il n'est pas une seule puissance qui ne vienne de Dieu *Non est potestas nisi à Deo ;* et point du tout, dans cette opinion, il n'en est pas une seule qui ne vînt des peuples. Pour admettre des pactes sociaux, il faudroit renoncer *à la raison* et *à la foi* tout ensemble.

VII. Ajoutons à cela que ces systèmes ne nous ont jamais donné que *des promesses fausses , des lumières fausses et des idées fausses.*

1°. *Des promesses fausses.* Où sont, en effet, ce bonheur indicible et cet âge d'or qu'on avoit promis aux peuples, aussitôt qu'ils se donneroient eux-mêmes des gouvernemens ?... Voilà près de trente ans qu'ils s'en donnent, et ils n'en sont que plus misérables , plus vexés et plus écrasés d'impôts....

2°. *Des lumières fausses.* Au lieu des productions lumineuses des beaux siècles de notre littérature, que nous a donné le nôtre ?... Des ouvrages sophistiques.

embrouillés et inintelligibles, tels que le *Livre de l'Esprit*, le *Contrat social* et autres ; des expressions gigantesques, des termes pompeux, des tournures de phrases étudiées, sur lesquelles il faut perpétuellement revenir pour en chercher le sens ; avec la perte de la vérité, celle *de la simplicité* et du bon goût ; des jeux de mots, des étincelles d'esprit qui s'éteignent dans les airs, et qui ne font qu'accroître les ténèbres quand elles sont éteintes ; des feux follets qui, après nous avoir promenés d'illusions en illusions, nous conduisent dans des abîmes d'immoralité, de calamités et de malheurs. 3°. Enfin des idées fausses sur tout.

VIII. *Idées fausses sur le peuple.* Car qu'entend-on par ce mot *peuple* qui s'est donné des gouvernemens ?... *Est-ce l'universalité ?* Cela est impossible, puisque l'*universalité* d'un peuple ne s'est jamais assemblée. *Seroit-ce la majorité ?* Mais la *majorité* d'un peuple est cette foule innombrable de pauvres, de mendians, de bandits, d'ouvriers et d'individus qui n'ont rien, qui ne respirent que le pillage et le massacre de ceux qui ont ; qui conséquemment n'ont rien plus à cœur que le renversement des gouvernemens. Et c'est ainsi que, sous ce mot vague *de peuple*, on livre les peuples eux-mêmes à ce qu'il y a de plus terrible dans les Etats, à la fureur *du bas peuple*, qui étant le plus nombreux, demandera toujours des représentations à raison *du grand nombre*.

IX. *Idées fausses sur la liberté.* Car quelle est, dans le fait, *la liberté* que Dieu nous a donnée, dans l'état méritoire où nous sommes ?... C'est tout simplement *la faculté de faire le bien ou le mal*. Pour faire le bien, il faut dompter ses passions. Pour faire le mal, il n'est question que de les suivre. La première est très-difficile, et la seconde très-aisée; la première mérite des récompenses, et la seconde des châti-mens; la première est la source de tous les biens, et la seconde, de tous les maux. Et malheureusement c'est celle-ci que nous voulons; c'est surtout celle que le bas peuple désire, parce qu'elle nous livre à nos penchans. Et c'est ainsi que, sous le nom vague *de liberté*, on livre les peuples eux-mêmes à toutes les passions *du bas peuple*.

X. *Idées fausses sur la souveraineté*. La souveraineté seroit-elle *la propriété* particulière des souverains? C'est une question que nous examinerons dans cette première partie. Quand on a appris que nous rejetions *les pactes sociaux*, on nous a demandé ce que nous mettrions à la place?... Nous avons répondu, que ce seroit quelque chose de plus solide et de plus vrai, puisque ce seroit *le Tout-Puissant*. Croit-on que Dieu n'ait pas le pouvoir de donner *la souveraineté*?... Et si c'étoit *aux souverains* qu'il eût jugé à propos de la donner d'abord, qu'en résulteroit-il? C'est que les souverains eussent pu, dès l'origine, la donner par eux-mêmes, et ensuite par leurs successeurs, à un ou à plusieurs, à vingt ou à cinquante, à des Chambres ou à des Sénats, etc. De là toutes les formes de gouvernemens qui existent dans le monde, et qui, dans cette supposition, pourroient être aisément légitimés par la cession des anciens souverains.

Voilà pourquoi, dans nos deux premières éditions, partout où cet ouvrage a pu parvenir, pendant la révolution, *en Espagne, en Portugal, en Angleterre*, partout, il a été parfaitement accueilli, parce qu'au lieu d'attaquer aucune espèce de constitution, il les consolide toutes, en assurant *les droits souverains* à ceux qui gouvernent, même dans les démocraties; au lieu qu'en les livrant à la disposition des peuples, tous ceux qui gouvernent, peuvent être chassés à chaque instant par le bas peuple, *comme de misérables commis*. Or, que dire d'une opinion qui entraîne avec elle d'aussi nombreux inconvéniens?...

XI. Mais ce qui paroît déposer le plus fortement contre l'opinion que nous avons embrassée, ce sont les maux affreux qu'elle a occasionés, et qui n'ont en rien de comparable depuis le commencement du monde. Ces maux ont été dépeints avec tant de force par *MM. de Bonald, de Châteaubriand, de La Mennais,* et autres écrivains distingués de nos jours; ils ont été si cruellement et si généralement sentis, qu'il est temps enfin de chercher à en connoître la véritable cause. Et *Moïse,* dans son sublime cantique, semble nous l'indiquer de la manière la plus concise, par ces deux mots bien énergiques : *Vidit Dominus ;* c'est que celui qui gouverne le monde n'est pas un être aveugle. Il y avoit long-temps qu'il voyoit l'univers tourmenté par la fièvre brûlante de l'égalité des droits : *Vidit Dominus ;*... long-temps qu'il voyoit le projet insensé que nous avions conçu de nous donner à nous-mêmes des gouvernemens : *Vidit Dominus!...* long-temps qu'ils voyoit nos assemblées secrètes, et les sermens exécrables que nous y faisions de massacrer toutes les autorités qu'il avoit constituées, pour nous en donner de nouvelles de notre choix; et il connoissoit parfaitement tous les maux qui devoient s'en suivre : *Vidit Dominus !* ... Il nous en a fait prévenir par ses ministres, et nous n'avons pas voulu l'entendre. Il nous a répété pendant plusieurs siècles ses terribles avertissemens, et nous n'avons pas voulu l'écouter. Alors, irrité d'une aussi longue résistance, il est entré en fureur : *Vidit Dominus, et ad iracundiam concitatus est ;* et il a dit, dans le fort de sa colère : Les ingrats ! Je me retirerai d'eux, et je verrai ce qu'ils veulent faire : *Abscondam faciem ab eis, et considerabo novissima eorum !* ... Il l'a fait. D'une main indignée, il a lâché la bride à nos passions. Et qu'a-t-il vu ?... Des rois égorgés, des pontifes massacrés, des sceptres brisés, des temples détruits, des autels renversés, les échafauds en activité nuit et jour ; la terre inondée de sang, tout l'univers dans l'agitation ; les nations soulevées contre elles-mêmes ; le glaive au-dehors, la terreur au-dedans ; les peuples effrayés, tombant par millions sous la faux législative des cruels tyrans qu'ils s'étoient donnés, et ne se rendant pas..... Et il a dit dans son courroux : Hommes insensés, vous avez abandonné le Dieu qui vous a faits : *Deum qui te genuit dereliquisti.* C'étoit moi qui vous avois donné des souverains ; moi qui vous gouvernois par mes représentans, et vous étiez heureux. Mais vous avez voulu être gouvernés par les *représentans des peuples !* ... Aujourd'hui le *peuple* est tout, et je ne suis plus rien. Je vous avois fait avertir de vos malheurs, et vous ne m'avez pas écouté ; et, malgré l'expérience, vous ne m'en croyez pas encore ! Génération perverse ! *Generatio prava atque perversa !* Je lèverai ma main vers le ciel : *Levabo ad cœlum manum meam.* J'en jure par moi-même :

Vivo ego. J'épuiserai sur vous tous les traits de ma colère ; je vous livrerai à *vos nouveaux maîtres ,* jusqu'à ce que vous en soyez totalement rassasiés : *Complebo sagittas meas.*

Si ces fléaux ne sont pas une démonstration, ils sont au moins une forte présomption, que le parti que nous avons pris de nous donner nous-mêmes des souverains, est détestable.

XII. Une autre raison bien importante, qui doit nous porter à examiner le parti que nous avons pris, ce sont les dangers incalculables des opinions fausses... *Ce ne sont ,* dit-on, *que des opinions !* ... Cela peut être. Mais un principe certain , et confirmé par l'expérience soutenue de tous les siècles, c'est que c'est l'*opinion* qui gouverne les esprits, et les esprits qui font mouvoir les corps : de sorte qu'en dernière analyse, *c'est l'opinion qui gouverne le monde.* Si elle est bonne, tout va au bien ; si elle est mauvaise, tout va au mal, et les suites des opinions fausses sont toujours terribles. Le paganisme, l'idolâtrie, les schismes et les hérésies, toutes les erreurs civiles et religieuses se sont enivrées de sang , et toutes ont été enfantées par des opinions fausses.

Pourquoi les païens ont-ils exercé tant de cruautés contre les premiers chrétiens ? C'est parce qu'ils croyoient qu'on étoit obligé *d'adorer leurs idoles.* Pourquoi *Roberspierre* avoit-il conçu le projet exécrable de massacrer tous les grands ? ... C'est parce qu'il croyoit que les hommes étoient *naturellement égaux en droits.* Pourquoi a-t-on inondé la terre de sang dans nos dernières révolutions ? ... C'est parce qu'on croit *que ce sont les peuples qui se sont donné des gouvernemens.*

Tant que ce principe séditieux subsistera, c'est en vain qu'on se récriera sur les conséquences; en vain que les hommes éloquens peindront en traits de feu les maux effrayans qui doivent en résulter; en vain qu'on voudra s'appuyer sur l'expérience du passé, on n'écoutera rien. Si ce sont là vraiment les *droits des peuples*, l'univers dût-il périr, on criera : *Toujours le principe, jamais les conséquences.*

Tant que ce principe faux subsistera, ses conséquences y étant renfermées, il les vomira sur la terre avec tous les fléaux qui en sont inséparables. Tant qu'il subsistera, on l'enseignera dans les colléges; on le professera dans les universités; on en fera la base de nos traités et de nos écoles de droit public. Il dominera dans les conversations; il deviendra la règle de nos lois, de tous nos écrits et de tous nos discours. La contagion gagnera dans tous les États, dans tous les esprits et dans tous les cœurs. Elle passera, malgré nous, d'un hémisphère à l'autre, sans que les cordons, les flottes et les armées puissent l'arrêter, puisqu'elle pervertira les flottes et les armées elles-mêmes.

XIII. On nous objecte l'étendue immense de cette opinion, et c'est précisément la raison la plus forte pour en examiner le fond. On sait bien que cette doctrine : *Que ce sont les peuples qui se sont donné des gouvernemens,* n'est pas nouvelle. Dès les temps les plus reculés, elle se répandit sur la terre avec la rapidité d'un torrent; et, de nos jours, elle en couvre la surface avec l'universalité d'un déluge. Nous ne disconvenons point du tout de son extension. Mais comment une doctrine, qui établit en principe : *Que tous les hommes sont naturellement indépendans,* n'eût-elle pas fait de rapides progrès ? comment une opinion, qui appelle toutes les passions au pillage, n'eût-elle pas été enfantée par les passions, dès qu'elles eurent occasion de la mettre au monde ? On sait bien que cette origine eut, dans tous les temps, de nombreux sectateurs.

Mais enfin, si, le tout bien considéré, cette origine se trouvoit fausse ; si les auteurs qui la contestent se trouvoient avoir raison, et que ceux qui l'ont adoptée se trouvassent avoir tort, que conclure de ses immenses progrès, sinon que le mal est contagieux ; de son effrayante extension, sinon que la peste se gagne ; du nombre prodigieux d'hommes estimables qui l'ont adoptée, sinon que le mal est à son comble ; de sa généralité, sinon que la contagion a gagné tous les États ; que les hommes les plus sains n'ont pu s'en sauver, et que les médecins eux-mêmes n'ont pas été à l'abri de ses atteintes ? Parce que les passions sont dans tous les hommes, en sont-ce moins des passions ? L'erreur de l'idolâtrie, parce qu'elle fut universelle, en étoit-elle moins une erreur ? Et un incendie, parce qu'il gagne de maisons en maisons, en est-il moins un incendie ? L'étendue immense de cette opinion, jointe aux ravages affreux qu'elle occasiona dans tous les temps, n'est-elle pas une preuve de plus qu'elle est souverainement contagieuse, et une grande probabilité de plus qu'elle est fausse ?

XIV. N'y a-t-il donc plus de remède ? Il en reste un bien simple et bien efficace, qui, en empêchant le sang de couler, ne sauroit faire verser une seule

goutte de sang. Mais il est le seul : *c'est celui de l'ins-*
truction. Il en est qui imaginent qu'une révolution de
vingt-cinq ans a dû nous désabuser de nos erreurs !
Ils se trompent fort. En eût elle duré cinquante, elle
n'eût pas détruit un seul principe faux, et il lui étoit
bien impossible de le faire ; par la raison bien simple,
que les événemens physiques n'ont pas de prise sur les
esprits. La tempête a brisé les branches de l'arbre,
mais les racines restent. On ne connoît que trop bien
les effets de la dernière révolution. Mais ses véritables
causes, on est loin de les connoître, *dit M. de*
Maistre, puisque chacun assigne la sienne. Après
les plus terribles révolutions, lorsque l'esprit public
est perverti, il faut encore souvent instruire, parler,
écrire et imprimer long-temps. Certes, tous ceux qui
s'engagent par serment à rétablir *l'égalité*, croient
foncièrement à la possibilité de cette entreprise. Quel
sera leur étonnement, quand ils sauront que c'est une
chimère, qui n'a jamais existé et qui n'existera jamais?
Et quand ils nous auront lus, non-seulement ils le
sauront, mais ils en seront complétement convaincus.
Partout où nos deux premières éditions ont pu pé-
nétrer, même dans le fort de la révolution, les preuves
en ont paru si simples, si frappantes et si évidentes,
que tous ceux qui étoient le plus profondément imbus
des opinions contraires y ont formellement renoncé,
et que ceux qui étoient les plus opposés aux vérités
que nous enseignons, en sont devenus les plus ardens
propagateurs ; et il n'y a que *l'instruction*, elle seule,
qui puisse opérer de pareils changemens dans les
esprits.

XV. D'après tant de raisons de douter, que faut-il

donc faire?... Douter, examiner, écouter ceux qui nous disent que c'est Dieu lui-même qui a subordonné les sociétés, et qui leur a donné des chefs. Puisque tout l'univers fut idolâtre, penser qu'en fait de preuves ce sont les raisons qu'il faut peser, sans avoir égard au nombre, *non numerantur, sed ponderantur.* D'après les règles d'une sévère dialectique, s'assurer de quel côté est la vérité et de quel côté est l'erreur, d'après cette vérité incontestable que l'erreur traîne infailliblement après elle les plus terribles fléaux. C'est l'*instruction de ce grand procès* sur l'origine des sociétés et des souverainetés que nous soumettons, pour la troisième fois, au public et à nos adversaires eux-mêmes. Comme il a déjà été lu, dans nos deux premières éditions, par des hommes éclairés de toutes les classes, princes, souverains, évêques et magistrats, publicistes et jurisconsultes, docteurs et professeurs, philosophes et théologiens, sans la plus petite contradiction littéraire, non-seulement nous donnerons la troisième édition avec confiance, mais nous croirions trahir la cause des sociétés en ne la donnant pas, vu son but et son extrême importance.

XVI. Nous l'intitulâmes, dès l'origine, *la Voix de la Nature*, parce que c'est elle qui y parle; elle qui y réclame ses droits violés, ses lois méconnues, et ses institutions anéanties; elle qui y cite la fausse philosophie à son tribunal; qui y dévoile ses sophismes; qui la juge et la condamne, comme atteinte et convaincue de tous les crimes qui ont désolé l'univers depuis le commencement du monde; elle qui peut faire cesser toutes les calamités auxquelles nous sommes en proie, et nous rendre le calme et le repos que nous cherchons en vain dans nos faux systèmes ; enfin *la Voix de la Nature*, parce que ce sera tout simplement *l'histoire naturelle* de l'origine et des développemens des sociétés, d'après la nature, la raison, les faits et les monumens les plus incontestables. Mais comme la *nature* de Dieu et celle de l'homme sont inséparables, et que ce qui est *surnaturel*, par rapport à nous, est très-*naturel* par rapport à Dieu, cet ouvrage sera plus étendu qu'on ne pense. Comme, en attaquant les sociétés, la fausse philosophie a tout attaqué, Dieu et l'homme, morale et religion, spirituel et civil, le sacerdoce et l'Etat, la vie présente et la vie future, et que tous les principes se tiennent par la main, nous croyons devoir prévenir, que tout cela marchera ensemble. Ce sera une collection complète de toutes les vérités qui peuvent contribuer à nous rendre heureux.

XVII. Pour embrasser cette vaste collection, nous diviserons l'ouvrage en trois parties. Dans la première, *sur l'origine des sociétés*, après avoir combattu les monstres affreux *de l'égalité et des pactes sociaux*, marché au milieu des abîmes et contemplé avec effroi ces gouffres énormes qui engloutissent les générations, les gouvernemens et les mœurs, nous remonterons, avec nos lecteurs étonnés, jusqu'à ces sources antiques d'où sont descendus successivement les peuples, les autorités et toutes les formes de gouvernemens. En suivant le cours de ces eaux salutaires, à travers toutes les révolutions des siècles, il seroit beau de voir comment *l'autorité souveraine*, toujours la même, et toujours invariable, franchissant tous ces obstacles, est parvenue sur la tête des souverains actuels, sous toutes les formes possibles de gouvernemens. Il seroit bon, chemin faisant, de tirer de dessous les ruines, ces principes éternels que l'erreur y avoit ensevelis en bouleversant le monde; et ce sera le vaste sujet de la première partie.

Dans la seconde, *sur la formation des peuples*, en remontant à l'endroit où chacun d'eux s'est séparé du tronc, nous suivrons successivement le superbe développement des ordres et des états dont chacun se compose. Quand on contemplera avec nous l'antique origine du sacerdoce, celle de la noblesse, du tiers-état et des différens corps, leur distinction naturelle, leur connexion et leur subordination ; leur nécessité, leurs avantages et leur utilité, on ne pourra s'empêcher de s'écrier : *Nous étions donc tombés dans d'épaisses ténèbres*. On apercevra clairement tout ce que nous avons perdu en les détruisant, et quelle est la cause évidente de l'extinction de la morale et de la religion, de la probité, de l'honneur et de toutes les vertus, et les moyens qui nous restent de les reconquérir.

Dans la troisième partie, *sur la liberté et la combinaison des pouvoirs*, après avoir exposé leurs bornes, leurs limites et la manière admirable dont Dieu les a enchaînés, pour contrebalancer la fougue impétueuse des passions, nous dévoilerons, aux regards étonnés, tout ce qu'il faut pour être vraiment libres, savoir : *l'équilibre des volontés, la balance des gouvernemens, le concert des deux puissances, l'accord du naturel et du surnaturel*. Nous démontrerons non-seulement que la réunion de ces grands motifs est nécessaire, mais qu'il faut qu'ils se retrouvent indispensablement dans chacune de nos actions;

sans quoi, entraînés par le cours de nos passions, nous ne ferons que rouler d'abîmes en abîmes, sans pouvoir arriver à une constitution stable. De l'ensemble admirable de ces trois parties, il s'élèvera une voix puissante, qui nous criera hautement, que l'arrangement merveilleux des sociétés n'est point du tout l'ouvrage de l'homme, mais celui du créateur, et qui, en rétablissant les vrais principes dans les cœurs, y fera renaître tous les sentimens d'amour, d'admiration, d'adoration et de reconnoissance envers l'Être suprême, que les principes faux y avoient totalement desséchés. Et c'est cette voix puissante qui naîtra nécessairement de cette contemplation, que nous appelons *la Voix de la Nature et de son Auteur*.

XVIII. Quelle a été l'occasion de cette grande entreprise?... Une idée heureuse et inattendue, comme on peut le voir dans le principe V, vers la fin de cette première partie. Pour l'exécuter, il nous falloit du temps, et la Providence nous en a fourni une ample latitude dans toute la durée de l'émigration. Des livres, de superbes bibliothèques, des hommes savans de toutes les classes, émigrés avec nous, et qui avoient aussi tout le temps de nous aider de leurs observations : rien ne nous a manqué; de sorte que cet ouvrage, qui n'eût jamais existé sans la révolution, sera dû au malheur de la révolution même. On convient assez généralement de nos jours, que dans le bouleversement total de notre siècle, non - seulement *les principes vrais* se trouvent perdus, mais qu'on y en a substitué *de faux*. Or, *les principes faux* sont autant de volcans qu'il falloit éteindre, et *les principes vrais*, autant de trésors perdus qu'il falloit retrouver. Ce qui ne pouvoit se faire que par des travaux opiniâtres, et ce qui ne sauroit encore réussir malgré nos travaux, que par un concert unanime de droiture, d'application, d'efforts et de moyens, qui puisse l'emporter sur la résistance inévitable des préjugés dominans. Composer de bons ouvrages, les corriger, les étendre, les anoblir par ses talens, les multiplier par nos presses, aider à les répandre, nous associer pour le bien, comme on s'est coalisé pour le mal; voilà le véritable intérêt de tous, et nous espérons qu'enfin on prendra le parti d'ouvrir les yeux sur ses vrais intérêts.

XIX. Qu'on ne se prévienne donc pas, avant de nous lire; nous n'avons très-certainement écrit ni contre les souverains, ni contre les peuples, ni contre les philosophes eux-mêmes, mais *contre les principes faux*, qui perdent leurs propres partisans. On ne trouvera, dans nos écrits, ni amertume, ni invectives, ni personnalités; nous avons trop de choses à dire pour avoir besoin de ces petits moyens. De l'ordre, de la clarté, de la netteté; des preuves simples et naturelles, mais solides et irrésistibles, fondées sur les faits et sur les monumens; voilà ce qu'on a trouvé dans nos deux premières éditions, et ce qui se retrouvera plus que jamais dans cette troisième. La gloire de Dieu, la restauration de l'esprit public, l'utilité des peuples, le bonheur même de ceux qui sont égarés; enfin, le triomphe de la vérité, et la réfutation des erreurs. Voilà le but de nos travaux et le caractère généralement commun de cet ouvrage.

XX. La première partie contiendra six questions bien importantes. 1°. L'égalité; 2°. le contrat social;

3°. la source des autorités ; 4°. l'origine des cités ; 5°. leurs variations ; 6°. les souverains actuels : d'où ils tirent leurs pouvoirs , dans toutes les formes possibles de gouvernemens ?

Je suis bien sûr qu'on se trompe *sur l'origine des sociétés*, et que c'est là la source féconde de tous nos maux. D'après cela (dussé-je contrarier l'esprit public), je dois élever la voix, crier et persister jusqu'à ce qu'on m'entende : « O homme, qui que tu « sois, et quelles que soient tes opinions, écoute ; tu « trouveras ici ton histoire, non pas telle que je l'ai « lue dans les livres de tes semblables, qui sont des « menteurs, mais telle que je l'ai vue dans le livre de « la nature, qui ne ment jamais. » C'est ainsi que *J.-J. Rousseau* termine sa préface *sur l'origine des inégalités*, et c'est ainsi que nous terminerons la nôtre ; et, comme lui, c'est par la grande question de *l'égalité* que nous commencerons. Quel sera le *menteur* ? Le public en sera le juge.

PREMIÈRE QUESTION.

L'ÉGALITÉ DES DROITS

A-t-elle jamais existé?

§. I. *Égalité des droits impossible d'après la nature.*
§. II. *Impossible d'après la raison.* §. III. *Impossible d'après le mérite seul.* §. IV. *Impossible d'après l'expérience. Fait décisif.*

ÉTAT DE LA QUESTION.

I. Sɪ les sociétés furent originairement l'ouvrage des *peuples*, il fallut nécessairement attendre qu'il y eût des *peuples* avant de procéder à l'établissement des *sociétés*, et conséquemment il fallut attendre long-temps; car la marche de la nature est progressive : 1° la *famille*, 2° *plusieurs familles*, 3° la *multiplication des familles*. Ce ne fut que plus de cinq ou six cents ans après la première époque, lorsque le genre humain se fut prodigieusement multiplié, qu'on put enfin jouir du bonheur des gouvernemens : *Conditione multiplicati generis expensâ*, comme le dit fort bien Puffendorf.

II. Or, dans un espace de temps aussi considérable, que faire des hommes déjà existans?... Ceux qui placent l'origine des gouvernemens dans les peuples, ou les envoient courir dans les bois, ou supposent les familles dans un tel état d'anarchie, que, fatiguées de tant de misères, elles se déterminent enfin à se donner des gouvernemens. Et c'est cet état primitif de dispersion qu'on a appelé l'*état d'égalité*, parce que les hommes, étant encore sans gouvernemens, avoient tous des *droits égaux* aux biens, aux distinctions et aux dignités de l'ordre social.

III. Mais cet *état primitif d'égalité* exista-t-il jamais?... Puisque Dieu destinoit l'homme à l'état de société, pourquoi ne le créa-t-il pas lui-même? et puisqu'il le destinoit à vivre *sous des chefs*, pourquoi l'eût-il laissé plus de cinq ou six cents ans *sans chefs*?... Cela se conçoit-il?... Tous ceux qui croient que les hommes ne furent jamais sans gouvernemens, traitent cet *état primitif d'égalité*, de fable absurde et d'*état idéal*. Ils prétendent que Dieu, ayant décrété, de toute éternité, que les hommes naîtroient les uns des autres, il a eu soin de donner au chef de chaque branche du genre humain tous les droits d'*autorité et de propriété* qui lui étoient nécessaires pour gouverner ses descendans; qu'ainsi les gouvernemens furent, dès l'origine, l'ouvrage de Dieu même; que la supposition même de cet *état d'égalité* est un blasphème contre le Tout-Puissant et un outrage révoltant fait à sa toute-puissance; que si *l'égalité des tailles* seroit une démence, celle des *droits* l'est encore bien davantage, puisqu'il est radicalement impossible que l'*être moral* ait jamais pu être, un seul jour, sans lois, sans maîtres et sans supérieurs.

IV. Enfin, est-ce Dieu qui donna des *gouverne-*

mens aux hommes dès l'instant de la création, ou sont-ce les *peuples* qui s'en sont donné, cinq ou six cents ans après, lorsqu'ils furent formés?... Voilà le grand objet de cette **contestation**, et il est aisé d'en sentir toute l'importance; car, si c'est *Dieu lui-même* qui a créé *tous les droits d'autorité et de propriété*, personne au monde n'a le droit d'y toucher; si, au contraire, ce sont les *peuples*, on peut tout bouleverser chaque jour de leur part; il n'y a plus rien de stable dans les sociétés. Malheureusement c'est cette opinion qui a prévalu et qui a occasioné tant de calamités, et c'est pour la combattre que nous établissons les trois assertions suivantes.

V. 1° On croit presque généralement que, dans l'origine, il fut un temps où les hommes furent sans chefs, sans maîtres et sans autorités, ayant tous des *droits égaux* aux fonctions de l'ordre social!... *Nous prétendons que c'est une erreur.*

2° On croit presque généralement que, dans l'origine, il fut un temps où les hommes furent sans lois, sans possessions et sans propriétés, ayant tous des *droits égaux* aux biens et aux dignités de la terre!... *Nous soutenons que c'est une fausseté.*

3° On croit presque généralement que, dans l'origine, les biens et les emplois furent distribués d'après la distinction seule du mérite personnel!... *Nous soutenons que c'est une absurdité.*

Nous prétendons, non-seulement que cette *égalité primitive de droits* n'a jamais existé, mais qu'elle fut toujours *impossible*, et impossible sous tous les rapports : *impossible* d'après la nature, *impossible* d'après la raison, *impossible* d'après le mérite lui seul, et *impossible* d'après l'expérience. Nous soutenons que *tous nos droits* ont été gradués par Dieu même ; qu'ainsi la *société* ne fut jamais l'ouvrage des hommes. Commençons par interroger la *nature*.

§ I.

Egalité des droits impossible d'après l'ordre de la nature.

I. D'abord on croit presque généralement que, dans l'origine, il fut un temps où les hommes étoient *sans chefs, sans supérieurs* et *sans autorités*, nous prétendons que cela est impossible, d'après l'ordre de la nature.

Commençons par le premier père et par la première famille qui parut au monde : certes c'est bien là l'origine des choses, il est impossible de remonter plus haut : contemplons l'homme dans cet état primitif, bien antérieur à l'existence même des peuples. Puisque cette famille avoit un père, qui existoit essentiellement avant elle, personne ne contestera qu'elle avoit dans ce père un chef, un supérieur, un protecteur, investi d'*autorité*, qui avoit le droit de la gouverner, par cela seul qu'il étoit son père. Ce premier fait est d'une telle évidence, et il est si solennellement avoué de tout l'univers, que l'exposé seul en est la démonstration : il seroit inutile de se tourmenter à prouver ce qu'on ne conteste pas.

Donc, d'après l'ordre de la nature, dès la première génération qui parut au monde, il y avoit inégalité dans les droits. Le père étoit le chef de la famille, et les enfans en étoient les membres, le père étoit supérieur, et

les enfans étoient inférieurs, le père avoit *autorité*, et
les enfans n'en avoient aucune. Le père avoit droit de
gouverner, et les enfans ne l'avoient pas. Et ce que nous
disons du premier père, nous le disons de chaque premier propagateur ; ce que nous disons de la première
famille qui parut au monde, nous le disons de la première qui parut dans chaque pays, la nature est partout la même; nous le disons de toutes les familles qui
existent encore sous nos yeux : il n'en est pas une seule
qui n'ait son chef constitué en autorité, par son titre
seul de père de famille. Au moins, pour ce premier
article on rendra gloire à Dieu. On conviendra que
c'est, non pas le peuple, mais lui qui a donné *un chef*
à chaque famille; lui qui, par la génération seule a
donné à ce chef *autorité universelle* sur ses enfans.
Et tout ce qu'on pourroit conclure d'une troupe d'enfans qui, révoltés contre leur père, prétendroient lui
disputer *son autorité paternelle*, et lui être égaux
en droits, c'est qu'ils bouleverseroient l'ordre de la
nature.

II. Et qu'on ne dise pas que, dès qu'il y eut plusieurs générations dans chaque pays, le premier père
perdit *son autorité*, et les inégalités naturelles cessèrent. Si, de l'aveu des adversaires, les droits naturels d'un peuple ne se perdent jamais, les droits naturels d'un père ne sont pas moins inamissibles. *Qui
jamais a ouï parler d'un tel prodige*, dit l'éloquent
Bossuet, dans son cinquième avertissement, *qu'un
père perde son droit paternel, même par l'abus!* Il
fut aussi impossible que ce premier père perdît ses
droits *d'autorité*, qu'il lui fut impossible de cesser
d'être père. Aussitôt qu'il eut au-dessous de lui plu-

sieurs générations, il est évident qu'il eut au-dessous de lui plusieurs pères particuliers, et aussitôt qu'il eut au-dessous de lui plusieurs pères particuliers, il devint essentiellement *leur père universel.* Aussitôt qu'il eut au-dessous de lui plusieurs générations, il est évident qu'il eut au-dessous de lui plusieurs pères subalternes ; et que par là, il devint essentiellement *leur père souverain.* Aussitôt qu'il eut au-dessous de lui plusieurs pères subalternes, il est évident qu'il eut au-dessous de lui plusieurs autorités ; et que par là *son autorité* devint essentiellement *souveraine.* La voix de la nature nous crie donc hautement qu'aussitôt qu'il y eut dans chaque pays, plusieurs pères, le premier devint *le chef, le souverain, le législateur-né* de toutes les familles subalternes, que ce fut lui qui eut le droit de les gouverner, tant qu'elles restèrent dans le même pays : et ce que la nature nous crie, nous est répété si constamment par tous ceux qui nous ont parlé de ces tems primitifs, qu'il seroit difficile de nous soupçonner d'avoir mal interprété son langage. Voilà dans quels termes s'expriment tous ces auteurs.

III. « Dans ces premiers tems, dit Mr. *Rollin* au
« commencement de son Histoire Ancienne, chaque
« père étoit *le chef souverain* de sa famille, l'arbitre
« et le juge des différends, *le législateur-né* de la
« petite société qui lui étoit soumise : à mesure que
« chaque famille croissoit, par la naissance des enfans,
« et la multiplicité des alliances, leur petit domaine
« s'étendoit, et elles vinrent peu à peu à former des
« bourgs et des villes. Ces sociétés étant devenues fort
« nombreuses par la succession des tems, les familles
« se partagèrent en diverses branches, qui avoient

« chacune leurs chefs. » Voilà certes un souverain long-temps avant l'existence des peuples.

IV. « A cette époque, » *dit le célèbre Pope*, « Cha-
« que père de famille couronné par la nature, deve-
« noit roi, prêtre, et père de son État naissant : ses
« sujets mettoient en lui tout leur espoir, comme en
« une seconde providence, son regard étoit leur loi,
« sa langue leur oracle. »

Platon dans sa *République* dit expressément que, dans l'origine, ce furent les pères qui gouvernèrent souverainement leur famille, et qui devinrent insensiblement des rois : *ex Patribus-familias paulatim factos reges*. Aristote dans sa *Politique*, le dit encore plus expressément que *Platon*.

V. Nous nous garderons bien de citer ici tous les auteurs qui soutiennent le même sentiment. Les bornes de cette discussion ne suffiroient pas à de si nombreuses citations, que d'ailleurs, nous aurons occasion de reproduire dans la suite avec plus d'étendue. *Grotius, Titius, Hornius, M. de Buffon,* tous les bons auteurs en général sont parfaitement d'accord *sur cet empire paternel* : et par ce père souveverain, il est évident qu'ils n'entendent pas *un père particulier,* puisqu'ils parlent tous *de bourgades, de sociétés, d'un grand nombre de familles* formant déjà des peuples, vivant tous ensemble sous le gouvernement d'un seul grand-père : et ils n'admettent pas, parmi ces pères, une égalité d'autorités, puisqu'ils attribuent *à ce grand-père* la législation, la souveraineté, et la juridiction universelle sur la société qui lui est soumise. Et ces auteurs n'exposent pas l'état primitif d'un seul peuple. Ils parlent *de tous les peuples qui cou-*

vrent la face de la terre : ce sont leurs propres expressions. Ils ne développent pas seulement l'état primitif des peuples anciens, ils expliquent la formation de ceux qui sont encore sous nos yeux, parce que la nature est la même partout, dans tous les temps, et tous les pays. « Rien de plus conforme, est-il dit dans les « principes de *M. de Fénélon*, que cette idée, à ce « que nous voyons chaque jour, dans tous les pays « du monde, où les différentes familles ou tribus, font « remonter leur origine *jusqu'à un père commun.* » Certes on ne peut rien désirer de plus positif que cette unanimité sur l'inégalité primitive des autorités.

VI. Mais que dira-t-on quand on entendra les adversaires eux-mêmes, quand on entendra *Puffendorf*, l'apôtre le plus célèbre de l'indépendance primitive, affirmer dans les mêmes termes qu'*Aristote*, que dans l'état primitif, les pères, en leur qualité de chefs, exerçoient un empire.... semblable à l'empire royal, non pas seulement une famille, mais sur les familles qu'ils avoient engendrées, *quatenùs capita familiarum suarum :* empire, selon lui, plus ancien que l'état civil qui précéda de beaucoup l'existence des peuples : empire qui ne se forma pas des inégalités civiles, mais dont au contraire les inégalités civiles se formèrent, puisque les pères l'apportèrent avec eux dans les cités. Quoi de plus fort que cet aveu sur la préexistence de l'inégalité des autorités? *Circà potestatem quam quis exercet in alium, sciendum est partem istius inœqualitatis provenire, à statu patrum familias civitatem antegresso, in quo isti potestatem in uxores, liberos, ac servos quœsitam, simul in civitates intulerunt, sit ut isthœc inœqualitas; haud quicquam à civitatibus originem duxerit, sed istis sit antiquior, adeòque illa patribus-familias, non data sit à civitatibus sed relicta.* (Puffendorf, de jure nat. lib. 3, cap. 2, et lib. 6, cap. 2.)

VII. Voilà ce qu'ont dit, et ce qu'ont pensé tous les auteurs, ou plutôt voilà ce que l'univers entier, sans en excepter les adversaires eux-mêmes, a déposé sur l'inégalité primitive des hommes : et quand l'univers entier ne le déposeroit pas, il suffiroit d'avoir des yeux pour voir clairement que dès l'origine, l'auteur de la nature n'a pas arrangé les hommes sur une ligne parallèle, mais sur une ligne ascendante et descendante; il n'a pas voulu qu'ils naquissent tous au même instant, mais successivement les uns des autres. Et dès que les hommes naissent successivement les uns des autres, les pères descendent les uns des autres, les autorités sont subordonnées les unes aux autres, les chefs de famille naissent essentiellement les uns des autres, les autorités sont subordonnées les unes aux autres, les chefs de familles naissent essentiellement les uns des autres : et dès-lors, à la tête de tous ces chefs, se trouve essentiellement un chef souverain, qui, comme le disent tous ces auteurs, fut nécessairement dans chaque pays, *le législateur-né* de toutes les familles subalternes, long-temps avant l'existence des peuples.

VIII. Il est donc prouvé, ou rien ne le sera jamais, que *dans l'état primitif,* avant la formation des peuples dans ce qu'on appelle l'état de nature, les hommes avoient déjà des chefs, et des supérieurs constitués par l'ordre seul de la génération. Et qui les avoit constitués *ces chefs?* Il faut encore ici *rendre gloire à*

Dieu ; et convenir malgré soi, que ce ne furent pas *les peuples*, puisqu'ils n'existoient pas encore ; que celui qui avoit constitué *le père primitif* de chaque pays, *chef* de la première famille, l'avoit constitué pour cela seul, *chef* de sa branche, que celui qui lui avoit donné par la génération, *autorité universelle* sur ses enfans, lui avoit également donné par suite de sa génération, *autorité universelle et souveraine* sur ses descendans. Et tout ce qu'on pourroit conclure d'un rassemblement postérieur, qui sans avoir égard aux droits de son chef universel, se fût donné un autre souverain, que celui qu'il auroit reçu du souverain de l'univers ; *c'est qu'il auroit bouleversé l'ordre de la nature.*

IX. Le second fait qu'on allègue en faveur de l'égalité des droits, c'est que, dans l'origine, *il n'y avoit point encore de propriétés, et que tous les biens étoient communs entre les hommes.* Ce second fait nous paroît encore hautement démenti par l'ordre de la nature. Et l'auteur trop célèbre qui s'est indigné contre celui qui s'écria le premier : *Ceci est à moi*, s'est évidemment indigné contre le premier propagateur de chaque pays. Dès que les hommes descendent les uns des autres, par voie de génération, il est incontestable que, dans chaque pays, le premier propagateur existoit avant ses enfans ; qu'il avoit un corps, des bras et des facultés, avant que les enfans pussent en avoir ; que ce qu'il produisoit avec son corps et ce qu'il gagnoit avec ses bras étoit, non pas au peuple, mais à lui en propre ; conséquemment qu'il pouvoit dire : *Ceci est à moi*, avant que ses enfans existassent eux-mêmes. Et si le premier propagateur pouvoit dire : *Ceci est à moi,* avant l'existence même de ses enfans, la première génération pouvoit dire : *Ceci est à moi,* avant l'existence de la seconde, la seconde avant l'existence de la troisième, et ainsi des autres; de sorte que, par tout pays, dès l'apparition du premier propagateur, long-temps avant l'existence des peuples, il est aussi clair que le soleil qu'il y avoit *déjà des propriétés.*

X. Où a-t-on donc pris que, dans l'origine, il n'y avoit point *de propriétés,* et que tous les biens étoient communs entre les hommes? C'est ce que nous ne savons pas. Ce qu'il y a de bien certain, c'est que cette opinion, quelque accréditée qu'elle soit, est évidemment fausse. On sait très-bien que, partout où il y a encore peu d'habitans, il y a encore de vastes communes, de vastes forêts et de vastes déserts. La terre n'a été ni occupée, ni défrichée en un jour. Ce ne sont pas ces vastes déserts que nous appelons *la propriété* du premier occupant, ce n'est pas même ce qui a été défriché par les autres, mais ce qu'il avoit défriché lui-même ou gagné de son vivant. Quand cet homme eût été sauvage, quand il n'eût vécu que de chasse ou de pêche, quand il eût eu autour de lui d'immenses déserts, nous disons qu'ayant vécu le premier, il eut essentiellement le premier des biens; qu'ainsi *la propriété* a existé nécessairement avant les peuples; qu'il y en a eu dès le vivant du premier homme, et partout où il y a eu des hommes, même chez les peuples les plus sauvages et qui vivent au milieu des déserts.

XI. Il n'est point de sauvage, quelque féroce qu'il soit, dit *M. Volney* (dans ses Eclaircissemens sur les

Sauvages), qui ne possède exclusivement ses armes, ses vêtemens, ses meubles et ses bijoux..... Ceux qui ont bâti des cabanes ou des maisons, sont *propriétaires* de leurs maisons ; ceux qui ont cultivé un jardin, sont *propriétaires* de ce jardin ; et comme ce genre de *propriété* dérive évidemment de *la propriété* que chaque homme a de son corps et de sa personne, *cette propriété* est naturelle et sacrée chez eux. L'idée des naturels du Brésil, dit *le Chevalier de Pinto*, est que, si quelqu'un a cultivé *un champ*, lui seul doit jouir du produit, sans qu'un autre puisse y prétendre. « Tout ce qu'un individu ou une famille prend à la chasse ou à la pêche appartient *de droit* à cet individu ou à cette famille, sans qu'on soit obligé d'en faire part à qui que ce soit, excepté au cacique pour l'impôt public. » Il est vrai que, quand les sauvages chassent en commun, le produit de cette chasse, comme on le voit dans *Robertson*, est porté dans un dépôt commun. Mais il en est de ce dépôt commun comme de toutes les communautés qui ont paru depuis le commencement du monde : c'est un composé *de propriétés particulières*. A mesure que chaque sauvage se présente, on lui délivre ce qui doit lui revenir à raison de ses mises et de ses travaux, c'est-à-dire qu'on adjuge à chacun *sa propriété*. Ce qui coûta le plus *aux Jésuites* à faire goûter aux Indiens du Paraguay, ajoute *Robertson*, *tom.* 2, *p.* 582, ce fut la jouissance commune des biens qu'ils introduisirent dans leurs missions, et qui étoit contraire aux idées antérieures de ces Indiens. Ils connoissoient les droits d'*une propriété privée et exclusive*, et ne se soumirent qu'avec peine à des idées qui y étoient opposées. Chez les sauvages les plus féroces, selon *M. Volney*, non seulement il y a *des propriétés*, mais l'héritage de ces propriétés est fixé par l'usage. Chez les uns, ce sont les parens qui en héritent ; chez d'autres, c'est la tribu qui les tire au sort : de sorte qu'en dernière analyse, dans quelque pays que ce soit, dès qu'on y suppose des hommes, il y a essentiellement *des propriétés ;* mais partout où il y a *des propriétés*, il y a essentiellement *des inégalités :* tout le monde n'a pas des droits égaux aux biens de la terre. Cette *égalité* est physiquement et radicalement impossible d'après l'inspection seule de la nature.

On a cru voir l'égalité dans ce qu'on a nommé l'état de nature (dit l'auteur de l'Ordre Naturel des Sociétés, chap. 16). La première contradiction qui se trouve dans cet ensemble, c'est que *la loi de la propriété*, cette loi fondamentale des sociétés, qui est la raison primitive de tout, se trouve nécessairement exclusive *de l'égalité*. Cette *égalité* chimérique est d'une impossibilité physique, dans quelque état que vous supposiez les hommes. Avant l'institution des sociétés conventionnelles, les hommes avoient des droits qui, dans le fait, étoient inégaux. Il est faux, dit *Puffendorf* lui-même, qu'il n'y eût pas *de propriétés* avant l'institution de l'état civil, *falsum est extra civitates non esse proprietatem rerum. . . . Antè institutas civitates dominium rerum non fuisse, gratis negatur.* (Lib. VIII, cap. 1.)

XII. Pour contester cette vérité, il faudroit donc se décider à nier l'évidence : et lorsqu'on entend *J.-J. Rousseau* s'emporter, avec tant d'indécence, contre celui qui s'écria le premier : *Ceci est à moi*, il n'est personne qui n'ait le droit de lui demander, avec la même colère, à qui donc appartenoit le champ du premier homme, quand il étoit encore seul ? à qui appartenoit sa moisson, sa pêche, son travail, les bestiaux qu'il avoit élevés ?... A qui ? Etoit-ce à ses descendans, qui n'existoient pas encore ?...

XIII. Il est donc hors de tout doute et de toute contestation que, dès l'origine, dans tous les temps et dans tous les pays, avant la possibilité même des peuples, dans ce qu'on appelle l'état de nature, il y avoit *des propriétés*, les hommes n'avoient point du tout *des droits égaux* aux biens, aux honneurs et aux dignités de la terre. Il est hors de doute et de toute contestation qu'avant la possibilité même des peuples, le premier propagateur, de quelque pays que ce soit, avoit *une autorité, des propriétés, des droits* qui étoient à lui. Et de qui les tenoit-il ces droits ?..... Etoit-ce de ses descendans, qui n'existoient pas encore ?...... Non, sans doute, c'étoit de Dieu seul. Peuples insensés, nous écrierons-nous avec *Moïse* dans son superbe cantique : *Popule stulte insipiens.* Rendez donc gloire à Dieu : *Date magnificentiam Deo.* Convenez que c'est, non pas de vous, mais de Dieu que chacun tient ses droits ; et que tout ce qu'on pourroit conclure d'un rassemblement postérieur, qui, sans avoir égard *aux droits* de son chef universel, l'eût dépouillé *de ses propriétés et de sa souveraineté* pour les remettre en commun et les partager entre ses descendans, *c'est qu'il auroit bouleversé l'ordre de la nature.*

XIV. Le troisième fait que l'on déduit *de l'égalité des droits*, c'est que, dans l'origine, tout dut se distribuer au concours, d'après la distinction seule *du mérite personnel :* et pour peu qu'on ouvre les yeux sur la marche de la nature, ce troisième fait n'est pas moins absurde que les deux autres. Si, dans chaque pays, le premier propagateur eut *des propriétés* avant ses enfans, ce ne fut point parce qu'il étoit doué *d'un mérite supérieur,* mais parce qu'il existoit avant eux. S'il eut *autorité paternelle* sur ses enfans, ce ne fut point parce qu'il étoit doué *d'un mérite supérieur,* mais parce qu'il étoit leur père. S'il devint *le chef souverain* de sa branche, ce ne fut point parce qu'il étoit doué *d'un mérite supérieur,* mais parce qu'il fut *le père universel* de ses descendans. L'arrangement primitif de l'ordre social ne se fit point du tout au concours, d'après la considération respective *du mérite personnel,* puisqu'il étoit réglé par le créateur lui-même avant qu'il pût y avoir aucun concours. Quand le premier propagateur d'un pays quelconque eût eu infiniment moins *de mérite* que chacun de ses descendans, cela n'empêcheroit pas que, par la primauté seule d'existence, il n'eût eu des droits *de propriété, d'autorité et de souveraineté* long-temps avant eux. Hommes insensés, rendez donc gloire à Dieu ! *Date magnificentiam Deo nostro.* Ce n'est point à raison du mérite, mais à raison de *la naissance* que Dieu a gradué les sociétés : et tout ce qu'on pourroit conclure d'un rassemblement postérieur, qui, sans avoir égard à la primauté de son chef universel, eût voulu le dépouiller de ses droits *d'autorité, de propriété et de souveraineté* pour les remettre, par concours, au plus spirituel et plus méritant de ses descendans, *c'est qu'il auroit bouleversé l'ordre de la nature.*

XV. Maintenant reprenons ces faits bien clairs. Ce n'est point d'après les institutions humaines, mais d'après la loi de l'auteur de la nature, que les hommes descendent les uns des autres, qu'ils se multiplient par voie de génération ; qu'ils multiplient leurs biens par voie du travail ; qu'ils multiplient leurs travaux par leur industrie, et leurs talens... Donc *la distinction de la naissance* n'est point une distinction d'institution, elle tire son origine de l'auteur de la nature. Donc *la distinction des fortunes* n'est point une distinction d'institution, elle tire son origine de l'auteur de la nature. Donc *la distinction des autorités* n'est point une distinction d'institution, elle tire son origine de l'auteur de la nature. Donc *l'autorité souveraine* n'est point une distinction d'institution, elle tire son origine de l'auteur de la nature. Donc *la propriété* n'est pas une distinction d'institution, elle tire son origine de l'auteur de la nature. Donc toutes ces distinctions ne sont pas des distinctions d'institution, elles tirent leur origine de l'auteur de la nature. Donc *la société* n'est point un arrangement d'institution, elle tire son origine de l'auteur de la nature. Avant toutes les institutions humaines, c'étoit un petit corps qui avoit déjà sa tête, ses pieds et ses bras, qui a reçu toutes ses parties constitutives de l'auteur même de la nature, et qui les a portées nécessairement dans les constitutions humaines. Donc l'ordre social existoit avant les peuples : donc il ne fut point créé par les peuples, etc. etc. Car les conséquences sont inépuisables.

XVI. C'est donc d'après l'aveuglement le plus pi-

toyable et la plus inconsidérée de toutes les jactances,
que l'on est venu dire à l'univers : qu'en vertu des décrets humains, *on anéantissoit toutes les distinctions ; qu'on n'en reconnoissoit plus d'autre que
celle du mérite personnel !*... Quand on décréteroit
pendant vingt ans, il est une loi indépendante de tous
les décrets humains, qui sera toujours la règle de
toutes les lois et qu'il est impossible d'anéantir. C'est
celle de la nature... Quand on décréteroit pendant
vingt ans l'anéantissement de toutes les distinctions,
il en est d'indépendantes de tous les décrets humains,
qu'il sera toujours impossible d'anéantir : ce sont
celles qui sont établies par l'auteur de la la nature.
Quand tout l'univers s'accorderoit à ne vouloir plus
reconnoître d'autre distinctiou que celle *du mérite
personnel* : quelque chose que l'on fasse, il faut
malgré soi reconnoître ce qui est : et outre cette
distinction, il en existe entr'autres deux frappantes,
et indestructibles, antérieures à tous nos décrets :
ce sont celles *de la fortune, et de la naissance, des
autorités et des propriétés.*

XVII. Il y a plus; c'est que dans chacune de ces
distinctions, tous les hommes sont essentiellement
inégaux, et inégaux sous tous les rapports. De l'inégalité naturelle des dispositions, dont tout le monde
convient, naît essentiellement *l'inégalité des travaux.* De l'inégalité des travaux l'inégalité des propriétés. De l'inégalité des propriétés, *celle des
fortunes.* De l'inégalité de la naissance, *celle des
familles.* De l'inégalité des familles, *celle des chefs.*
De l'inégalité des chefs, *la subordination des autorités.* De la subordination des autorités, l'existence

d'une autorité souveraine. Il est impossible, de toute impossibilité, que dans chaque peuplade l'inégalité des chefs de famille ne suppose pas *un chef souverain,* et que l'inégalité des autorités ne suppose pas *une autorité souveraine....* Et qui a établi *ces inégalités* dans chacune de nos distinctions? C'est *une volonté* supérieure à la nôtre, et que les décrets humains ne changeront jamais.

XVIII. On sait bien qu'avant de naître, nous sommes tous indifférens aux biens, à l'autorité, et à la souveraineté. Mais en vertu *d'une volonté* supérieure à la nôtre, du moment que nous naissons, nous naissons subordonnés *à un chef souverain.* Quand nous sommes nés, ou nous avons des descendans, ou nous n'en avons pas; ou nous travaillons, ou nous ne travaillons pas; ou nous avons *autorité* sur d'autres, ou nous n'en avons pas. De là naissent autant *de distinctions, d'inégalités, et de droits personnels,* qui existoient évidemment avant les cités. *A statu civitatem antegresso.* Hommes insensés: Rendez donc gloire à Dieu et convenez que d'après l'inspection seule de la nature, les inégalités sociales ont été son ouvrage et non pas celui des peuples. *Date magnificentiam Deo nostro.*

§ II.

Egalité impossible d'après la raison.

I. Non seulement *la nature* nous crie que les hommes ne furent jamais égaux en droits; mais *la raison* nous dit qu'ils ne purent jamais l'être. *Car qu'est-ce que le droit?* En le définissant, *la règle qui conduit au bien*, *Burlamaqui* n'en dit pas assez. C'est *le pouvoir que l'on acquiert en suivant cette règle.* Pouvoir *d'autorité* sur les personnes, en suivant la règle des mœurs : Pouvoir *de propriété* sur les choses, en suivant la règle du travail.

II. Quelle est la loi élémentaire que Dieu porta avant l'existence même de l'homme ?.. Ce fut celle *du bien et du mal.* Celui qui a pris le mal doit avoir *le bien.* Voilà *le droit.* Et celui qui a pris le bien doit en prendre *le mal.* Voilà *le devoir.* Ce sont là , comme nous le verrons dans la troisième partie, les deux poids opposés du libre arbitre, qui, étant liés ensemble *par la loi,* donnent à l'être moral la faculté de vouloir et de ne pas vouloir, dans le même instant : faculté sans laquelle, entraînés nécessairement par nos passions, nous ne serions plus libres.

Nous pouvons donc le dire ici d'avance , *la liberté* de l'être moral ne fut jamais *la faculté de faire ce que l'on veut,* mais ce que veut *la loi,* et conséquemment ce que veut *un maître.* Il n'est pas un seul philosophe qui voulût donner, ni à ses enfans, ni à ses domestiques, ni à ses ouvriers, *la liberté* de faire ce qu'ils veulent. Il exige que *sa volonté* soit la règle de tous : sans quoi point de salaire.

III. Hommes inconsidérés, cessez donc de blasphémer le Tout-Puissant, et convenez que toutes ses œuvres sont parfaites *Date magnificentiam Deo nostro. Dei perfecta sunt opera.* En voulant faire des hommes égaux, vous avez fait des corps sans tête et des peuples sans chefs, qui, entraînés par leurs passions, ne peuvent mériter par leurs crimes, que les plus terribles châtimens: au lieu qu'en subordonnant les hommes par la succession des naissances, Dieu nous a donné à tous, des maîtres, qui, en nous proposant des récompenses, nous donnent perpétuellement *la liberté* d'acquérir *des droits* par nos travaux. Jamais *l'être moral* ne put exister sans règles, sans lois, sans supérieurs et sans gouvernemens. Et cet état d'égalité où les hommes n'eussent eu *aucun droit d'autorité* sur leurs enfans, ni *de propriété* sur le fruit de leurs travaux, est un état absurde, rejeté par la raison seule. *Date magnificentiam Deo nostro.* Et nos adversaires eux-mêmes ont été forcés d'en convenir. *Et inimici nostri sunt judices.*

IV. « Dès l'origine, dit *J. J. Rousseau*, l'homme
« n'eût-il cultivé la terre qu'avec un bâton pointu, le
« travail donnoit *droit* au cultivateur sur le produit
« de la terre qu'il avoit cultivée, et par suite, lui en
« donnoit sur le fond.... Dès l'origine, le plus alerte
« couroit le mieux, le plus fort faisoit plus d'ouvrage,
« le plus adroit tiroit meilleur parti du sien, le plus
« ingénieux trouvoit le moyen d'abréger son travail.
« L'un avoit beaucoup d'enfans et l'autre en avoit peu :
« L'un gagnoit beaucoup, tandis que l'autre avoit peine
« à vivre. De la différence des âges, de la santé et des
« forces du corps; des qualités de l'esprit et de l'âme,
« s'ensuivent nécessairement les inégalités des rangs,
« des travaux, des richesses, des autorités, des pouvoirs
« et de tous les autres droits. » Qu'on juge d'après cela
de l'existence *de cet état primitif*, « où l'homme n'a-
« voit encore ni maîtres, ni législateurs, ni lois, ni
« propriétés; où l'on n'avoit encore la moindre
« notion du tien et du mien, du vice et de la vertu, du

« juste et de l'injuste ; où les hommes libres de toutes
« passions et de tous maux , n'avoient aucune sorte de
« relation morale , ni de devoirs connus , *libres, sains,*
« *bons , et heureux*, jouissant des douceurs d'un com-
« merce indépendant ». Conséquemment d'un état
imaginaire où ils avoient des biens sans travailler , des
enfans sans les élever , un temps où *la loi du bien et
du mal* n'existoit pas encore , et où les hommes n'a-
voient ni pères, ni mères, et ne descendoient pas les uns
des autres. Il est vrai que *J. J. Rousseau* , avant même
d'être arrivé à la fin de la préface de son discours *sur
l'origine des inégalités* , commence à douter de la
réalité de ce beau rêve , et nous avoue *que peut-être
n'a-t-il jamais existé et qu'il n'existera peut-être jamais.* D'après le fait *de la succession des naissances*
on peut , sans balancer, rayer *le peut-être.*

V. Comment donc des hommes réfléchis, et d'ailleurs recommandables, ont-ils pu se mettre dans la
tête, que *par nature, les hommes sont égaux en droits* ;
qu'il fut un temps où ils n'avoient encore *aucun pouvoir* les uns sur les autres ; un temps où ils couroient
dispersés dans les bois ; un temps où ils n'avoient encore ni chefs, ni supérieurs, ni autorités, ni propriétés.
Dans quelle époque exista-t-il ce temps ? C'étoit donc
avant qu'il y eût des hommes. Sur quel fondement
a-t-on pu se mettre dans la tête que nous sommes
naturellement égaux ? seroit-ce *parce que nous
sommes tous pétris du même limon, et que nous
avons tous la même destinée?*

VI. *Nous sommes tous pétris du même limon!...*
Mais tous les animaux, les végétaux et les minéraux
le sont aussi pétris du même limon : sont-ils pour

cela *égaux en droits* avec l'homme, et même *égaux en droits* entr'eux ? sont-ils tous destinés aux mêmes usages, et aux mêmes emplois ?.. Entre *parité* et *égalité*, la différence est grande.

Nous sommes tous pétris du même limon. Mais tous les membres le sont aussi pétris du même limon. Sont-ils pour cela tous égaux en naissant ? Ont-ils pour cela tous droit au même rang, et aux mêmes fonctions ? Que penseroit-on d'un homme, qui, partant de ce principe absurde, diroit aux pieds : n'est-il pas affreux que vous soyez seuls dans la poussière et dans la boue, chargés de porter la masse du corps. N'êtes-vous pas pétris *du même limon* que la tête et les bras? Qui, en conséquence de ce beau raisonnement, faisant un mélange monstrueux de tous les membres du corps humain, les donneroit à tirer à des électeurs inconsidérés qui, les changeant de place tous les ans, mettroient, tour-à-tour, des oreilles à la place des yeux, des pieds à la place des mains : en criant après leurs élections : *Vive l'égalité et la liberté.* Voilà l'emblême trop fidèle de ce que nous avons fait faire aux peuples, depuis que nous admettons *l'égalité des droits*, et le langage ridicule que nous leur avons fait tenir.

VII. Parce que tous les membres du corps sont pétris *du même limon*, cela empêche-t-il que l'auteur de la nature n'ait fait *de ce même limon* différemment pétri, une tête, des pieds, des yeux et des bras, qui ne sont point du tout destinés aux mêmes emplois. Et parce que nous sommes tous *pétris du même limon*, cela empêche-t-il que, dans le corps social, *par la succession seule des naissances*, Dieu n'ait constitué les uns *pères*, les autres *enfans* ; les uns premiers, les

autres derniers; les uns souverains, les autres sujets?
De la même masse de matière, ne peut-on pas faire
des ouvrages très-diversement composés ?..Ce qu'il y
a de commun entre tous, empêche-t-il que les formes
et les rangs ne varient ?.. *le même limon* n'est-il pas
susceptible d'une infinité d'arrangemens ; les mêmes
récompenses, d'une infinité de degrés, et les mêmes
individus, d'une infinité de différences ?

VIII. Quoique les hommes soient tous d'une même
« espèce, et capables du même bonheur, dit *M. de*
« *Fénélon*... c'est se tromper beaucoup, que de croire
« *cette égalité* incompatible avec la subordination.
« Leur être est de même espèce; mais leur manière
« d'être est différente ; et ces différences sont le fon-
« dement d'une supériorité antécédente à tout con-
« trat. » (Principes de Fénélon sur les gouvernemens,
chap. 4.) Entre *parité et égalité* : *Pareillement et
également*, la différence est énorme.

IX. Pourquoi donc a-t-on cru à cette fatale égalité?
seroit-ce d'après cet adage si pompeusement répété :
qu'aux yeux de Dieu, de la religion et de la loi, les
hommes sont *naturellement égaux*!... *les hommes
égaux aux yeux de Dieu*!.. Quoi! après avoir créé les
hommes *inégaux*, Dieu les verroit *égaux*? Quel blasphème!.. *Les hommes égaux aux yeux de la religion*!
Elle qui nous parle partout de soumission, d'obéissance,
et de subordination à nos supérieurs !.. Quelle absurdité !..

Que signifie donc cet adage célèbre: que *tous les
hommes sont égaux aux yeux de Dieu*!.. Il veut
dire tout simplement: que devant Dieu, il n'y a acception de personne; que lorsqu'il est question de punir,

il ne craint ni les grands ni les petits; que le plus puissant souverain de la terre, lorsqu'il paroîtra à son tribunal redoutable sera aussi tremblant que le dernier de ses sujets. Mais lorsqu'il y paroîtra, il sera toujours jugé comme souverain, et s'il se trouve coupable, ce sera toujours comme *souverain* qu'il sera puni : *Potentes potenter cruciabuntur*, de sorte que *l'égalité des droits* n'existera nulle part : ni dans le Ciel, où Dieu a donné des chefs aux anges mêmes, ni dans l'enfer, où il a constitué des chefs pour présider à l'exécution de sa justice; ni sur la terre, où il a constitué des chefs, pour protéger *l'inégalité des droits* et conserver à chacun *ses propriétés*. Il sera toujours vrai que Dieu n'a jamais fait de corps sans tête, sans quoi, il eût fait des monstres.

X. Cet adage que *tous les hommes sont égaux aux yeux de la loi*, n'a donc jamais signifié autre chose, sinon qu'elle nous doit également *protection à tous*, grands et petits; souverains et sujets. Mais Dieu nous a-t-il jamais dit, comme on le fait de nos jours, qu'il fut un temps, où les hommes n'avoient pas de chefs; que ce sont les peuples qui s'en sont donnés; que les souverains ne sont que leurs *représentans*; que c'est d'eux qu'ils tiennent leurs pouvoirs. Jamais, *ni Dieu, ni Jésus - Christ, ni la religion chrétienne*, n'ont tenu un pareil langage. Au contraire, Dieu nous a toujours dit, que *toute puissance vient de lui*; que nos chefs sont *ses représentans*, et non pas ceux des peuples; que c'est lui-même qui nous les a donnés. Et il nous explique comment... C'est *par la génération et la succession des naissances*. C'est par là qu'il a subordonné tous les hommes; les enfans à leurs pères, les pères subalternes à leur chef souverain , que c'est ainsi qu'il a donné à chacun successivement *des autorités et des propriétés*; ainsi, qu'il nous a toujours ordonné, sous peine de damnation éternelle, de respecter nos supérieurs, *comme nos pères : Père et mère honoreras*; ainsi, qu'il a donné des chefs à tous les peuples, plus de cinq cents ans avant qu'ils fussent formés , et qu'ils en ont en effet.

XI. *Des hommes sans chefs, et naturellement égaux en droits!...* Et dans quel pays nous conduira-t-on pour nous y montrer *des hommes sans chefs?* Sera-ce chez les sauvages, et chez les peuples naissans? Chaque tribu y a déjà des chefs, avant de devenir *un peuple* : sera-ce chez ceux qui vivent de pêche et de chasse?.. On y trouvera *des chefs*, *des anciens et des seigneurs*, et la raison seule nous dit que c'est Dieu qui leur en a donné. Seroit-ce chez *les Ephésiens*, *les Lacédémoniens*, et tous ceux qui vivent en communauté?.. Partout ce sont des individus qui re-mettent leurs bras, leurs travaux, et leurs biens en commun; mais qui ont des *chefs et des propriétés*, conséquemment *des inégalités.* Seroit-ce chez les en-fans mineurs?.. Tant que le père n'est pas remboursé de ses avances , c'est *la propriété* du père. Quand il l'est, c'est celle des enfans. Le père n'en est que le juge et le conservateur. Il en est de même *des mineurs* en-vers leurs curateurs. Partout *des chefs*, et il en faut partout, pour imposer la loi du travail , et veiller aux distributions. Point d'être moral sans chefs; cela est impossible.

XII. Lorsque *M. de Montesquieu* nous dit, que s'il y a *inégalité* entre les pères, il y a *égalité* entre les frères et les cousins, c'est un pur sophisme, puis qu'à la tête de ces frères, et de ces cousins, vous y trouverez toujours *un chef commun*, qui veille à la conservation *des propriétés particulières*. « Vouloir « renverser la supériorité des rangs et réduire les « hommes à *une égalité* imaginaire, dit encore *M. de* « *Fénélon*, chap. 6, c'est blasphémer contre la provi- « dence et attenter sur les droits du souverain père « de famille, qui donne à chacun de ses enfans la « place qui lui convient. » Et la raison seule nous dit que le souverain père de famille a tout gradué *par la succession des naissances*, conséquemment que les hommes étoient *inégaux en droits*, plus de cinq cents ans avant qu'il pût y avoir des peuples.

XIII. Nous n'ignorons pas que, dans ces derniers tems, on a poussé le délire jusqu'au point, non seulement de croire, non seulement d'enseigner, non seulement d'affirmer *que les hommes sont naturellement égaux en droits*, mais jusqu'au point de le jurer; jusqu'au point de s'engager par serment, à égorger et massacrer jusqu'à ce que tout le monde ait recouvré *le droit* de se donner *des souverains*. Mais nous savons aussi que les insensés qui font de pareils sermens sont mille fois plus dangereux que les maniaques qui sont enfermés aux Petites-Maisons.

XIV. Quoi! dans le commencement du monde, comme lors de l'occupation primitive de chaque pays, plus de cinq cents ans avant qu'il y eût des peuples, j'ai cultivé un coin de terre, élevé des bestiaux, amassé des biens et des revenus considérables que j'ai gagnés à la sueur de mon front, défendus au péril de mes jours et partagés à mes héritiers. Ces biens sont à moi, et j'en suis absolument le maître; ils m'appartiennent *en toute propriété*, aussi essentiellement que les bras, les mains et le corps avec lesquels je les ai gagnés? Et vous voulez que je jure que ces biens ne sont pas à moi, que tout le monde y a *des droits égaux*? Mais si cela est, je n'en suis plus le maître, puisque *tout le monde* est infiniment plus fort que moi seul. Tout le monde a donc le droit de m'égorger pour avoir mes biens.

XV. Quoi, dès le commencement du monde, comme lors de l'occupation primitive de chaque pays, *par la succession seule des naissances*, j'ai donné le jour à une longue file de descendans, qui, comme les rameaux d'un arbre fécond, se sont partagés, au-dessous de moi, par familles et ensuite par tribus, qui ont ensuite formé de grands peuples. Ces descendans sont très-certainement mes descendans; ils m'appartiennent aussi essentiellement que ma personne et mon sang dont ils sont extraits; j'en suis aussi essentiellement le chef que la souche d'un arbre est le principe du tronc et des branches qui en sont sorties; j'ai sur eux des droits *d'autorité et de souveraineté* qui sont à moi seul, et que je peux transmettre à qui je veux : et vous exigez que je jure que tout le monde a *des droits égaux* à ma souveraineté! Mais si tout le monde a *des droits égaux* à ma souveraineté, je n'en suis plus le maître, puisque *tout le monde* est infiniment plus fort que moi. Généralement parlant, les enfans sont infiniment plus nombreux que les pères, les serviteurs que les maîtres, les pauvres que les riches, les sujets que les souverains. Si les hommes sont *égaux en droits*, les inférieurs en ont infiniment davantage à raison de leur nombre; donc ils ont le droit d'égorger tous leurs supérieurs et de les dépouiller de leurs droits.

XVI. Ces principes sont évidemment faux aux yeux de la raison seule. S'ils forment l'opinion publique de notre siècle, nous ne saurions assez déplorer l'aveuglement dans lequel nous sommes tombés. Mais il est très-certain que, jurer *cette affreuse égalité des droits*, c'est jurer la perte des peuples, le pillage des propriétés, la violation de tous les droits, l'usurpation de tous les biens, le bouleversement de tous les rangs, la dissolution de toutes les sociétés, le renversement de tous les trônes et de celui de Dieu même, le massacre de tous les propriétaires et l'anéantissement de toutes les distinctions que l'auteur de la nature avoit établies pour la subordination de l'ordre social. *Résumons-nous.*

XVII. Si l'homme est *un être moral*, en se soumettant volontairement à la loi du travail, il dut toujours acquérir des droits *d'autorité* sur les personnes et *de propriété* sur les choses, *droits* qui n'appartenoient qu'à lui seul. Or, la raison seule nous dit que les hommes furent toujours *des êtres moraux*. Rendons donc gloire à Dieu : *Date magnificentiam Deo nostro.* La raison seule nous dit qu'il fut toujours impossible que les hommes aient jamais été un seul instant *égaux en droits*. D'un autre côté, nous avons prouvé que *cette égalité* fut toujours impossible, d'après la nature et la succession seule des naissances. Nous ajouterons qu'elle ne seroit pas moins impossible, *d'après la distinction du mérite lui seul*, et c'est ce que nous verrons dans la section suivante.

§ III.

Égalité impossible d'après le mérite lui seul.

I. Les factieux, qui demandent l'extinction des distinctions qu'ils n'ont pas, se gardent bien d'y comprendre la suppression de celle qu'ils croient avoir, *celle du mérite personnel.* Au contraire, ils prétendent que c'est la seule qui soit dans la nature, la seule qui exista dans l'état primitif, la seule d'après laquelle on distribua à chacun des biens, des dignités, des places, des emplois et des honneurs, et la seule à laquelle on doive encore avoir égard, de nos jours, dans ces sortes de distributions.

II. *Le mérite personnel,* dirons-nous aux partisans *de l'égalité!...* Mais qu'entendez-vous par *ce mérite personnel?...* Seroient-ce *les dispositions et les talens?* Mais quand il n'y auroit jamais eu d'autre distinction, est-ce que tous les hommes sont égaux *en dispositions?...* Eh, qu'importe, vous dira le peuple, par quelle distinction vous nous excluez des dignités de l'ordre social, puisque, par cette distinction elle seule, nous en sommes exclus.

Les talens... Mais tout le monde n'en a pas *des talens :* et si, de votre aveu, ceux qui n'en ont pas n'ont pas droit aux fonctions de l'ordre social, comment avez-vous l'impudence de nous dire que nous y avons tous *des droits égaux?*

Les talens... Mais les talens ne méritent que par le travail; sans cela, ils ne méritent rien : et parmi les hommes à talens, il en est si peu qui travaillent ! il y en a tant qui ne travaillent pas !

Les talens... Mais les talens ne méritent qu'autant qu'ils travaillent d'après des principes sûrs. Un ouvrier qui opère d'après les principes, fait des chefs-d'œuvre ; un ouvrier sans principes perd son ouvrage. De grands talens avec des principes sont un trésor. : de grands talens sans principes ou avec des principes faux, sont un poignard : et il en est si peu qui aient des principes ; il y en a tant qui ont des principes faux. Donc tout le monde n'a pas des droits égaux.

Les talens... Mais les talens ne méritent qu'autant qu'on suit les règles des mœurs. Un homme borné qui a des mœurs est un homme utile... Un homme instruit qui n'écoute que ses penchans est un être dangereux. Quand les talens deviennent les ministres des passions, plus ils sont brillans, plus ils sont ter- ribles : et il en est tant qui font servir leurs talens au triomphe des passions ; il y en a si peu qui aient de la conduite et des mœurs. Donc tout le monde n'a pas des droits égaux.

Les talens... Mais les talens ne méritent qu'autant qu'ils sont cultivés par l'éducation, éclairés par l'ex- périence. Un savant académicien donne de beaux principes sur la culture des terres, un bon laboureur sait cultiver... Un historien fait de savantes disserta- tions sur l'art d'assiéger les villes ; un bon général sait les prendre : et il en est si peu qui aient la pratique ; il en est tant qui n'ont que de la théorie. Donc tout le monde n'a pas des droits égaux.

Les talens... Je n'en finirois pas, si je voulois en- trer dans le détail de tout ce qu'il faut aux talens pour mériter d'être placés. Souvent les talens les plus sublimes le méritent infiniment moins que des talens bien inférieurs. Donc à talens même égaux, les hommes ne sont pas égaux en droits.

III. Je n'en finirois pas davantage, si je voulois expliquer en détail tout ce qu'il faut pour employer les talens. Pour cela, il faut avoir *des biens ;* car, sans cela, que leur proposerez vous?... Il faut *des maîtres ;* car, sans cela, comment les cu'tiverez-vous?... Il faut *des lois ;* car, sans cela, comment les réglerez-vous?... Il faut *des autorités ;* car, sans cela, com - ment les contiendrez-vous?... Il faut *des propriétés ;* car comment les soumettrez - vous?... Il faut *des droits personnels ;* car, sans cela, comment les con- traindrez-vous?... Si les biens sont communs, com- ment leur imposerez-vous *la loi du travail* pour avoir le vôtre?

IV. On ne parle aujourd'hui que *de la distinction des talens,* et c'est pour la faire prévaloir qu'on veut éteindre toutes les autres!... Mais il en est *des talens de l'esprit* comme de ceux du corps; jamais ils ne donneront *aucun droit* sur les personnes; sans quoi les domestiques auroient souvent *droit* sur la personne de leurs maîtres : jamais ils ne donneront *aucun droit* sur les choses; sans quoi les ouvriers auroient *droit* sur les biens des propriétaires, et ne travailleroient jamais. Comme les talens, quelque part qu'ils se trouvent, sont faits pour travailler, l'auteur de la na- ture, toujours sage dans ses arrangemens, s'est bien gardé de les mettre au-dessus *des autorités :* quelque brillans qu'ils soient, il les y a soumis; il ne les a pas même placés tous dans la main de celui qui gouverne; il les a distribués dans les inférieurs qui sont sous ses yeux. Quand il s'agit d'en faire usage, c'est au maître à les choisir avec discernement, à les employer avec précaution, à les diriger avec prudence dans les opérations du corps politique, sans jamais leur permettre de s'écarter des lois; car, dès qu'ils n'y sont plus astreints, ces instrumens précieux, faits pour donner la vie, deviennent infailliblement des instrumens de mort : et plus ils sont grands, plus ils sont terribles.

V. *De grands talens...* Mais ceux qui ont fait nos dernières révolutions manquoient-ils donc de talens? Tous ceux qui ont fait des révolutions depuis le commencement du monde en manquoient-ils?... Ils excelloient surtout *dans l'art de la guerre.* Qu'ont-ils fait? Ils ont brûlé des maisons, saccagé des villes, égorgé des propriétaires, inondé la terre de sang: pourquoi cela?... Parce qu'on a mis les talens au-dessus *de la naissance,* et que par là on a renversé la nature.

VI. On ne cesse de demander de nos jours *ce que fait la naissance parmi les hommes?* Certes, cette question est loin d'indiquer un siècle de lumières. N'est-ce pas un fait aussi clair que le soleil, que les hommes *descendent successivement les uns des autres,* et qu'ils en sont toujours *descendus?...* Dès lors la réponse se présente d'elle-même. *Que fait la naissance parmi les hommes?...* Elle fait, 1° que vous êtes au monde; 2° qu'étant né le premier, vous viviez quand les autres ne vivoient pas; vous aviez déjà des enfans, quand les autres n'en avoient pas; vous travailliez, quand les autres ne travailloient pas;

vous aviez déjà de grands biens, de grands pouvoirs et de nombreuses familles ; déjà *de grands droits*, de grands domaines et de grandes propriétés, quand les autres n'en possédoient pas ; déjà des bestiaux, de grands héritages et de grandes habitations, quand les autres n'en avoient pas. Voilà ce que fait la primauté de la naissance, ce qu'elle fit dès l'origine du monde, et ce qu'elle fera jusqu'à la consommation des siècles. *La primauté de la naissance* sera toujours la première de toutes les distinctions, dans tous les temps et dans tous les pays.

VII. « Ah ! si, comme le dit *M. de Fénélon* (dans
« ses Principes, chap. 4), tous les hommes naissoient
« à la même heure, ou qu'ils sortissent tous ensemble
« de la terre, comme les compagnons *de Cadmus*,
« avec toute la taille et toute la force de l'homme
« parfait, on pourroit très-bien dire qu'ils naîtroient
« *égaux en droits* ! » Mais tant qu'ils *descendront les uns des autres*, cette succession des naissances y fera beaucoup. Quand le premier chef de ma tribu existoit, il y a douze cents ans, il avoit déjà bien *des droits* que je n'avois pas : et quand le fondateur de chaque peuple fondoit sa cité, il avoit déjà bien des droits *de domaine et d'autorité* que son peuple ne pouvoit pas avoir, puisqu'il n'étoit pas encore au monde.

VIII. A qui Dieu donna-t-il, dans l'origine, les premières places dans les gouvernemens ? Est-ce aux grands talens ?... Point du tout : ce fut à des hommes *de la première naissance*. Et il étoit impossible qu'il en fît autrement, puisqu'il n'y en avoit pas encore d'autres.

Ce fut *à la primauté de la naissance* qu'il attacha les grandes fortunes, les grands biens, les grandes autorités et les grandes propriétés. C'est par le moyen de ces biens que *le père* fit d'abord travailler ses enfans; *la première génération*, la deuxième; *la seconde*, la troisième, ainsi de suite. Et c'est par ces moyens qu'ils rendirent utiles *les grands talens* qui furent obligés de travailler sous eux. Si, à l'exemple de l'Être-Suprême, nous laissons à la tête des Etats des hommes *d'une grande naissance*, dès lors nous serons sûrs d'avoir partout *des talens utiles*, parce qu'ils auront à leur tête des hommes qui auront tous les moyens de les récompenser et de les punir; si, au contraire, nous y mettons des hommes de basse extraction, loin d'être utiles, *les talens* deviendront dangereux, parce qu'ils n'auront plus à leur tête que des maîtres intéressés au pillage.

IX. Nous ne rejetons donc pas la distinction *des talens;* il s'en faut beaucoup. En les soumettant à des hommes *d'une grande autorité*, le souverain, dans tout son empire, ne sauroit trop s'appliquer à les vivifier. Après avoir érigé partout des colléges, fondé des universités et d'excellentes maisons d'instruction dans tous les genres, il doit savoir, par le témoignage des maîtres et des connoisseurs, quels sont, dans chaque ordre, les élèves qui promettent le plus; les placer selon leur mérite, eu égard au degré de leur naissance; leur confier, dans chaque ordre, une portion de son autorité; les élever aux honneurs et au commandement des armées; les appeler même auprès de sa personne, et les admettre dans son ministère; enfin, sans jamais perdre de vue les autres distinctions de la nature, distribuer les emplois publics à raison *du mérite personnel.*

X. En les soumettant, comme Dieu l'a fait, à des hommes *d'une grande autorité*, nous convenons qu'on ne sauroit trop avoir égard *à la distinction des talens*; chaque père subalterne dans sa famille, et chaque supérieur dans son corps, ne sauroit trop s'appliquer à les encourager. Chacun, dans la portion de gouvernement qui lui est confiée, ne doit admettre dans les places, et promouvoir aux divers emplois, que ceux qu'il connoît les plus capables, et ce qu'il y a de plus utile, et de plus distingué *parmi les talens. Ces talens* supérieurs sont des instrumens très-propres à travailler, et à exécuter les plus grandes entreprises sous les ordres de l'autorité, qui est chargée de présider à leurs opérations, et à leurs travaux. Cela est incontestable.

XI. Mais ces instrumens, quelque déliés qu'ils soient, nous prétendons qu'ils ne sont pas *l'autorité;* qu'ils en sont essentiellement distingués; que, quelqu'estimables qu'ils soient, Dieu ne les a point placés au-dessus *de l'autorité et de la naissance;* que dans quelque corps que ce soit, il les y a soumis, et que nous devons les y soumettre nous-mêmes. Nous prétendons, que vouloir les mettre au-dessus de tout, comme on le fait de nos jours, c'est renverser les sociétés, et porter le délire à son comble. Quelques talens qu'aient des enfans, Dieu les a soumis à leur père; les ouvriers à leur maître, les sujets à leur souverain, les soldats à leurs officiers; et ceux-ci à leur général. Partout c'est *l'autorité* qui doit dominer. Et ce n'est pas *aux talens*, mais *à la naissance* que Dieu a attaché *les autorités*. Comment un père a-t-il *autorité* sur ses enfans? est-ce par ses talens?... Non, mais *par la priorité de sa naissance*. Comment a-t-il eu des biens avant eux? Est-ce par ses talens? Non, mais *par la priorité de sa naissance*. Vouloir placer les talens au-dessus de toutes les autres distinctions, c'est le renversement absolu de tous les principes de la nature. Dès que le mérite suppose essentiellement *des récompenses et des châtimens*, il est de toute évidence qu'il suppose essentiellement au-dessus de lui des maîtres, des souverains, des juges, et des supérieurs. Ce n'est pas par la règle absurde *du nombre et des talens*, que Dieu a subordonné les inférieurs à leurs maîtres. Biens, fortunes, droits, autorités, et propriétés, Dieu a tout subordonné par *la succession invariable des naissances*. De sorte que *la distinction des naissances* sera toujours la première de toutes les distinctions, dans tous les temps, et dans tous les pays, parce qu'elle emporte avec elle celle *des autorités et des propriétés*.

XII. Aussi, dès l'origine, quand nos pères eurent acquis des biens par leurs travaux, à qui les laissèrent-ils après leur mort?... Est-ce aux grands talens?.. Non, mais *à leurs enfans* : conséquemment *à l'ordre de la naissance*. Quelle règle suivirent-ils dans la transmission de leurs successions : Est-ce celle des talens? Non, mais *celle de la naissance*. A qui léguèrent-ils leurs droits, leurs domaines, leur souveraineté et leurs pouvoirs : Est-ce à de grands talens? Non, mais *à leurs enfans*, conséquemment *à l'ordre de la naissance*. Mais chez tous les peuples de la terre, sauvages, ou civilisés, quelle règle a-t-on suivie pour les successions? Est-ce celle des talens? Non, mais *celle de la naissance*. Mais les voleurs, quand ils ont pris des biens, et qu'on ne les oblige pas à restitution, à qui les laissent-ils : est-ce à de grands talens?... Non, mais *à leurs enfans*, et conséquemment *à l'ordre de la naissance*. Mais les usurpateurs, et les grands brigands eux-mêmes, quand on ne vient pas à bout de les renverser, à qui veulent-ils laisser le trône, les domaines, et les pouvoirs qu'ils ont usurpés : est-ce à de grands talens?.. Non, mais *à leur famille*, et, conséquemment *à l'ordre de la naissance* Pourquoi donc, dans les révolutions, veulent-ils qu'on place *le mérite* au-dessus de toutes les autres distinctions ? C'est pour pouvoir, au moyen de ce subterfuge, renverser tous les riches, et tous les Rois, piller toutes les successions et toutes les anciennes propriétés. Mais ils ont beau faire. Ces règles monstrueuses *du nombre, du mérite, et des talens* ne produiront jamais que des troubles, des guerres, des dissensions, et des bouleversemens, jusqu'à ce qu'on ait repris la règle indestructible de la légitimité, et de la naissance. Rendons donc gloire à Dieu d'avoir subordonné *le mérite* aux autres distinctions : *et résumons-nous*.

XIII. Si, comme on le prétend de nos jours, tout devoit suivre la règle *du mérite*, on ne voit pas trop, ce que pourroient devenir *les autorités*. Car les enfans ont souvent plus de talens que leur père; les serviteurs, que leurs maîtres ; les prêtres, que leurs évêques ; les soldats, que leurs officiers; les vassaux, que leurs seigneurs ; et les sujets, que leurs souverains : ni ce que deviendroient les propriétaires ? Car ceux qui n'ont rien, ont souvent plus de talens qu'eux : ni comment une seule maison, un seul héritage, un seul meuble, une succession, ni une seule acquisition pourroient passer, de père en fils; ni comment on pourroit conserver sa place, sa charge, et son état un seul jour, puisqu'il existe, à chaque instant, des individus plus méritans que les possesseurs. Il est de toute évidence que cette règle détestable devoit tout bouleverser : et elle l'a fait. D'après sa nature elle seule, il est manifeste que *le mérite* suppose au - dessus de lui des récompenses ou des châtimens, conséquemment des juges, des maîtres, des autorités et des propriétés; que loin d'être la première de toutes les distinctions, il est fait pour travailler en sous-ordre.

§. IV.

Egalité impossible d'après l'expérience.

I. Si, par mon travail, j'ai acheté tous mes droits d'autorité, et de propriété de l'auteur de la nature, on ne peut plus alléguer contre moi, *ni mérite, ni talens, ni belles qualités.* En eussiez-vous cent fois plus que moi, j'avois acquis *ces droits* sans vous, et peut-être avant que vous fussiez au monde. Quelques raisons que vous alléguiez, j'en suis parfaitement le maître. Et comme c'est par mon travail que je les ai acquis, vous ne pourrez vous-même les mériter que par vos services, et les avoir qu'autant que je voudrai bien m'arranger avec vous, jamais *aucune propriété* ne pourra se trouver transmise que par la volonté des anciens propriétaires. Si les hommes sont naturellement inégaux en droits, avec ma fortune, je peux faire agir des milliers de bras : et chaque propriétaire peut en faire autant : de sorte que cette inégalité essentielle de droits deviendra une source intarissable d'efforts, de travaux, de mérites, et de vertus, de biens, et de prospérités dans les empires.

II. Enseignez au contraire : *que tous les hommes sont naturellement égaux en droits*, tout tombe, tout se relâche. Plus de maîtres, ni d'autorités, pour exiger du travail, et punir ceux qui ne travailleront pas. Si nous sommes tous *égaux en droits*, on peut dépouiller tous les propriétaires malgré eux, par la raison que tous les hommes ont *un droit égal* aux biens de la terre. D'après ce principe monstrueux, non seulement on a autant de droit à tous les biens, que les vrais propriétaires, mais on en a plus qu'eux, si l'on a plus de mérite et de talens.

III. Quoique *l'égalité des droits* soit essentiellement impossible, et qu'elle n'ait jamais pu exister, les factieux ont donc toujours eu de fortes raisons pour imaginer cette imposture, et de puissans motifs pour la soutenir, puisque, par cette prétendue égalité, ils deviennent infiniment plus forts que chaque propriétaire. Aussi la fable *de l'égalité des droits* toute absurde qu'elle est, fut-elle, dans tous les temps; le principe fondamental de la fausse philosophie, et l'objet privilégié *du grand-œuvre.* Ouvrez *l'Encyclopédie*, cet ouvrage destiné à disséminer les doctrines révolutionnaires dans tout l'univers : vous y lirez presque à chaque page, que les hommes sont naturellement *égaux en droits.* Parcourez tous les ouvrages de notre siècle, vous y trouverez affirmé

presque dans tous , comme un principe incontestable,
que les hommes sont naturellement *égaux en droits*.
Ecoutez la plupart des universités de nos jours : elles
vous affirmeront comme une vérité indubitable, que
tous les hommes sont naturellement *égaux en droits*.
Lisez ce code célèbre par lequel on ouvrit la dernière
révolution; on y établit en première ligne, que tous
les hommes naissent naturellement *égaux en droits*.
Contemplez les factieux , quand ils marchent à la dé-
vastation , vous verrez écrits en lettres de sang, sur le
haut de leurs étendards , cette sentence terrible : que
tous les hommes sont naturellement *égaux en droits :*
c'est-à-dire que tout le monde a le droit égal de renverser les trônes , d'égorger tous les propriétaires , et
de piller toutes les propriétés.

IV. La fausse philosophie, aussitôt que ce principe
détestable est admis, est une furie infernale, qui,
s'élevant dans les airs, la torche d'une main et le poignard de l'autre, crie au monde effrayé : *égalité des
droits : liberté entière* des passions : guerre aux châteaux, paix aux chaumières : et tous ses adeptes répètent à l'envi ces horribles vociférations. Ecoutez toutes
les proclamations de ses fougueux partisans. C'est toujours *l'égalité des droits* qu'ils proclament. « Laissez
« là vos villes et vos villages, s'écrie *Wesaupt à Zuach :*
« *brûlez - les.* Sous la vie patriarcale , les hommes
« n'avoient ni villes ni villages : et ils étoient heureux ,
« ils étoient *égaux et libres. Brûlez , brûlez.* La nais-
« sance des propriétés et la culture des champs , sont
« une atteinte mortelle *à la liberté et à l'égalité* ».
Quel délire ! Du temps des patriarches, la terre de
Canaan, elle seule, comme l'observe *M. Fleury ,* étoit

déjà pleine de cités, de villages, et de propriétés de toute espèce. Dans l'Egypte et dans tous les pays, il y avoit déjà partout *des rois*, partout de grands et de petits royaumes. *Cette égalité* est le plus insigne de tous les mensonges.

V. Cependant *Rousseau*, et tous nos philosophes modernes, ne balancent pas d'affirmer que les hommes ne furent jamais heureux, que lorsqu'ils se nourrissoient de gland dans les bois. Si j'eusse eu l'honneur d'être souverain, lorsque ces écrits extravagans commencèrent à se répandre, je me serois contenté de bannir leurs auteurs des sociétés, avec défenses à qui que ce soit, de les recevoir dans nos maisons : et ils n'eussent pas été huit jours sans venir demander grâce à nos portes. Des racines sauvages les eussent d'autant moins accommodés, qu'ils se plaisoient beaucoup à nos tables, et qu'ils se montroient fort avides des mets qui y étoient servis. Mais sous l'appât *d'un bonheur illusoire* qui n'existera jamais, la fausse philosophie sut fasciner les yeux de tous les hommes, et des souverains eux-mêmes. En leur peignant les suites heureuses *de l'égalité*, elle en fit admettre le principe, et le principe fatal une fois admis, elle sut en tirer toutes les conséquences.

VI. En effet, si comme on le croit presque généralement de nos jours, *les hommes sont naturellement égaux en droits*, pourquoi ces rois, ces souverains, ces prêtres et ces évêques, ces lois divines et humaines, ces grands et ces riches, ces prisons et ces échafauds, pourquoi toutes ces *inégalités sociales*, qu'on a établies dans tous les pays ? En vain les amis de l'ordre déploient-ils toutes les ressources de leur éloquence, pour en prouver les avantages, la fausse philosophie réussit encore beaucoup mieux à prouver *aux libertins,* combien elles sont contraires à leurs passions ; *aux ouvriers,* combien ils seroient heureux d'être leurs maîtres; *aux pauvres,* de partager également avec les riches : et puisque tout le monde convient que ce fut là *l'état naturel* de l'homme, pourquoi n'y pas revenir ?.. Pourquoi ne pas massacrer toutes les autorités existantes, pour nous en donner de plus conformes à nos désirs ? Puisque c'est à nous à nous donner des gouvernemens, peut-on nous empêcher de reprendre nos droits ?..

VII. De là, les questions séditieuses *de Wesaupt :* « Si l'homme de la nature a besoin qu'on lui donne « des gouvernemeus ?.. S'il n'est pas fait pour se gou- « verner lui-même ?.. Si chaque homme, chaque « paysan, chaque bourgeois, et chaque père de fa- « mille n'est pas naturellement son souverain ?.. » Et conséquemment libre de remettre à qui il veut ses pouvoirs ? De là ces proclamations incendiaires des plus fougueux apôtres de l'égalité. « Peuples de la terre, « puisque vous êtes vingt millions contre un, et que « vous restez soumis à de petits enfans qu'on appelle « *Rois,* armés de petits bâtons qu'on appelle sceptres... « soyez esclaves : mais ne venez plus vous en plaindre. « Vous êtes indignes d'être libres. etc. » De là ces propositions diaboliques, si bien exécutées par *Roberspierre ,* « de promener sur le genre humain, un « glaive parallèle, qui fasse tomber toutes les têtes « qui s'élèvent au-dessus du niveau.... » De là ces vœux frénétiques, et dont le récit fait horreur : que ces monstres altérés de sang ne seront contens *que lorsqu'ils verront le dernier des rois , étranglé avec les boyaux du dernier des prêtres.* De là enfin, ces sentences séditieuses affichées partout, imprimées dans tous leurs livres et répétées dans tous leurs attroupemens : *Droits des peuples, réformes parlementaires, ou la mort* : qu'il faut enfin régénérer le monde, tout briser et tout abattre, n'épargner ni sang, ni carnage, ni meurtres, ni poignards, ni suicides, ni homicides, ni assassinats, ni révolutions, ni bouleversemens, pour avoir des représentations à raison du grand nombre ; qu'il faut, à ses périls et risques, surmonter tous les obstacles qui s'opposeroient au succès *du grand œuvre ;* toujours marcher en avant, sans jamais rétrograder, et nous rendre les maîtres de ceux qui nous gouvernent, dût-on faire périr l'univers.

VIII. Voilà les conséquences nécessaires du principe monstrueux de *l'égalité naturelle des droits.* Une fois admis, il n'est plus possible de les éviter. Voilà les excès affreux qu'il a produits de nos jours sous nos propres yeux, et ceux qu'il produisit dans tous les temps et dans tous les pays, depuis le commencement du monde. Ouvrez l'histoire de tous les siècles : *Vaudois, Wicléfites, Manichéens, Jacquets, Pastoureaux, Anabaptistes, Sectaires, Jacobins, Illuminés, Libéralistes, Révolutionnaires anciens et modernes,* tous ont prêché *l'égalité des droits.* Qu'en est-il résulté ? Des guerres, des massacres, des meurtres, des assassinats, des pillages, des dévastations, des crimes, et des maux inouïs, comme ceux dont nous sommes les tristes victimes. Après tant de désordres et tant de forfaits, voit-on enfin paroître *cette heureuse égalité,* qui devoit faire le bonheur du monde ?.. Les chefs des brigands partagent-ils au moins *égale-*

ment avec les peuples, les fruits de leurs brigandages ? Au contraire, après leurs dévastations, ils défendent aux peuples d'y toucher sous peine de mort. Terres, domaines, or et argent, tout est pour les chefs ; dangers, périls, la misère et la mort : voilà la part du peuple.

IX. Où est-elle donc *cette brillante égalité*, dont on nous berce depuis si long-temps : l'a-t-on jamais vue et la verra-t-on jamais ? Cela est impossible, parce que le principe en est radicalement faux ; parce que *par la succession seule des naissances*, ceux qui naquirent les premiers, dans chaque pays, eurent essentiellement, de grands biens, de grandes fortunes, de grands droits *d'autorité et de propriété*, avant que les dernières familles fussent au monde, parce qu'enfin c'est Dieu lui-même qui nous a donné des gouvernemens.

X. Où est-elle donc cette *heureuse liberté* qu'on nous promet dans toutes les révolutions? Les peuples y deviennent-ils plus libres qu'auparavant? Au contraire. Plus les passions sont déchaînées, plus elles dévorent; et quand tous les biens sont dévorés, plus les peuples sont écrasés. Pour rendre les hommes *libres*, loin de déchaîner les monstres des passions, il faut les tenir enchaînés par des institutions dont ils ne soient pas les maîtres.

XI. Où est-il donc *cet âge d'or* pour lequel on nous fait tout sacrifier dans nos révolutions? Les peuples y deviennent-ils *plus riches*? C'est tout le contraire : parce que *l'égalité de partages*, en diminuant le nombre des richesses, augmente celui des pauvres, qui, ne trouvant plus à leur portée de grandes fortunes en état de faire de grandes entreprises, les laisse sans travail, dans la nécessité de vivre dans les désordres de la mendicité, du pillage et du brigandage.

XII. Où est-il donc *ce bonheur* qu'on nous promet après toutes les révolutions? Les hommes y deviennent-ils *plus heureux?*... Loin de là : ils y deviennent mille fois plus misérables. Quand les passions ont tout détruit, tout abattu et tout nivelé, temples, châteaux, superbes institutions de tant de siècles, sans prêtres, sans mœurs, sans morale et sans religion, sans autorités divines et humaines, il n'y a plus ni ordre, ni paix, ni subordination, ni probité, ni sécurité; la guerre au-dehors, le trouble au-dedans : on n'entend plus parler que de crimes, de forfaits, d'assassinats et de brigandages; et plus les passions sont déchaînées, plus les hommes sont malheureux.

XIII. Après les plus grandes révolutions, il y aura donc toujours des maîtres et des inférieurs, des officiers et des soldats, des grands et des petits, des riches et des pauvres : il y aura donc toujours *des inégalités?*... Oui, sans doute, et beaucoup plus qu'auparavant. Loin d'en diminuer le nombre, la révolution les multipliera, puisque sur chaque propriété, au lieu d'un seul maître, elle en mettra plusieurs, les uns de fait, et l'autre de droit. Maîtres qui se battront jusqu'à extinction, les uns pour retenir le bien qu'ils ont pris, et les autres pour le ravoir. Guerres sanglantes, animées et implacables, qui ne pourront cesser que lorsque l'on en sera venu *à des arrangemens* avec les anciens propriétaires, parce que, quand le désordre dureroit plusieurs siècles, *les anciens propriétaires* ne perdront jamais *leurs droits* malgré eux. *Id quod nostrum est, sine facto nostro ad alium transferri non potest.*

XIV. Mais si *l'inégalité des droits* est l'état naturel de l'homme, pourquoi donc tant de ligues, d'associations, d'assassinats et de sermens exécrables? Pourquoi s'entêter plus long-temps dans des entreprises insensées, qui font le malheur du monde? Pourquoi tromper les peuples, et nous tromper si cruellement nous-mêmes? Pourquoi tirer les hommes de l'état de subordination où Dieu nous a placés, pour nous faire courir après *une égalité* détestable et impossible qui n'existera jamais?.. Que peut-il résulter de ce tourment continuel, et qu'en est-il vraiment résulté dans tous les temps, sinon un enchaînement interminable de meurtres, de violences, d'injustices, de proscriptions, de rapines et d'atrocités, de schismes et de dissensions, de guerres et de carnage?..

XV. Parce que, quelque bouleversement qu'il se fasse, il se trouve toujours au-dessus de nos têtes, des maîtres, et des grands, des supérieurs qui nous empêchent de suivre la fougue de nos passions; partout où l'on prêche la fable absurde *de l'égalité des droits*, les hommes deviennent aussi furieux que des frénétiques, aussi mobiles que les flots de la mer, qui s'élèvent et qui s'abaissent, et qui se brisent avec fracas contre les rochers. Pour avoir ces places, ces biens, ces autorités, et ces propriétés, auxquelles tout le monde croit avoir *droit*, on se tue, on s'égorge, l'on s'assassine, et l'on précipite tour à tour ceux qui prennent le dessus. Il n'y a plus rien de stable, ni pour ceux qui sont gouvernés, ni pour ceux qui gouvernent

Après tant d'agitations et de bouleversemens, voit-on enfin paroître *l'égalité?* Encore une fois cela est impossible : puisque les hommes descendront toujours les uns des autres, et que ne restât-il dans le monde *qu'un père et un fils,* il y en auroit un qui seroit au-dessus, l'autre au-dessous ; l'un qui auroit *autorité,* l'autre qui n'en auroit aucune, un qui auroit *du bien,* l'autre qui n'en auroit pas.

XVI. « Un Vénitien, nommé *Balbi,* dit *M. de* « *Montesquieu,* (Esprit des Lois, liv. 19. ch. 2.) « étant au Pégu, fut introduit chez le Roi. Quand « celui-ci eut appris qu'il n'y avoit point de Roi à « Venise, il fit un si grand éclat de rire, qu'une toux « le prit, et qu'il eut beaucoup de peine à parler à ses « courtisans. » Si l'idée d'un Etat sans Roi parut si étrange dans ces régions, qu'y eût-on pensé d'un Etat sans chefs, sans autorités, et sans inégalités, et de tous ceux qui font le serment exécrable de tout égorger pour le rétablir?... *Concluons.*

XVII. Nous avons prouvé que *l'égalité des droits* est un fait faux ; que, quand il n'eût jamais existé d'autres distinctions que celle *des talens,* les hommes n'eussent jamais été *égaux en droits,* puisqu'ils ne furent jamais égaux *en talens,* mais que cette distinction ne fut jamais la seule, puisqu'elle suppose *des récompenses et des châtimens,* conséquemment des maîtres et des juges, des autorités, des propriétés, et toutes les autres distinctions. Nous avons prouvé que la distinction *de la naissance* fut toujours la première de toutes, puisque c'est *par la succession des nais-sances,* que Dieu a gradué *les autorités et les pro-priétés,* par elle qu'il a donné *des chefs* à chaque société, plus de 500 ans avant qu'il pût y avoir des peuples. Enfin nous avons prouvé qu'avec des hommes qui descendent successivement les uns des autres, *l'égalité naturelle des droits* est une telle démence, qu'elle fera l'opprobre éternel de ceux qui l'ont admise. Nature, raison, bon sens ; historiens, géographes, voyageurs, bons écrivains, tous repoussent cette fable absurde. Jamais personne n'a pu l'appuyer d'un seul fait, et jamais qui que ce soit au monde n'a pu citer de peuples *sans chefs*. Croire à l'absurde égalité des droits, c'est croire qu'il fut un temps où les pères furent *sans autorité* sur leurs enfans ; *sans domaine* sur leurs bestiaux ; *sans propriété* sur les biens qu'ils avoient fait éclore ; un temps où les hommes ne descendoient pas les uns des autres, et où il n'y avoit pas de succession dans les naissances, les acquisitions et les travaux : et l'on conviendra que c'est n'avoir jamais réfléchi sur la marche de la nature. Mais finissons cette fameuse question par un fait décisif qui la renverse d'un seul coup, elle, et toutes les conséquences détestables que l'on en tire.

XVIII. *Fait décisif.*

Si c'est Dieu lui-même qui a créé les *inégalités sociales*, pourquoi dire que c'est nous ?.. Si c'est lui, quelle impiété d'attribuer à la créature, ce qui est dû au créateur !.. Si c'est lui, quelle atrocité de vouloir égorger, massacrer et assassiner jusqu'à ce qu'on croie que ce sont *les peuples*. Que devoit-il résulter de ces doctrines meurtrières ?.. du sang et encore du sang : des crimes, et encore des crimes ; des princes, des souverains et des sujets égorgés et cruellement assassinés! Mais assassiner est-ce répondre?.. En égorgeant les hommes tue-t-on la vérité. Après tant de forfaits, en restera-t-il moins vrai, que *l'être moral* ne put jamais être un seul instant sans droits, sans lois, sans règles et sans supérieurs; moins vrai, que par la succession seule des naissances, les premières familles avoient déjà de grands droits *d'autorité et de propriété*, avant que les dernières fussent au monde; moins vrai, par conséquent, que l'égalité des droits n'a jamais existé, et que c'est Dieu lui-même qui a subordonné les sociétés.

Ce sont les peuples qui se sont donné des chefs!. Mais pourquoi pas Dieu?.. Et si ce fut lui, pourquoi attribuer *aux peuples* des droits qu'ils n'ont jamais eus, et qu'ils n'auront jamais? Pourquoi tout bouleverser *pour un mensonge*?..

Les peuples qui se sont donné des chefs?.. Mais où, quand et comment?.. En quel lieu se fût tenue cette immense assemblée?.. Qui l'eût présidée? Qui en eût recueilli les voix? comment s'y fût-on pris pour donner *des pouvoirs universels* aux chefs qu'on auroit choisis?..Autant de questions qu'on ne s'est pas faites, et qu'il eût été bon de se faire avant de verser inutilement tant de sang.

L'impossibilité absolue de l'égalité des droits!.. Voilà ce que nous avons établi dans cette première question. *L'impossibilité radicale des pactes sociaux!.* Voilà ce que nous prouverons dans la seconde, qui achèvera de nous découvrir l'abîme profond de nos erreurs, et les calamités qui devoient s'ensuivre.

SECONDE QUESTION.

DU CONTRAT SOCIAL,

Fut-il jamais praticable?

§. I. *Contrat extravagant.* §. II. *Impossible dans la législation.* §. III. *Impraticable dans la Constitution.* §. IV. *Terrible dans ses effets.* §. V. *Faux dans tous ses principes. etc. etc.*

ÉTAT DE LA QUESTION.

I. Puisque Dieu, par la succession seule des naissances, donna successivement à chacun *des droits d'autorité et de propriété*, comme nous l'avons complétement prouvé dans la question précédente, il est de toute évidence qu'il y eut, dès l'origine, *des contrats de mariage*, d'échange, de ventes, d'acquisition, de commerce, de donation et de succession. Chacun fut bien le maître de transiger sur ses droits respectifs; et cela dans chaque pays, plus de cinq cents ans avant qu'il pût y avoir des peuples. Ainsi, nous sommes loin de contester l'existence des *contrats particuliers* entre deux ou plusieurs individus, mutuellement les maîtres du leur.

II. Puisque Dieu, par la primauté seule de la naissance, a donné au chef de chaque tribu, *autorité universelle et souveraine* sur ses descendans, aussitôt que sa tribu fut un peu multipliée, il fut bien le maître comme nous l'avons déjà dit, de léguer *sa souveraineté* à qui il voulut: à un ou à plusieurs, à vingt ou à cinquante. aux députés du peuple, ou à ceux des grands. Toutes ces assemblées légitimes où les chefs d'un côté, et les sujets de l'autre, se réunissent pour transiger sur leurs droits respectifs, loin d'être impossibles, sont très-ordinaires, très-utiles, et même souvent très-nécessaires, sous toutes les formes possibles de gouvernement. Pourvu qu'il y ait de part et d'autre *des droits* préexistans, on peut faire tant que l'on veut, *des contrats*, et ce ne sont pas *tous ces contrats,* dont nous rejetons l'existence.

III. Quel est donc celui dont nous parlerons dans cette question ? C'est *cette assemblée générale* d'hommes égaux, où chaque peuple, sans avoir *aucuns droits individuels*, les uns plus que les autres, après s'être choisi des chefs, leur donna le pouvoir universel de faire des lois, et des constitutions, et distribua à chacun des biens et des honneurs, *des droits d'autorité et de propriété*, qu'on pourroit leur retirer s'ils en étoient jugés indignes. Voilà ce qu'on a appelé des *pactes sociaux* où chaque peuple distribua tout en maître et en souverain; et nous, nous soutenons, qu'il n'y en a jamais eu de cette espèce, et qu'il ne pourra jamais y en avoir.

IV. Dans cette discussion, nous suivrons le *Contrat social de J. J. Rousseau*, parce qu'après avoir long-temps travaillé, et prodigieusement écrit, de son propre aveu, sur cette grande opération, c'est lui qui en a le mieux saisi les immenses combinaisons. Dans le *contrat social* qu'il nous a laissé, ce fameux écrivain en a parfaitement expliqué toutes les conditions, et parfaitement posé le problème. Mais la solution, jamais il n'a pu s'en tirer. Quand il en est là, on voit que c'est un géant, qui nage dans un abîme et qui se débat dans un chaos. « Des hommes unis qui se séparent « pour être libres ; des hommes libres qui se réunis- « sent pour être esclaves. Une association inouïe, où « chacun devient en même temps, sujet et souverain ; « personne publique, et personne particulière ; dépen- « dant sans cependant cesser d'être indépendant ; gou- « vernant et gouverné ; obéissant sans avoir de maître ; « sacrifiant sa liberté, sans cependant cesser d'être « libre » Tout cela est si merveilleux, que cet auteur lui-même *dans son liv. 1. chap. 6. et dans son discours sur l'économie, pag. 365 et suivantes*, ne sauroit s'empêcher d'en témoigner hautement sa surprise.

V. On sait bien que toutes ces absurdités sont de l'essence même du pacte social. *Puffendorf* les y avoit trouvées avant *J. J. Rousseau*. *J. J. Rousseau* les y a retrouvées après *Puffendorf*. Et quiconque voudra admettre des pactes sociaux, sera forcé, comme eux, d'en dévorer les absurdes conséquences.... Mais alors pourquoi admettre des *pactes sociaux* ... C'est précisément parce que le *pacte social* est inintelligible, que nous prétendons qu'il est *extravagant dans le contrat; impossible dans la législation, impraticable dans la constitution; terrible dans ses effets.* Et tous les articles que nous avons établis ci-dessus. Nous disons d'abord, que le *Pacte social* est extravagant dans le contrat.

§ I.

Extravagant dans le contrat.

I. Il n'est personne qui ne sache que *tout contrat* suppose essentiellement deux parties contractantes, et que dans *le corps d'un peuple universel*, il n'y en a encore qu'une. Or, le moyen de tirer de *ce corps universel, une autre partie universelle*, qui deviendra souveraine de l'autre! Voilà ce qu'il faut nécessairement trouver. Car tout le monde sait, que *toute souveraineté* qui ne seroit pas *universelle* ne seroit plus *une souveraineté*. Et voilà la difficulté telle que *J. J. Rousseau* se la propose à lui-même dans son problème inconcevable.

II. « Trouver une forme d'association qui défende « et protège de toute la force commune la personne « et les biens de chaque associé, et par laquelle cha- « cun, s'unissant à tous, n'obéisse pourtant qu'à lui- « même, et demeure aussi libre qu'auparavant. » (*liv. I, chap. 6. Puffend. lib 7. c. 2.*) Il faut arranger les choses de manière que le contrat une fois passé, chaque membre de la société soit en même temps, *suie. et souverain, gouvernant et gouverné, dépendant et cependant indépendant, qu'il obéisse et que personne ne commande; qu'il serve, et n'ait point de maître.* (Economie polit. *p.* 565, etc.)

Quoi! chaque individu sujet et souverain '...Toute la

nation *gouvernante* et toute la nation *gouvernée* : tout le monde d'un côté et tout le monde de l'autre... Voilà les deux parties du contrat!....

III. Si jamais le calme succède à l'orage, le repos à l'agitation et la réflexion au délire; si jamais l'univers sauvé du bouleversement affreux où il a pensé périr, sort enfin de dessous ses ruines, et qu'on puisse respirer en paix; on ne concevra pas comment on a pu adopter si généralement une pareille extravagance!... Car enfin, il ne s'agit pas ici de croire *un Dieu en trois personnes*, ce qui n'est qu'un mystère; mais de croire *une personne en deux personnes*, ou que *deux personnes n'en font qu'une;* ce qui est une absurdité. C'est sur cette séparation magique de chaque personne en deux personnes que repose tout le contrat social, ou plutôt c'est elle qui fait l'essence constitutive de ce système. Qu'on ouvre les ouvrages de tous les conventionnels instruits, on les y verra figurer. Qu'on parcoure le contrat social de *J. J. Rousseau*, on y trouvera partout ces deux personnes, résultant de la séparation individuelle de chaque personne.

IV. Et parce que ces auteurs se servent du terme *de distinction morale*, qu'on ne dise pas qu'ils n'entendent par là qu'une séparation idéale, qu'une simple abstraction d'esprit. Outre que la séparation d'une personne en deux personnes, est une extravagance inadmissible même en idée, il est manifeste qu'il n'est point ici question d'un contrat idéal, qui doive se passer dans la région impalpable des esprits, mais du plus physique, et du plus solennel de tous les contrats, puisqu'il s'agit de l'association d'une nation toute entière. Dans un pareil contrat, une distinction idéale ne produiroit rien : il faut de toute nécessité deux parties très-réelles, et très-distinctement séparées. Il faut *un souverain universel*, qui ait des droits très-réels d'un côté, et *une nation universelle* qui s'oblige très-physiquement à lui obéir de l'autre. Or, puisque dans votre collection d'hommes égaux, il n'y a pas encore de *souverain universel*, qu'il s'agit d'en former un, d'où le tirerez-vous? Sera-ce *de l'universalité* des personnes ? Dès-lors, il faut une séparation universelle des personnes. Sera-ce simplement des volontés, dès lors il faut une séparation universelle des volontés : et il faut que cette séparation soit bien réelle, et bien positive : sans quoi, les deux parties du gouvernement seroient illusoires.

V. Aussi, quand on ne s'en tient pas à l'écorce, qu'on se donne la peine de peser le sens des mots, il est évident que sous ces expressions *de distinction morale*, les défenseurs des pactes n'entendent pas une séparation idéale, ni une vaine abstraction d'esprit : mais une séparation bien réelle, et bien positive de chaque volonté, qu'ils exigent. C'est une séparation bien réelle et bien positive, puisque, de la seule partie de volontés, que chaque individu remet en commun, il résulte *une véritable personne publique, un corps collectif, qui a son moi commun, sa volonté, et sa vie*;... une séparation bien réelle et bien positive, puisque cette seule partie de volontés individuelles destinées à faire la loi, ils l'appellent *la volonté générale, le souverain et le législateur*;... une séparation bien réelle, et bien positive, puisque, *sous la suprême direction de cette volonté générale, chaque associé s'aliène tout entier, et remet en com-*

mun sa personne , ses biens , et toute sa puissance. Comment chaque associé , après s'être aliéné tout entier, pour former la personne du souverain, se retrouve-t-il encore tout entier, sous la direction du souverain ? C'est évidemment par le moyen de la séparation bien réelle, et bien positive, toute incompréhensible qu'elle est , de chaque personne, en deux personnes.... Enfin, une séparation bien réelle, et bien positive, puisque, par cette séparation chaque individu devient , bien réellement et bien positivement dans le même temps *membre du souverain, et membre de l'état: dépendant et cependant indépendant; obéissant d'une part, et maître de l'autre....* Séparation si réelle, et si positive que lorsqu'elle est faite, *chaque individu peut avoir, comme homme , une volonté particulière , contraire , et tout à fait dissemblable à la volonté générale , qu'il a comme citoyen...* Deux volontés contraires, et tout-à-fait dissemblables, dans chaque individu, sur le même objet ? voilà qui s'entend. Certes, ce n'est pas là une distinction idéale, mais une division bien réelle, et bien positive dans chacune des volontés. (*liv. 1, ch. 2.*)

VI. Quand on a convoqué des assemblées électorales, qu'on a nommé des chefs ou des députés, on croit avoir fait un gouvernement ! La vérité est que le gouvernement n'est pas encore commencé. Parce que *dans un peuple composé d'hommes égaux* , personne n'ayant *la souveraineté* , par droit de nature, personne ne peut la donner sans l'accession de la nation toute entière : quand vous auriez pour vous le vœu de tous les électeurs ; quand vous auriez pour vous la majorité de la nation : *Puffendorf, Rousseau,* et tous les défenseurs éclairés des pactes vous disent hautement, que tout cela ne suffit pas ; qu'il vous faut *l'universalité* de la nation toute entière : tout dépend de là. En fait d'actes publics, si vous êtes choisi pour gouverner, tout ce que vous ferez *avec l'universalité* de la nation sera marqué du sceau de la souveraineté, sans doute; mais aussi, tout ce que vous ferez *sans cette universalité*, sera invalide, tout ce que vous voudrez *sans cette universalité* sera radicalement nul. Si cette *universalité* cesse un instant, *la souveraineté* s'évanouit : s'il manque une seule volonté, la souveraineté n'existe point encore, ou n'existe plus. Cette observation fait trembler; mais elle n'en est pas moins incontestable : parce que *l'universalité* étant de l'essence de la *souveraineté*; dès que vous la composez de volontés, une seule volonté de moins, *la souveraineté* n'est plus.... Avez-vous opéré ce premier prodige; le souverain a-t-il obtenu *l'universalité des volontés* pour commander, il en faut encore un second : il faut voir si *l'universalité des volontés* est restée du côté de la nation, pour obéir; sans cela les deux parties du gouvernement n'y seroient pas.

VII. Pour former un gouvernement *avec un peuple d'hommes égaux*, il ne suffit donc pas de nommer un chef; le grand embarras, c'est d'en faire un souverain, et de lui donner *des pouvoirs universels ;* c'est de lui assurer *cette volonté universelle, constante, perpétuelle,* sans laquelle *la souveraineté* n'existe plus. La grande difficulté n'est pas de nommer, mais de former *la personne publique* de toutes les personnes particulières, sans altérer en rien les personnes particulières; c'est de composer *la volonté générale* de toutes les volontés individuelles, en laissant cependant à chacun, *sa volonté individuelle*. Enfin, la grande difficulté, c'est de mettre *l'universalité* d'un côté, et *l'universalité* de l'autre ; de séparer la volonté de chaque associé en deux parts, de manière que chaque volonté soit en même temps, dans chaque acte public, toute entière du côté du souverain, et toute entière du côté du sujet. Voilà la séparation qu'exigent *Puffendorf* et *J. J. Rousseau*, et que la raison seule exige avec eux. Si cette séparation est possible, on peut absolument concevoir comment des peuples composés d'hommes égaux purent autrefois se donner des gouvernemens, et comment ils pourroient encore s'en donner de nos jours. Si cette séparation est impossible, jamais ils ne purent s'en donner autrefois, et jamais ils ne pourront s'en donner à l'avenir, parce que, sans cette séparation, jamais on ne pourra venir à bout de composer la souveraineté, et de donner à chacun des droits : car toutes les comparaisons qu'on lit dans *Puffendorf :* le soleil qui sèche, qui échauffe, et qui endurcit un terrein, le mélange de plusieurs voix qui produisent un concert, loin de prouver la possibilité de la personne morale en prouvent l'impossibilité. Dans le concert, chaque individu ne produit pas deux voix à la fois. Dans toutes ses modifications, le soleil ne produit pas deux effets distincts. Il en est de même de l'âme, et de toute autre cause en général. L'âme ne peut pas produire à la fois, dans chaque individu, deux volontés et deux modifications parfaitement distinctes. Tout cela est physiquement et moralement impossible.

VIII. Ceci posé, tout le procédé du contrat social se réduit à un point bien simple : c'est de savoir si

cette séparation morale des personnes qu'on a si généralement adoptée, est possible, ou si elle ne l'est pas?
Voilà, avant tout, ce qu'il eût été infiniment important d'approfondir. Car enfin, si après avoir renversé
tous les gouvernemens, on venoit à découvrir l'impossibilité absolue de diviser les âmes, et les volontés
en deux, conséquemment l'impossibilité absolue de
composer *la personne morale*, et de conférer *la souveraineté* à qui que ce soit, l'impossibilité absolue de
former de nouveaux gouvernemens, sans une souveraineté préexistante; si on venoit à découvrir, que les
défenseurs les plus ardens du contrat social sont con-
venus eux-mêmes de cette impossibilité; qu'auroit-on
fait? on auroit couvert l'univers de ruines, sans aucun
espoir de reconstruire selon les nouveaux plans : quels
désastres et quelle extravagance !....... Or, *J. J. Rousseau*, après avoir démontré invinciblement *la nécessité indispensable des deux personnes morales*, finit
par en établir *l'impossibilité*; après avoir exigé rigoureusement que chaque associé divise son âme en deux,
il reconnoît formellement dans un autre endroit que
l'âme étant essentiellement indivisible, et la volonté
étant essentiellement une, elle ne peut être *ni alié-
née, ni déléguée, ni représentée. La volonté est la
même, ou elle est autre : il n'y a pas de milieu*, dit-
il. On sait bien que successivement et relativement à
divers objets, elle change et varie; mais quand elle
change, elle change toute entière, et relativement à
la même action, elle est inséparable. Quand l'âme
veut la loi, elle la veut toute entière ; quand elle s'y
refuse, elle s'y refuse toute entière : ce n'est ni la moitié, ni le tiers de notre âme, qui veut, ou ne veut pas.

On ne voit donc pas comment chaque particulier pourroit mettre une partie de son âme à faire la loi, l'autre à obéir ; une partie du côté de la majorité, l'autre du côté de la minorité. On n'aperçoit pas le moyen, avec la même volonté, de former *la volonté de la personne publique* et la volonté de la personne privée, *la volonté du sujet* et la volonté du souverain, *la volonté de l'homme* et la volonté du citoyen, *toute opposée à celle de l'homme.*—(Liv. III, ch. 15.)

IX. Je sais très-bien que pour faciliter les pactes, il en est qui ne font assembler que les chefs de famille, peut-être même que les principaux chefs. Mais 1.º comme le dit fort bien *Rousseau*, si tout le monde n'y est pas, comment la personne morale sera-t-elle *universelle*? 2.º Si la volonté est essentiellement indivisible, comment les chefs eux-mêmes pourront-ils diviser leur volonté, en deux parts, et former une personne morale, même incomplète ? La formation de cette personne morale est impossible pour les chefs comme pour les peuples.

Une réflexion bien aisée, qui renverse elle seule cet absurde système de fond en comble, c'est que la volonté est une simple modification de l'âme qui veut. Avec ma volonté je peux donner mon bien à un autre, et alors je lui donne quelque chose. Mais donner ma volonté, cela est impossible. De là l'impossibilité absolue *de la personne morale, et de la volonté générale*, distinguée des volontés particulières. De là l'impossibilité absolue *d'une souveraineté*, composée de la volonté universelle des sujets. Si un souverain n'avait pas *la souveraineté* par droit de nature, jamais une nation toute entière ne pourroit la lui donner par ses volontés. Quand on n'a rien à donner, la volonté ne donne rien. De là l'impossibilité absolue *des Gouvernemens représentatifs des peuples.* Qu'on y réfléchisse tant qu'on le voudra, jamais aucun Gouvernement ne pourra tirer *la souveraineté* de l'universalité des volontés. Et voilà cependant ce qu'il faudroit pour faire *un Gouvernement représentatif des peuples.*

X. Il y a plus, comme il n'est pas seulement question d'un souverain spirituel, mais encore *d'un souverain corporel et civil,* qui ait action corporelle sur chacun des associés, si l'on vouloit composer une véritable personne publique, dont chaque particulier fût membre, il ne suffiroit pas de diviser son âme, il faudroit encore diviser son corps en deux parts, une que l'on remettroit du côté du législateur, l'autre du côté du sujet, afin de former non seulement *une volonté générale,* mais *un corps général,* sous la direction duquel toutes les autres parties corporelles bien vivantes resteroient soumises..... Ce n'est pas tout, comme *le souverain* doit avoir des droits universels, non-seulement sur les personnes, mais sur tous les biens, il faudroit également diviser chacun de nos droits en deux parts, pour en donner une au corps général, et l'autre, au corps individuel, sans quoi *le souverain* n'auroit aucun droit sur chaque partie de nos biens, pour imposer des contributions.

XI. Voilà cependant la série d'extravagances où se trouveront entraînés malgré eux tous ceux qui feront dériver l'ordre social des peuples. Dès que leur souverain conventionnel n'a par lui-même aucun droit sur ses associés, il faut de toute nécessité les prendre dans chaque personne particulière; mettre chacun, partie voulant la loi avec le souverain, partie obéissant comme sujet. *Puffendorf* et *J. J. Rousseau* y avoient parfaitement réfléchi; le principe admis, si l'on veut procéder à l'exécution du contrat, il faut de toute nécessité diviser chaque individu en deux parts. Mais comment séparer les âmes, les personnes, et chacun de nos droits en deux?... Il est visible que jamais cette opération ne s'est faite, et qu'elle ne se fera jamais.

XII. Donc jamais aucun peuple n'a pu donner à qui que ce soit *l'autorité universelle et souveraine*, et ne le pourra jamais. Donc ceux qui gouvernent ne pourront jamais être *les représentans* des peuples. Cependant ceux qui gouvernent, même dans les démocraties, possèdent *la souveraineté*. Donc ils ne la tiennent pas des peuples. De qui la tiennent-ils donc?

§. II.

Impossible dans la législation.

I. Si cette séparation individuelle est impossible, il faut donc, pour la législation, que les uns soient tout entiers d'un côté, et les autres, tout entiers de l'autre; les uns, tout entiers *faisant la loi*, les autres, tout entiers *la recevant;* les uns, tout entiers *membres du souverain*, les autres, tout entiers *membres de l'État*. Si l'on veut procéder à une exécution quelconque c'est là ce qui doit nécessairement arriver, et c'est là effectivement ce qui arrive dans tous les états où l'on donne au peuple le titre de souverain. Dans la supposition même qu'on pût venir à bout d'assembler une nation toute entière pour se donner des lois, on la verroit toujours, dans le résultat, se diviser en deux parties, très-distinctes et très-opposées, *la majorité d'un côté, et la minorité de l'autre:* et dans chacune de ces deux parties, ce seroient bien des hommes tout entiers, avec leur âme, leur corps et leur volonté toute entière qui s'y trouveroient : de manière que, par le résultat inévitable de cette grande association, chaque individu se trouveroit soumis tout entier, à la décision de la majorité, qui le contraindroit malgré lui, à obéir, quand même il ne le voudroit pas.

II. De manière qu'après tout un volume de sophismes, et tout le galimatias inintelligible *de l'aliénation totale de chaque individu, sous la suprême direction de la volonté générale,* il se trouve, qu'en supposant même l'assemblée générale de la nation, *cette volonté générale,* à laquelle chacun s'obligeroit à obéir, se réduiroit *à la volonté du plus grand nombre;* que la loi qui résulteroit d'une pareille association seroit tout simplement, la *décision du plus grand nombre;* que le maître que chaque individu se donneroit, seroit définitivement *le plus grand nombre;* et que cette aliénation totale de chaque individu à toute la communauté, seroit pour dernier résultat l'assujétissement total de chaque individu, *à la volonté du plus grand nombre.*

Je n'ose prévenir d'avance chaque membre du peuple du résultat terrible d'une pareille association. Tout ce que je peux dire pour l'instant, c'est que ce n'est là ni un contrat social, ni un gouvernement représentatif des peuples, et qu'avec des mots équivoques, on se joue manifestement de tout l'univers. Car si dans le résultat, *la volonté générale* ne se trouve plus être la volonté générale, mais seulement *la volonté du plus grand nombre*, voilà parmi le peuple, une prodigieuse quantité d'individus, qui ne sont plus de la législation, et qui ne font plus partie *du souverain*. La loi n'est donc plus l'expression de la volonté générale, c'est tout au plus *la volonté du plus grand nombre*.

III. Mais maintenant, quel droit a le plus grand nombre sur le plus petit : où a-t-il pris le pouvoir de lui faire la loi ? *Un peuple législateur !* Et de quel « droit, monstre? dit *Weishaupt*. Quel privilége a « ce peuple, et sa majorité de me soumettre, moi ? « Est-ce là le droit de la nature? » dit *Weishaupt à Zwach*. Parce qu'il est impossible de réunir l'universalité des suffrages pour chaque loi, vous décidez que les lois passeront *à la pluralité*.. Ceci est fort bien. Mais, puisque la loi, dans votre système, ne peut être que la volonté générale des associés, et qu'il y en a près de la moitié, qui ne la veulent pas, où est la possibilité que *la pluralité* fasse les lois : puisque, dans votre système, le législateur n'a pas de pouvoir législatif par lui-même, d'où voulez-vous qu'il le tire, sinon *de l'universalité des volontés?* Qu'on cherche la réponse dans *Puffendorf*, *Ælien*, *Rousseau*, et les meilleurs défenseurs du contrat social, on ne l'y trouvera pas.

IV. *Rousseau* réduit tout le système des pactes sociaux *à la volonté générale*. Selon lui, c'est la volonté générale divisée en deux parts, qui fait le contrat. C'est elle qui constitue la souveraineté; elle qui fait la loi; elle qui fait tout, et il a raison : une seule volonté de moins, il n'y a plus rien, puisque tout se compose *de l'universalité des volontés*. Mais où a-t-on pris que *la pluralité* des volontés est *l'universalité*? Voilà donc, en raisonnant d'après ces auteurs eux-mêmes, tous les peuples de l'univers dans l'impossibilité physique et absolue de faire une seule loi. Quand il seroit possible de rassembler une nation toute entière; possible de bien connoître sur chaque loi *le vœu du plus grand nombre*, il est impossible que le plus grand nombre ait aucun pouvoir législatif sur le plus petit : voilà encore sur ce second point les partisans du pacte social réduits à l'impossible.

V. Mais actuellement le moyen de connoître la volonté du plus grand nombre ? C'est ce qui ne nous paroît pas si facile. Pour la connoître, il faut de toute nécessité rassembler la nation toute entière. Et quand je dis la nation toute entière, j'entends *l'universalité* des individus, et quand je dis *l'universalité*, je ne vois pas comment on pourroit en excepter les femmes. Car tout le monde sait que les femmes ont leur volonté, aussi bien que les autres : et si, comme on le suppose, le pouvoir de faire les lois se compose *de l'universalité des volontés*, en retranchant la volonté des femmes, le déficit est énorme, et la loi n'y sera plus. Autre impossibilité, et conséquemment autre nullité dans la législation des représentans des peuples.

VI. Quoi qu'il en soit, de quelque sexe que l'on suppose ce corps général qu'on appelle *nation*, les individus mâles eussent-ils, à eux seuls, la faculté extraordinaire de produire *toutes les lois*, toujours est-il, que pour chaque loi, il faudroit le concours de toutes les volontés mâles. Pour connoître la pluralité des suffrages, sur chaque loi, il faudroit, sur chaque loi, rassembler les individus mâles, sans en excepter un seul. Or, comme le dit *le père Berthier,* où cela se pratique-t-il ? Ce qu'il y a de bien certain, c'est que de l'aveu de *J. J. Rousseau* lui-même, dans aucun état, quelque petit qu'il soit, jamais on n'a rassemblé, sur chaque loi, la nation toute entière, et que dans presque tous, on ne la rassemble point du tout. Presque partout, c'est un assez petit nombre de députés, qui décrètent les lois, les délibèrent, et les ratifient entr'eux, à la pluralité des suffrages........ Voilà donc en procédant à l'exécution, notre souverain qui se rétrécit de plus en plus : je ne serois pas surpris quand en définitive, dans les gouvernemens représentatifs des peuples, *la volonté générale* de plus de vingt millions d'individus se trouveroit réduite à la volonté de quatre ou cinq cents députés, dirigés peut-être par la volonté d'un seul. Dès lors, au lieu de définir la loi, *la volonté générale*, il faudra donc se résoudre à la définir *la volonté d'un seul*, ou du moins, *la volonté de quatre ou cinq cents députés......* Mais où ces quatre ou cinq cents députés ont-ils pris le pouvoir universel de faire les lois ? *A Rome et à Athènes,* il s'en falloit de beaucoup, que *l'universalité du peuple* fût convoquée. Il y en avoit beaucoup d'exclus par la constitution : mais parmi les classes mêmes qui étoient convoquées, il y avoit des milliers d'individus, qui ne se trouvoient pas à l'assemblée, puisqu'on étoit obligé de porter des peines contre les absens. *L'universalité* fut impossible dans tous les temps ; et si les lois étoient *la volonté générale*, il n'y auroit de lois dans aucun pays.

VII. On sait bien que dans les gouvernemens représentatifs, le peuple ne nomme des députés que pour manifester *la volonté générale*; et que lors de leur nomination, les députés s'obligent de s'y conformer en tout. De peur qu'ils ne s'y conforment pas, il en est qui divisent les pouvoirs législatifs en deux ou trois corps : et s'il arrive que ce ne soit pas *la volonté générale* que l'on propose, on donne au dernier corps *le veto*, c'est à dire le pouvoir de se refuser à l'exécution et d'annuler.

VIII. Ces combinaisons sont spécieuses sans doute, mais pour décréter ce qui est conforme, comme pour annuler ce qui n'est pas conforme *à la volonté générale*, il faudroit la connoître : et pour la connoître, il faudroit convoquer la nation toute entière. Sans quoi, toutes vos assemblées, en eussiez-vous six, ne pourront jamais décréter que d'après leurs volontés particulières. Il résultera de cette prétendue division de pouvoirs, beaucoup de brigues, de débats, et de divisions que le peuple payera bien cher. Après quoi, ce sera toujours celui qui aura le plus de ressources et de moyens, qui finira par faire ses volontés. Quel que soit le parti qui l'emporte, après tous les débats, il sera toujours vrai, que *la loi* sera *la volonté* des assemblées, ou *la volonté* de ceux qui auront gagné la pluralité des assemblées : que ce ne sera, ni *la volonté générale*, ni même le vœu de la pluralité du peuple.

IX. En vain dira-t-on qu'en nommant des députés, le peuple leur a remis tous ses pouvoirs, et qu'il a ratifié d'avance toutes les lois qu'ils porteroient. C'est une erreur. Ce n'est point dans la nomination, mais dans la législation, que *la souveraineté* consiste, et la volonté qui nomme, n'est point du tout la même que celle qui décrète et qui constitue. Parce qu'un peuple nomme ses députés, dit *Rousseau*, il croit être *souverain* : il se trompe, la nomination passée, *il est esclave*. Pour n'être pas esclave, le peuple ne peut donner à ses députés que le pouvoir de manifester ses volontés ; et pour les manifester, il faut les connoître : et pour les connoître, il faut les consulter dans une assemblée.

X. En vain dira-t-on qu'en nommant des députés le peuple a aliéné dans leurs mains, toutes ses volontés : cela est absurde. *La volonté*, par sa nature, n'étant autre chose que *l'âme voulant*, il est impossible de l'aliéner, comme le dit fort bien *J. J. Rousseau*. La nomination passée, mon député part avec *sa volonté*, et je reste avec la mienne. Parce que mon député veut un décret, il ne s'ensuit point du tout que je le veuille : et quand je dis *moi*, je parle de tous les commettans

XI. En vain ajoutera-t-on qu'en nommant des députés, le peuple les constitue *ses représentans :* c'est une autre absurdité, dit *Rousseau*. La volonté ne se représente pas, par la même raison qu'elle ne s'aliène pas. Certes, si vous décrétez tout le contraire de ce que je veux, ce n'est pas ma volonté que vous décrétez, ainsi vous ne me représentez plus. Il est donc impossible, ajoute *Rousseau*, que les députés du peuple deviennent *ses représentans* par la simple nomination : *ce ne sont tout au plus que des commis.*

Un ambassadeur part avec la volonté de son maître, et consulte rigoureusement ses volontés. Voilà pourquoi il est *son représentant*. S'il mettoit un instant sa volonté à la place de celle de son maître, il ne le représenteroit plus. Il en est de même d'un procureur, d'un agent et *d'un représentant* quelconque. Pour faire un mariage, un contrat, un marché, une convention, ce n'est pas la volonté du commis, mais celle du constituant que l'on demande, et ce n'est pas une demi-volonté, mais une volonté toute entière, très-physique, et très-manifestée. Si la volonté d'une des deux parties manque, le contrat est radicalement nul. Voilà pourquoi jamais aucun peuple n'a pu, et ne pourra jamais faire ni contrat, ni lois, ni constitutions, parce qu'il est impossible ni de consulter, ni de concilier toutes les volontés d'un peuple. Ce qui est nécessaire dans le mariage et dans tous les autres contrats, *le consentement formel* des deux parties, démontre l'impossibilité absolue *du pacte social*, et conséquemment des gouvernemens représentatifs des peuples. C'est une loi fondamentale de la démocratie, dit *M. de Montesquieu*, que le peuple seul fasse les lois. Cependant comme il en sent l'impossibilité, il veut *qu'on fixe le nombre...* Puis ensuite, *il veut qu'on laisse le sénat décider.* Comment arranger tout cela? Si on fixe le nombre, ce n'est plus *le peuple.* Si c'est *le peuple*, il ne faut pas fixer le nombre. Preuve certaine que tous ces systèmes sont bien embarrassans; et pourquoi le sont-ils? C'est parce qu'ils sont faux, et que jamais aucun peuple n'a eu le pouvoir de se donner des lois, ni par lui, ni par ses représentans.

XII. En vain dira-t-on que les décrets ont été publiés, lus et affichés; que, *qui ne dit mot consent...* Cela est encore faux. Parce que j'ai des raisons pour me taire, et que je n'ose élever la voix, ce n'est pas une preuve que je consens. Un silence forcé n'est point du tout *un suffrage*, comme le dit encore *Rousseau* dont les conséquences sont invincibles quand on lui passe un principe faux.

XIII. Etablissez-vous pour principe *que la loi est la volonté générale?* Dès-lors, pour que le décret devienne une loi, il ne suffit pas qu'il soit porté par les chambres, il faut qu'il soit accepté *par le peuple en corps.* Il ne suffit pas que le décret soit examiné par les chambres, il faut qu'il soit examiné *par le peuple en corps.* Il ne suffit pas qu'il passe à toutes les chambres, il faut qu'il soit ratifié par le peuple en corps. *Toute loi qui n'a pas été ratifiée par le peuple en corps est une loi nulle, ce n'est plus une loi.* En vain l'afficherez-vous dans tous les marchés, la publierez-vous dans tout le royaume, la ferez-vous enregistrer dans toutes les municipalités : *Rousseau* vous dit que tout cela ne suffit pas; et il a raison. Il est nécessaire que toutes les voix soient comptées. (*Liv.* 2, *chap.* 2. *Liv. 3, chap. 15,*) Pour qu'on puisse connoître la pluralité, il faut de toute nécessité que le peuple soit assemblé, et qu'il soit libre, et qu'il soit interrogé en corps, sans quoi le décret sera le vœu des députés, et non pas celui du peuple. Il est impossible de connoître le vœu de la pluralité de la nation, sans assembler la nation toute entière. Tous ces raisonnemens *de Rousseau* sont évidens, ils sont invincibles, ils découlent naturellement du principe dont ils sont déduits.

XIV. D'après cela, voici le raisonnement qui s'élève contre *Rousseau* et contre tous les partisans des pactes sociaux, et des gouvernemens représentatifs des peuples.

1°. Jamais il n'exista de gouvernement où l'universalité du peuple ait voté, sur chaque loi, à la pluralité des suffrages.

2°. Quand elle l'eût fait, cette pluralité n'a par elle-même *aucun pouvoir législatif* sur les dissidens.. Donc jamais une nation n'a pu se donner des lois.

XV. Donc jamais aucun député n'a pu recevoir *le pouvoir législatif* des peuples. Cependant ils l'ont dans tous les gouvernemens républicains. Donc ils ne le tiennent pas *des peuples*. De qui les tiennent-ils donc ?...

§ III.

Impraticable dans la Constitution.

I. Mais si jamais aucune nation au monde n'a pu se donner des lois, pour s'associer et pour convenir ensemble d'une constitution, c'est encore bien pis. Car si, pour la fabrication des lois, *Rousseau* veut bien se contenter *de la pluralité* des suffrages, pour l'association il exige *l'unanimité*.

Et nous ne saurions nous empêcher de convenir que c'est encore une conséquence nécessaire tirée des principes eux-mêmes, qu'on défie qui que ce soit de lui disputer, le principe une fois admis.

II. Car s'il est vrai, comme on le suppose, qu'avant le pacte social il n'y eût encore ni *autorité, ni souveraineté de droit*; que la liberté primitive fût *une liberté d'indépendance*, et que les hommes ne fussent pas subordonnés les uns aux autres par l'institution même de l'auteur de la nature; il est *clair* comme le jour, qu'avant le pacte social, tous les hommes étoient parfaitement indépendans ; et que, s'ils se sont décidés à s'associer, et à se subordonner, c'est par un acte libre et spontané de leur volonté, *en vertu de leur consentement, et de leur suffrage.* D'après cela, il est bien *clair*, que chacun n'entre dans l'association, que *par son consentement, et son suffrage* ; que si je fais partie de l'association, c'est par mon consentement et mon suffrage, que si je me trouve compris dans l'association, *c'est par mon consentement et mon suffrage* ; que si je contribue à la souveraineté, *c'est par mon consentement et mon suffrage* ; que si le souverain a des droits sur moi, *c'est en vertu de mon consentement et de mon suffrage* ; que si la société a pouvoir sur moi, *c'est par mon consentement et mon suffrage.* C'est mon suffrage qui fait tout, et sans mon suffrage rien.

Dans ses assemblées, dit *M. de Montesquieu*, le peuple ne peut être monarque que *par ses suffrages*, qui sont ses volontés.

III. D'après cela, il est *clair qu'étant né libre et indépendant*, si je ne veux pas m'associer, personne ne sauroit m'y contraindre, *ni sous quelque prétexte que ce puisse être, m'assujétir sans mon aveu.* Ce seroit une injustice criante, puisque mon suffrage est essentiellement libre. Tant que je ne consens pas à m'associer, je reste parfaitement indépendant. (*Liv. I, ch. 4.*)

D'après cela, il est *clair* que, si je ne m'associe pas, qui que ce soit n'est mon souverain ; personne n'a de droits sur moi, *puisque, étant né libre et indépendant*, personne ne peut avoir des droits sur moi qu'autant que je lui en donne *par mon consentement et mon suffrage.*

D'après cela, il est *clair* que, pour que les pouvoirs et les droits de l'association s'étendent à tous, il faut que tout le monde s'associe. S'il est un seul individu qui ne donne pas son suffrage, *la souveraineté* ne s'étend pas sur tous les individus, ou, ce qui est la même chose, il n'y a plus *de souveraineté*, puisque la souveraineté est essentiellement *universelle*.

IV. Tous ces raisonnemens de *J.-J. Rousseau* sont clairs, évidens et parfaitement enchaînés. Pour qu'il y ait association, il faut que toutes les parties contractantes tombent d'accord : ainsi, si la société est *une association*, il faut que tous les membres de la société tombent d'accord. *Pour la constitution*, il faut, de toute nécessité, comme l'exige *Rousseau*, unanimité et *unanimité rigoureuse*, sans quoi point d'association. Tout cela est très-bien dit, très-juste et très-concluant.

V. Reste maintenant une petite difficulté : c'est que, parmi ces hommes accoutumés à l'indépendance, il y en aura beaucoup qui ne voudront pas s'assujétir, qui ne paroîtront pas même à l'assemblée, et que, parmi ceux qui voudront bien y comparoître, il y en aura beaucoup qui ne seront pas d'accord sur la forme du gouvernement... Or, s'il y a scission dans les suffrages, comme cela ne manquera pas, comment faire pour l'exécution?...

VI. *Tous ceux qui ne voudront point se réunir à l'association, doivent, dit-on, quitter le pays!*...

Mais de quel droit me forcerez-vous de quitter mes

terres, mes biens et mes propriétés, puisque, d'après votre principe lui-même, vous n'êtes pas *mon souverain*, et que vous ne sauriez l'être?... Si je ne sors pas, que me ferez-vous? Vous m'y forcerez ou vous me tuerez; et de quel droit, d'après quelle loi? Parce que vous êtes les plus forts!...

Voilà donc, pour procéder à l'exécution de cette partie, la force, la violence, l'injustice, l'atrocité, le carnage ou l'émigration la plus terrible... Et à quoi avancera cette émigration? à rien. Car, tant qu'il s'agira de places lucratives ou de lois gênantes, *de dominer ou de servir,* tant qu'il s'agira d'un avantage où tout le monde peut aspirer et que tout le monde ne sauroit avoir, il y aura toujours partage; chacun votera toujours de préférence, ou pour soi, ou pour ses amis... Quand vous pourriez venir à bout d'assembler tout un peuple; quand, à force d'émigrations et de déportations, il ne resteroit dans le pays qu'un petit nombre de cent individus, allez aux voix sur la forme du gouvernement, jamais vous n'en viendrez *à l'unanimité.* Ainsi, jamais vous ne pourrez effectuer ni le contrat social, ni un gouvernement représentatif.

VII. En vain dira-t-on *qu'en acceptant la première constitution, nos pères l'ont créée pour toujours, et qu'elle est restée créée.*

Si c'étoit là la question, je dirois que *la constitution* qu'on nous propose maintenant n'est point du tout celle que nos pères ont acceptée, qu'elle est totalement changée depuis. J'ajouterois que, puisque *toute constitution* est un résultat de suffrages, *la constitution de* nos pères est morte avec leurs suffrages, comme leurs suffrages sont morts avec eux ; que le résultat de leurs suffrages (eût-il été unanime) n'a pu subsister après eux, que par le suffrage *unanime*, et toujours soutenu de leurs successeurs, et qu'un seul dissident eût détruit leur ouvrage, parce qu'il ne s'agit pas ici des biens et des droits personnels de nos pères, mais de droits, dont ils n'étoient pas les maîtres, puisqu'il s'agit *de nos suffrages*, et que, comme l'a dit fort bien *Rousseau*, si je suis indépendant par nature, *personne ne peut m'assujétir sans mon aveu.* Je répéterois tout ce que j'ai déjà dit sur cette matière.

VIII. Mais j'*observe* que cette objection suppose ce qui est en question. Car je ne parle pas ici de nous seuls, mais surtout de nos pères, lorsqu'il fallut procéder au pacte social. Si nous frémissons lorsqu'il est question de nous soumettre, nous qui sommes accoutumés à porter le joug, depuis plus de quatre mille ans, quelle dut être la répugnance de nos pères, qui, comme le prétend *Rousseau* lui-même, la première fois qu'on leur parla de dépendance, dûrent se hérisser et frapper du pied contre terre, comme des coursiers fougueux, la première fois qu'on veut leur approcher le mors ! Si nous ne saurions nous accorder *sur une constitution*, quelle dut être l'ambition de ces premiers hommes, libres, et indomtés, quand il fut question de subordonner les places de l'ordre social, et de dominer, ou servir pour la première fois ? S'il y a division parmi nous, il y en eut bien davantage parmi nos pères. Partout où l'intérêt personnel domine, il est impossible qu'il y ait *unanimité*, et il n'y a rien qui pique si vivement l'intérêt personnel, qu'*une constitution*, où les uns doivent dominer à l'exclusion des autres, et disposer de tout par les lois. Proscrivez, exilez tant qu'il vous plaira, ne restât-il, de toute la nation, que deux délibérants, tous deux voudront dominer, et aucun d'eux ne voudra servir.

IX. Voyez les François quand ils ont voulu *constituer* par suffrages : l'un vouloit un roi absolu ; l'autre, un roi constitutionnel ; celui-ci, une république, celui-là, une seule assemblée ; celui-là deux chambres. Y eut-il jamais *unanimité* parmi le peuple, y eut-il même *unanimité* parmi les députés ? Parcourez toutes les nations même les plus sages, même celles qui ont la meilleure de toutes les constitutions, interrogez tous les individus sur la forme du gouvernement, y aura-t-il *unanimité* ? S'ils ne se plaignent pas, c'est qu'ils savent très-bien qu'il leur seroit inutile, et dangereux peut-être de parler. Mais ouvrez une libre carrière à leur ambition, et consultez-les ; seront-ils d'accord ? Cela est impossible : parce que ceux qui gouvernent, sous quelque forme de gouvernement que ce soit, pèsent essentiellement *sur la tête* de ceux qui sont gouvernés, et qu'ils occupent des places, que chacun voudroit avoir. Tant qu'il s'agira d'*une constitution*, dans laquelle il faudra de toute nécessité dominer ou servir, faire la loi ou la recevoir, il est impossible qu'il y ait *unanimité* ; les intérêts se trouvant divisés, il faut de toute nécessité que les suffrages le soient.

X. D'après cela je reprends et je dis : pour convenir d'une constitution, il faut que toutes les parties contractantes soient d'accord : il faut qu'il y ait *unanimité*. Or, jamais tous les membres d'une société quelconque n'ont pu tomber d'accord : jamais il n'y eut *unanimité* sur les constitutions. Donc jamais aucuns députés n'ont pu recevoir des peuples le pouvoir de faire des constitutions. Cependant ils l'ont dans tous les gouvernemens républicains. Donc, ils ne le tiennent pas des peuples. De qui le tiennent-ils donc?

§. IV.

Terrible dans ses effets.

I. Si c'est Dieu lui-même qui a donné à chacun *des droits*, successivement, et tour-à-tour, selon l'ordre de la naissance, *domaines, autorités, propriétés, souverainetés*, chacun est absolument le maître *de son droit*, et fussé-je le dernier des hommes, qui que ce soit au monde ne sauroit m'en dépouiller malgré moi, ni moi, ni mes héritiers... Si au contraire, c'est *le peuple*, qui a tout distribué dans les pactes sociaux, *à raison du mérite personnel*, le peuple peut reprendre tout ce qu'il nous a donné, s'il juge que nous ne le méritons plus. Et voilà les effets terribles du système des pactes sociaux. C'est que les *représentans* des peuples y deviennent les maîtres de tout, même de leurs souverains.

II. Quoique les pactes sociaux soient radicalement impossibles dans l'exécution, les factieux ont donc toujours été infiniment intéressés à en prêcher la possibilité, et encore plus à y faire croire. Comment ont-ils pu réussir à persuader à ceux qui ont *des droits,* qu'il étoit beau de les remettre à la disposition *des peuples* : c'est ce qui ne se conçoit pas. Mais enfin le fait est que le succès a surpassé leur attente, puisqu'aujourd'hui la fureur est d'établir partout, *des gouvernemens représentatifs des peuples*, d'après la fable absurde des pactes sociaux.

III. Supposons donc, comme elle l'est, la croyance *des pactes sociaux* généralement établie dans l'univers, que doivent faire des factieux rassemblés dans l'intention d'établir ce qu'on appelle *un gouvernement représentatif*?.. Après avoir décrété la *souveraineté* des peuples, et conséquemment la leur, s'être assurés de la force armée, de la magistrature, et s'être renforcés de la foule immense de ceux qui n'ont rien. A la vue des riches dépouilles du sanctuaire, ils commencent par s'attaquer *au Tout-Puissant* : et voilà le langage assez connu qu'ils lui tiennent.

IV. Autrefois vous nous faisiez croire ce que vous vouliez. Vous nous disiez que c'étoit vous qui *aviez subordonné les sociétés* : et point du tout, ce sont *les peuples*; vous, qui nous aviez donné des chefs? Et point du tout, ce sont *les peuples* ; vous qui nous aviez donné des biens? et point du tout, ce sont *les peuples*; des droits d'autorité et de propriété?.. et point du tout, ce sont *les peuples*; vous nous disiez que les biens immenses qu'on avoit donnés à vos temples étoient à vous?.. et point du tout, ils sont *au peuple* : et nous avons décrété qu'ils devoient être vendus de sa part : et ils le sont. Vous nous disiez que *la vraie liberté* consistoit à suivre vos lois, et nous, nous avons décrété qu'elle consistoit à suivre ses penchans; à vous adorer comme on le voudroit, à ne plus reconnoître d'autres lois que les nôtres; que vos ministres eux-mêmes y seront asservis; qu'ils seront totalement à nos gages, qu'il leur sera défendu de prêcher publiquement, ni l'unité du culte, ni la restitution des biens; qu'enfin, en fait de religion, nous serons absolument les maîtres de tout ; et que vous ne serez plus rien. Premier effet bien terrible *des pactes sociaux*: *le Tout-Puissant dépouillé de ses droits.*

V. Après avoir détrôné le Tout-Puissant, les factieux s'adressent *aux souverains*, et leur tiennent le même langage. Autrefois on nous disoit que vous étiez *les représentans* de l'Être suprême : et point du tout, vous êtes *ceux des peuples ;* que votre souveraineté venoit de Dieu : et point du tout, elle vient *des peuples.* C'est nous qui avions choisi vos pères, et ils méritoient de nous gouverner ; mais vous, vous ne le méritez plus. Autrefois vous nous conveniez ; mais aujourd'hui vous ne nous convenez plus. Partez : nous en voulons d'autres.. Certes ce n'est point là *un contrat*, mais un ordre. Ce n'est pas le langage d'un égal, mais celui d'un maître, qui parle de la part du plus terrible de tous les maîtres... On se plaint de nos jours que les souverains n'ont plus d'énergie! Comment en auroient-ils ? Ce ne sont plus ces ministres augustes du Tout-Puissant, auxquels il étoit défendu de toucher, sous peine de damnation éternelle... Ils ne sont plus aujourd'hui que *les misérables commis* de la lie de leurs sujets : s'ils ne conviennent plus, on les chasse ; s'ils résistent, on les juge, on les égorge, ou on les assassine. S'il en reste encore un seul qui conserve quelque reste d'énergie, c'est un prodige. Second effet inévitable des pactes sociaux : *l'assassinat des souverains.*

VI. Après avoir égorgé les souverains simples, on en vient aux souverains composés, et l'on n'a besoin que du même langage. Autrefois nous voulions deux chambres : aujourd'hui nous n'en voulons plus qu'une. Autrefois, nous voulions être représentés par de grands propriétaires : aujourd'hui nous n'en voulons plus que de petits : et que les petits soient représentés *à raison de leur nombre.* Troisième effet bien terrible des pactes sociaux : *le renversement de toutes les anciennes constitutions.*

VII. Pour assurer la prépondérance du petit peuple dans les nouvelles représentations , après avoir dépouillé les grands de la leur, il faut les attaquer dans leur fortune : et le même langage sert à tout. Ces biens, ces domaines, ces possessions immenses, c'est *le peuple* qui vous les avoit donnés. Aujourd'hui, il lui plaît de les reprendre. Après avoir décrété *l'égalité des partages* à chaque succession , nous arrêtons qu'il faut procéder à la division des grandes fortunes. En conséquence du nouveau décret, les grands sont chassés, incarcérés et égorgés; leurs biens vendus, partagés, dispersés et dilapidés, leurs châteaux détruits. Troisième effet immanquable des représentations à raison du grand nombre : *la ruine des grands.*

VIII. Enfin , après les grands, on en vient aux petits propriétaires, et finalement aux pauvres. Et ce sont ceux-là qui payent le plus chèrement les révolutions, puisque, faute de biens, on leur demande leur sang. Car enfin , tant de bouleversemens occasionnent des guerres cruelles. Pour les soutenir, on décrète qu'il faut soixante mille hommes pour l'armée : et le décret est porté sous peine de mort : et les peuples sont égorgés par milliers , par ordre de leurs représentans. Tels sont les effets terribles *de l'opinion des pactes sociaux* ; effets dont nous ne faisons que l'histoire trop fidèle : *Le tout-Puissant dépouillé de ses droits : Tous les anciens souverains renversés : Toutes les anciennes constitutions brisées : Toutes les grandes fortunes anéanties : Tous les propriétaires ruinés : Tous les pauvres sacrifiés.* Et c'est ainsi qu'*au nom du peuple souverain*, nos représentans deviennent absolument les maîtres de tout, et des peuples eux-mêmes.

IX. *Un peuple souverain !* Quel délire !.. Et où ce peuple a-t-il pris *sa souveraineté* ? Est-ce dans l'universalité des individus ? Cela est physiquement impossible ; puisque, comme nous l'avons prouvé, *l'universalité* d'un peuple n'a jamais pu s'assembler, ni *l'universalité* des volontés s'accorder, ni *une universalité* se séparer en deux universalités. Où donc l'auroit-il prise ? Est-ce dans une partie des individus ? Cela est également impossible ; puisqu'une partie ne sauroit avoir aucun droit *de souveraineté* sur l'autre.

X. *Un peuple souverain !..* Jamais cette souveraineté n'a pu être admise que par ceux qui ont intérêt de tromper. Pour celui qui sait réfléchir, c'est la plus souveraine de toutes les inepties.

Un peuple souverain !.. Quelle folie ! mais ce terme souverain : *summus*, *supremus*, signifie essentiellement celui qui est en haut : et dans une république, c'est la partie haute, ou celle qui gouverne. Qu'on juge d'après cela, de l'aveuglement ridicule de ceux qui prétendent placer *la souveraineté* dans l'universalité des sujets. Un escalier dont toutes les marches seroient souveraines cesseroit d'être un escalier. Si *l'universalité* étoit souveraine, de qui le seroit-elle ? Le peuple romain, par son sénat, pouvoit être le *souverain* des peuples vaincus. Mais un peuple *souverain* de lui même, dit *l'abbe Duvy*, c'est le langage des Petites Maisons.

XI. *Un peuple souverain* !... Quelle doit être l'indignation d'un peuple, qui, se voyant arraché de ses foyers, et conduit à la boucherie comme un vil bétail, chargé de chaînes, et écrasé de coups, condamné à la potence, et exécuté de la part de ses représentans, s'il ne marche pas, s'entend encore traiter avec une cruelle dérision *de peuple souverain* ?..

XII. On sait que de pareilles indignités finissent par révolter le bas peuple lui-même. Mais dans le contrat social, le dénouement de toutes les difficultés est toujours le même. « Quiconque refusera d'obéir, dit « *J. J. Rousseau*, y sera contraint par tout le corps... « C'est cette condition *tacite*, qui fait tout l'artifice, et « le jeu de la machine politique. Sans cela, *le pacte* « *social* ne seroit qu'un vain formulaire. » (*liv. 1, chap. 7.)... Par tout le corps* ? Bourreau que vous êtes : nous écrierons-nous avec *Weshaupt* !.. Mais dans un engagement aussi important, vous avouerez que cette réticence n'est pas loyale. Quoi! avant votre contrat, vous annoncez à chaque individu qu'il ne va s'engager *qu'avec lui-même.* Et point du tout, le contrat passé il se trouve engagé *tacitement* avec le corps de la nation toute entière ; qu'il ne dépendra que de lui-même : et *tacitement*, il dépendra de la nation toute entière ; qu'il va rester aussi libre qu'auparavant : et *tacitement*, il se trouve asservi à la nation toute entière ; qu'il va être sans maître, comme auparavant : et point du tout, il se trouve soumis au plus terrible de tous les maîtres, au corps de la nation toute entière.

XIII. *Par tout le corps* !... Quoi, avant votre con-

trat, mes biens, ma maison, mes possessions, tout
étoit à moi : j'en étois absolument le maître : qui que
ce soit au monde n'avoit le droit de me les ravir : et
aussitôt que j'ai adopté votre contrat, tout le monde
en est le maître. Aussitôt qu'on a donné le pouvoir
législatif aux représentans du peuple, si je refuse
d'obéir, c'est *tout le corps de la nation* qui me punira,
tout le corps de la nation qui m'y contraindra !.. Quel
souverain plus onéreux pouviez-vous donc me donner?.. Quoi, si nos représentans décrètent que mon
bien sera vendu : troupes, armées, soldats, tribunaux,
administrateurs, tout sera obligé de marcher contre
moi, et de procéder à l'exécution de vos décrets : et
vous appelez cela *me rendre libre !*... et quand je dis
moi, je parle de chaque propriétaire, et de chaque
particulier quelconque.. Si je me porte opposant à vos
dilapidations, ce sera *la nation toute entière* qui sera
ma partie, *la nation toute entière* qui sera mon juge.
Voilà ce qu'on appelle de nos jours *un gouvernement représentatif.* En fut-il jamais de plus redoutable! Quand vous ne mettriez sur moi que la moitié
de la nation, quand vous n'y mettriez que trois cents
députés, avec le pouvoir de décréter le pillage des
propriétés, que voudriez-vous que je fisse moi seul
contre les forces publiques *de la nation toute entière?*

XIV. Ce n'est donc qu'un tissu de mensonges, de
perfidies, et d'abominations que cette prétendue *souveraineté du peuple.* On n'y constitue le peuple le
maître de tout, que pour écraser le peuple lui-même,
au nom vague *d'un peuple souverain,* qui ne put jamais l'être, et qui ne le sera jamais. *Vaudois, Wicléfites, Manichéens, Jacquets, Pastoureaux, Albi-*

geois, *Anabaptistes, Franc-maçons, Illuminés, Sec-taires, auteurs des révolutions anciennes et moder-nes*, tous se sont annoncés de la part des peuples. Qu'ont-ils fait?.. Ils ont pillé les propriétés, et égorgé les propriétaires. Ils ont mis tout à feu et à sang, comme les factieux de nos jours. Etoient-ils vraiment envoyés *par les peuples*? Peuples de la terre, parlez : est-ce vous qui avez chargé tous ces brigands d'égorger vos rois, de dévaster vos provinces, de ravager l'univers?.. Non certes, c'est une atroce calomnie. Loin d'avouer ces factieux, la saine partie du peuple les déteste. Dès qu'elle les voit paroître, elle fuit avec effroi, elle se renferme dans ses maisons, et invoque l'appui de la force contr'eux. Au lieu de prendre le peuple en corps, prenez-le *par individus* : Demandez à chaque propriétaire s'il a entendu donner *à ses re-présentans* le droit de lui ravir ses propriétés. Vous n'en trouverez pas un seul qui ait prétendu leur donner de pareils pouvoirs. Donc dans nos prétendus gou-vernemens représentatifs, le pouvoir législatif ne vient pas *de l'universalité*, et il est fort aisé de le voir. Je suis bien sûr que la nouvelle loi ne vient pas du peuple entier, puisque je ne la veux pas, moi qui vous parle, et quand je dis *moi*, je parle de tous ceux qui ne la veulent pas plus que *moi*, conséquemment de la plus saine partie du peuple.

XV. Quelle est donc la partie du peuple qui suit les factieux dans toutes les révolutions ? C'est la lie du peuple. C'est cette foule innombrable de pauvres, de mendians, de bandits, et d'ouvriers, d'individus qui n'ont rien, et qui ne respirent que le pillage. Et voilà finalement où nous conduit l'opinion terrible des pactes sociaux : c'est dans les mains *du bas peuple*, et conséquemment au renversement absolu du monde. Car il ne faut que des yeux pour voir que, par la succession des naissances, Dieu a placé le père au-dessus des enfans, le souverain au-dessus des sujets, les grands au-dessus des petits; que, partout, il a assujéti *le grand nombre* au plus petit. Et nous, dans nos nouvelles constitutions, c'est tout le contraire, nous assujétissons le petit nombre au grand. Dès que nous constituons *à raison du nombre* dans nos gouvernemens représentatifs, il est clair que c'est *le bas peuple* que nous constituons *notre maître*; et qu'à raison du plus grand nombre, c'est lui qui devient *le souverain absolu de tout*.

XVI. Or que dire d'un système, où chacun se trouve dans la dépendance absolue d'une multitude effrénée qui ne respire que pillage, assassinats et brigandage; d'un système, où il n'y a plus d'autre loi que la force, d'autre liberté que celle des passions, d'autre règle, que nos désirs: où, dans nos absurdes constitutions, nous constituons le monde social, les pieds en haut, et la tête en bas; où au moyen de la règle *du grand nombre*, les hommes deviennent les maîtres du Tout-Puissant; les enfans de leur père, les ouvriers de leurs maîtres, les sujets de leurs souverains, les membres de la tête, les soldats de leurs officiers, les armées de leurs généraux, les diocésains de leurs évêques, les pauvres des riches, les petits des grands, les dernières familles des premières, ceux qui n'ont rien de ceux qui ont; d'un système où les principes les plus évidens de la nature et de la naissance, des sociétés et de la subordination sont anéanties, toutes les lois de la morale et de la religion brisées, toutes les autorités divines et humaines renversées, toutes les barrières du vice abattues, toutes les bornes de la licence arrachées ; où *le bas peuple* est tout ; où nous tenons de lui tout ce que nous avons : biens, honneurs, droits et pouvoirs ; où Dieu n'est plus rien, où nous ne lui devons plus ni culte, ni adoration, ni sacrifices, où les temples sont détruits, son église renversée, son sacerdoce avili, ses ministres salariés ; où celui qui nous donne *le temporel* de la terre n'a plus droit *sur ce temporel* ; où celui de qui nous tenons *nos propriétés* n'a plus le droit d'être *propriétaire* ; où on peut l'adorer, ou ne le pas adorer, l'adorer chacun à sa manière, suivre ses lois, ou ne les pas suivre, avoir *de la foi*, ou n'en point avoir ; un système où *le bas peuple* à raison *de son grand nombre* domine sur tout, gouverne tout, et décrète tout, où il peut faire tout ce qu'il veut, s'attrouper, se réunir, assassiner, demander le partage des terres, renvoyer ses législateurs, et demander d'autres représentations, piller les maisons, égorger les propriétaires; où il faut le ménager dans ses séditions mêmes ; où l'on ne sauroit envoyer des troupes contre lui, sans se rendre coupable de lèse-majesté souveraine? Et tout cela ce sont des conséquences nécessaires du principe *de cette souveraineté des peuples à raison du grand nombre.*

XVII. O vous qui exaltez les avantages *des gouvernemens représentatifs*, en connoissez-vous les élémens, et en avez-vous approfondi les conséquences?... O vous qui en demandez l'établissement, souverains et sujets : grands, et petits ; qui que vous soyez, savez-vous ce que vous désirez? Avez-vous bien pensé que ce sera finalement *le bas peuple* qui vous fera la loi, *le bas peuple* qui sera le maître de chacun de vous, par lui ou par ses représentans? et que *ce bas peuple* qui n'a rien, ne peut respirer que le pillage et le brigandage; les attentats, et les assassinats; que l'enfer, avec toute sa perversité, ne pouvoit rien imaginer de plus désastreux, et que ceux qui persévéreroient à prêcher cette doctrine monstrueuse, mériteroient les derniers supplices? *Résumons-nous.*

XVIII. Un système où *nos représentans* ont le droit de tout faire, et de tout décréter au nom de la partie la plus nombreuse du peuple, est le plus terrible de tous les systèmes. Or dans nos nouveaux gouvernemens, *nos représentans* ont le droit de tout faire et de tout décréter au nom de la partie la plus nombreuse du peuple. Donc le système de nos nouveaux gouvernemens représentatifs est le plus terrible de tous les systèmes. *Concluons.*

XIX. Nous avons prouvé dans la question précedente : que c'est Dieu lui-même qui, dès l'origine, nous donna des chefs, par la succession seule des naissances; qu'ainsi *l'égalité des droits* n'a jamais existé ni n'existera jamais. Mais quand, par impossible, les peuples se fussent donné des chefs, nous venons de prouver dans cette dernière question, qu'ils n'eusssnt jamais pu leur donner, *ni la souveraineté, ni le pouvoir universel de faire des lois et des constitutions.* Nous avons prouvé que cette *souveraineté* du peuple est le plus terrible de tous les systèmes, puisqu'à raison du grand nombre, elle livre chacun de nous à la tyrannie *d'une populace effrénée*, qui ne respire que le brigandage. Mais revenons au fait décisif, qui renverse irrévocablement ces absurdes questions et les conséquences sanguinaires que l'on en tire.

XX. *Fait décisif.*

Si c'est *Dieu* lui-même qui a donné à chacun des droits, à raison de la naissance, quelle atrocité de notre part de vouloir égorger, massacrer et assassiner, jusqu'à ce qu'on croie que c'est *le peuple* qui est le maître de tout!... Quoi! le maître du trône, des princes et des souverains; le maître de mes biens, de mes domaines, de ma maison, de mes bestiaux et de tout ce que mes ancêtres ont acquis par le travail de leurs mains!.... Quoi! *le peuple*, cette collection immense de pauvres, de mendians, de bandits et de factieux, d'hommes qui ne respirent que le pillage et le brigandage, les massacres et les assassinats : voilà ceux que nous proclamons les maîtres de tout, *à raison de leur grand nombre.* Mais s'ils le sont, ils voudront jouir *de leurs droits*, briser les constitutions, changer les lois, égorger leurs souverains, demander le partage des terres, vendre, piller, ravager et assassiner, avoir des professeurs et des prédicateurs qui enseignent *leurs droits*, et jouir *de leur liberté* toute entière.... Si on les en empêche, c'est une injustice cruelle, et une affreuse tyrannie. De là les révoltes, les attroupemens, les massacres des princes, des souverains et des individus, les séditions et les révolutions, et tous les troubles que nous éprouvons depuis trente ans. Mais encore une fois, assassiner est-ce répondre!....

Que si, au contraire, *tous ces droits* sont faux, absurdes et impossibles, pourquoi les dire vrais?... Pourquoi enseigner qu'il y a eu *des pactes sociaux*, puisqu'il n'y en a jamais eu?... Que ce sont *les peuples* qui y ont tout donné, tandis qu'ils ne se sont pas même assemblés; qu'ils se sont donné des lois et des constitutions, tandis qu'ils n'ont jamais eu *le pouvoir* de le faire?... Pourquoi débiter des doctrines aussi détestables, aussi ruineuses, et aussi séditieuses, puisqu'elles sont démontrées fausses?

Mais si elles sont fausses, que mettre à la place? Si ce ne sont pas *les peuples* qui ont arrangé les sociétés, qui l'a donc fait? Et si *l'autorité universelle* ne vient pas de *l'universalité des sujets*, d'où vient-elle donc?... Après avoir réfuté l'erreur, il faut rétablir la vérité, et c'est ce que nous ferons dans la question suivante, en remontant *à la source véritable des autorités, et de tous les droits.*

TROISIÈME QUESTION.

SOURCE DES AUTORITÉS.

Que l'autorité universelle et souveraine a pris sa source dans l'auteur universel de chaque peuple.

Prouvé, § I, *par la raison ;* § II, *sources fausses ;* § III, *par l'histoire ;* § IV, *par l'Histoire Romaine ;* § V, *celle des Francs ;* § VI, *celle des Hébreux ;* § VII, *celle des Machabées ;* § VIII, *objections, fait décisif, etc.....*

ÉTAT DE LA QUESTION.

I. DE même qu'un voyageur qui marche depuis long-temps au milieu des abîmes et des précipices, voit avec joie reparoître les premiers rayons du jour, de même après avoir traversé les régions affreuses de l'erreur, au milieu des massacres épouvantables qu'ont produits les faux systèmes, nous verrons avec plaisir reparoître ces antiques vérités, perdues depuis si long-temps, qui porteront avec elles la lumière dans les esprits, et la sécurité dans les cœurs.

II. La première et la plus importante de toutes, c'est *la source primitive des autorités et de tous les droits.* Qu'on interroge la nature entière ; qu'on in-

terpelle cette foule immense de générations, qui se
sont succédées depuis le commencement du monde;
qu'on questionne sans exception tous les êtres qui
sont au ciel, sur la terre, et dans la vaste étendue des
mers, sur cette source importante, tous répondront
d'une voix puissante et unanime, que toute espèce
d'autorité vient *d'autor,* et que *l'autorité universelle* vient *de l'auteur universel* de chaque peuple;
que *l'autorité* dans son essence est *le droit qu'un
auteur a sur les êtres qu'il a créés ou engendrés, par
cela seul qu'il en est l'auteur.*

III. Cette définition est infiniment simple. Dès
qu'elle se montre, elle étonne. Elle paroît puisée dans
la nature; elle commande l'assentiment de la raison;
elle pénètre l'esprit de lumière, et se trouve gravée
dans le fond des cœurs : elle porte avec elle des caractères si imposans d'évidence; elle nous est si
constamment répétée d'âge en âge, par la réproduc-
tion perpétuelle des êtres, qu'aussitôt qu'elle se montre
on croit voir *l'autorité* personnifiée. La vérité lui sou-
rit, l'erreur disparoît. Tous les fantômes imaginés
par la fausse philosophie, se troublent et se décon-
certent en sa présence.

IV. Si nous prouvons, par la raison, par l'histoire, par les meilleurs auteurs, par la tradition constante de tous les peuples, par les aveux forcés des
novateurs, et par tous les monumens de l'univers,
que l'auteur de la nature a placé la source de toutes
les autorités, dans le mot *autor;* que toutes les autres
sources sont fausses; que *l'autorité,* quelle qu'elle
soit, n'a jamais pu venir ni des peuples ni des inférieurs, et qu'il est impossible qu'elle en vienne, nous

croyons que cette vérité, une fois bien prouvée, fera sentir à tous les bons observateurs, qu'en mettant la source de l'autorité souveraine dans les peuples, nous avons placé la source du fleuve à son embouchure, et que nous nous trouvons nous-mêmes aux antipodes de la nature. Commençons d'abord par les preuves de raison.

§. I.

Preuves de raison.

I. Pour constater dans les règles la légitimité de notre définition, il faut, comme tout le monde le sait, qu'elle ne convienne *qu'à l'autorité elle seule* ; mais qu'elle puisse s'appliquer à toutes les autorités. Prouvons d'abord qu'elle ne convient *qu'à l'autorité elle seule.*

II. D'après l'indication seule de la raison, si je suis le premier propagateur d'un pays, les terres que j'ai défrichées, les biens que j'ai acquis, et les bestiaux que j'ai élevés, sont bien à moi sans doute. Par mes soins et mes travaux, ils me sont devenus aussi personnels que les soins et les travaux dont je suis *l'auteur.* Les droits que j'ai acquis sur eux sont inviolables, et qui que ce soit au monde ne pourra jamais me les ravir, ni à moi ni à mes héritiers, sans ébranler les fondemens du monde moral. Cependant *ces droits,* quelqu'incontestables qu'ils soient, ne sont pas *des droits d'autorité,* et sont infiniment au-dessous d'eux, parce que, quoique je sois *l'auteur* du travail, je n'ai pas produit les objets sur lesquels ont porté mes travaux. Ainsi qu'on calcule tous les objets que *je n'ai pas engendrés*; mais que je me suis procurés d'une autre manière : femme, domestiques, meubles, bestiaux, statues, tableaux, ouvrages d'esprit et de corps. Ces objets sont innombrables, et j'ai *des droits* très-réels sur eux ; mais dès que je ne les ai pas *engendrés*, les droits que j'ai acquis sur eux ne sont point *des droits d'autorité*, mais seulement des droits *de propriété et de domaine. Jus domini* ou *jus dominii.* Donc notre définition ne convient pas à tous ces droits.

III. Mais mes enfans, mes descendans, mais tous ceux que *j'ai engendrés*, et dont je suis *substantiellement l'auteur*, je n'ai pas seulement sur eux des droits de domaine; au flambeau seul de la raison, j'ai sur eux des droits qui sont infiniment supérieurs, *des droits d'autorité :* parce que, outre que je les ai nourris du produit de mes peines, que je les ai alimentés du fruit de mes travaux, ils sont extraits de mon propre sang, formés de ma propre substance; que, selon l'énergique expression d'*Aristote*, je suis le principe et la source de leur existence, j'en suis physiquement et substantiellement l'auteur : *Pater autor est existendi.* Ils me doivent l'amour, la soumission, le respect et l'obéissance parce qu'ils me doivent la vie et toutes les facultés corporelles dont ils se composent, *Pater autor est existendi.* « C'est par « cet ordre admirable de la propagation, dit le célèbre « *Fénélon*, que les pères regardent leurs enfans « comme une partie d'eux-mêmes, que les enfans « regardent leurs pères comme l'auteur de leur exis- « tence; *Pater autor est existendi.* C'est par là, con- « tinue ce grand homme, qu'ils sont disposés à se

« rendre les uns aux autres tous les devoirs de ten-
« dresse, de gratitude, d'amour et de respect. C'est
« par là, ajoute-t-il, qu'antécédemment à tout con-
« trat, chaque père de famille a le droit de gouver-
« nement sur ses enfans; » droit qu'il tire *de son titre
d'auteur*, par cette raison seule qu'il est père : *Pater
autor est existendi. Homère , Aristote , Platon ,
Fénélon , l'illustre Bossuet , l'Encyclopédie* elle-
même , comme nous l'avons déjà vu , tous les auteurs
sans aucune exception donnent *à l'autorité paternelle*
la source que nous lui donnons. Si un père a le droit
de gouverner sa famille , tout l'univers convient que
c'est *en vertu de son titre d'auteur.* Les adversaires
eux-mêmes ne le contestent pas , et il est impossible
qu'ils le contestent sans renoncer au simple bon sens.
Donc, selon le témoignage unanime de tous les auteurs,
notre définition convient parfaitement *à l'autorité
paternelle.*

IV. **Mais** si , en ma qualité de père de famille , j'ai
droit d'autorité sur mes enfans , par la raison seule
que j'en suis substantiellement *l'auteur,* il est évident
que j'ai également ce droit sur tous ceux qui , étant
extraits de mon sang , me doivent primitivement la
vie. Si , par la raison seule que je suis l'auteur particulier de mes enfans , j'ai *autorité particulière* sur
eux , par la raison seule que je suis *l'auteur universel*
de mes descendans , il est impossible que je n'aie pas
autorité universelle sur eux tous , en vertu de mon
titre *d'auteur universel.* De là *l'autorité souveraine,*
qui , dans sa nature , est essentiellement la même que
toutes les autres ; qui n'en diffère que parce qu'elle en
est la source universelle , et que toutes les autres en

sont originairement descendues : *Pater autor est existendi.*

V. Nous savons que c'est là le point important de la contestation. Après avoir prouvé, dans les deux questions précédentes que les peuples n'ont jamais pu se donner *des souverains*, on nous a demandé : *qui donc l'a fait ?..* Nous avons annoncé que c'est un être infiniment plus puissant que tous les peuples de la terre, puisque c'est *l'auteur universel du monde.* Mais *quand, et comment* l'a-t-il fait ? voilà ce qu'il est infiniment important de savoir. Car si Dieu nous a donné *des chefs* dès l'instant de la création, *tous nos états primitifs* d'anarchie, d'égalité et de sociabilité, tombent d'eux-mêmes. *Il est faux* qu'il y ait jamais eu *un Etat d'anarchie*, puisque nous avions *des chefs* avant que de naître ; *un état d'égalité*, puisque nos chefs avoient *des droits d'autorité, et de propriété*, avant notre existence ; *un état de sociabilité*, puisque l'état de société existoit avant nous : *faux* que Dieu nous ait laissé le soin de nous donner *des chefs*, puisqu'il nous en a donné lui-même.

VI. Et comment Dieu a t-il donné *la souveraineté* à ces chefs primitifs ?... autre question bien importante. Car si c'est *par la génération*, toutes nos rêveries de conquêtes, d'élections et de pactes sociaux, s'évanouissent comme des songes. Or, il est de toute évidence, que ce fut *par la génération* qu'*Adam* devint *l'auteur universel* du genre humain ; chacun de ses premiers enfans, *l'auteur universel* de sa branche ; *Canaan* celui des Cananéens ; *Ismaël* celui des Ismaélites ; *Assur*, des Assyriens ; *Elam*, des Elamites etc. : que ce fut *par la génération* que chaque chef de Francs devint *l'auteur universel* de sa tribu : les chefs des sauvages, de la leur, etc.; *par la génération* que le chef de chaque branche du genre humain est devenu *l'auteur universel* de sa branche, et qu'il a acquis *autorité universelle* sur ses descendans.

VII. *Autorité universelle* qu'il reçut, non pas de ses descendans qui n'existoient pas encore, mais de Dieu seul par le cours de la génération et de la naissance : *autorité universelle* qu'il acheta de Dieu comme tous ses autres droits, en se soumettant volontairement à tous les devoirs que *la génération* exige ; *autorité universelle*, qu'il posséda *en toute propriété*, comme tous les autres droits qu'il avoit acquis du Tout-Puissant par ses soins et par ses travaux.

VIII. *Autorité universelle* qui exista toute entière *dans l'auteur universel* de chaque branche, et qu'il posséda toute entière avant que ses descendans pussent former *un peuple*. Et voilà la grande vérité qu'on ne sauroit trop s'appliquer à bien saisir, parce que c'est elle qui donne d'avance la solution de toutes les difficultés. Et quelle est-elle cette grande vérité?.. C'est que *l'autorité* du chef primitif fut *universelle* dès sa source même; c'est que dès son vivant, il fut *l'auteur universel* de tous ses descendans, présens et futurs, hommes et femmes, grands et petits, riches et pauvres, quelque nombreux qu'ils soient, quelques pays qu'ils habitent, et dans quelques régions qu'ils se transportent : c'est qu'il n'a pas besoin d'attendre leur multiplication, pour avoir *autorité universelle* sur eux, il l'a nécessairement dès maintenant ; que dussent-ils exister six mille ans, *son autorité* existera autant qu'eux, et que ce sera toujours avec elle qu'ils seront gouvernés. Qu'on y fasse donc une sérieuse attention. Si j'ai engendré six enfans qui doivent, à leur tour, engendrer six tribus, dès que mes six enfans sont nés, les six tribus sont émanées de ma substance : j'en suis irrévocablement *l'auteur universel* : et il est impossible que *mon autorité* meure avec moi, parce que *des droits naturels* acquis sur un objet, ne sauroient cesser qu'avec l'objet même.

IX. *Autorité universelle*, que je suis le maître, en ma qualité de propriétaire, de transmettre à qui je veux, sous conditions ou sans conditions, et que mes successeurs pourront également par la suite, transmettre en toute propriété, à qui ils voudront, à un ou à plusieurs, à vingt ou à cinquante, à des individus ou à des dynasties, à des chambres ou à des sénats, aux députés du peuple ou à ceux des grands. Et cela par l'effet seul de leurs volontés.

X. Nous convenons donc, nous dira-t-on, que dans les démocraties, les députés du peuple peuvent avoir *la souveraineté* ?.. Oui, sans doute. Dans les démocraties, comme dans toutes les autres formes, lorsque la constitution est légitimée, tous ceux qui sont députés *à la souveraineté*, possèdent véritablement les pouvoirs souverains. Mais nous soutenons que, dans toutes les formes de gouvernement possibles, la nouvelle constitution ne peut être légitimée que par les anciens souverains ; que c'est d'eux seuls, que tous ceux qui gouvernent peuvent recevoir *la souveraineté*; par eux seuls qu'ils peuvent la tenir des chefs primitifs. Nous soutenons que, dans les démocraties, lorsque les députés du peuple sont arrivés *à la souveraineté*, ils sont les représentans *des souverains*, et non pas ceux des peuples; qu'ils tiennent leurs pouvoirs des *anciens souverains*, et non pas des peuples; que, pour le temps qu'ils exerceront, ils seront les propriétaires *de la souveraineté*; que, qui que ce soit au monde ne pourra jamais, ni les en dépouiller, ni changer la constitution malgré eux. Nous soutenons que, dans les démocraties, comme dans toutes les autres formes, *l'autorité universelle* viendra toujours *de l'auteur universel*; que sans elle, il n'y aura jamais *de légitimité*; que, jusqu'à ce que la nouvelle constitution soit légitimée, il n'y aura que *des intrus et des usurpateurs*.

XI. On croit que pour faire *des souverains*, il suffit de les nommer : et point du tout. *J. J. Rousseau* nous affirme que le plus difficile est de leur donner *la souveraineté*. Et pour donner *la souveraineté* nous affirmons *à J. J. Rousseau* qu'il ne nous suffit par *de le vouloir;* parce que *la souveraineté* n'est pas une collection de volontés, mais *un pouvoir réel et positif de gouverner*, qui ne peut venir de Dieu, que par *l'auteur universel* de chaque branche. Quand par impossible tous les peuples de la terre nommeroient un sujet; quand par impossible, toutes les volontés pourroient se réunir sur sa tête, il n'auroit pas *la souveraineté,* sans le consentement *des anciens souverains*, parce que les peuples ne pourront jamais donner ce qu'ils n'ont jamais eu, et ce qu'ils n'auront jamais : *l'autorité universelle sur eux-mêmes*.

XII. Ce n'est pas là la doctrine de notre siécle. Elle y paroîtra nouvelle parce que nos erreurs sont très anciennes. Mais quelqu'anciennes qu'elles soient, la vérité existoit auparavant, puisque, par le cours seul de la génération, Dieu nous donna des chefs dès le commencement du monde. Si nous voulons revenir à la nature, c'est donc à nous à changer d'opinions. Car très-certainement le Tout-Puissant ne changera pas sa marche. S'il a placé la source de la souveraineté *dans le chef universel* de chaque branche, c'est en vain que nous voudrons la placer *dans les peuples.* S'il l'a placée *dans la génération*, c'est en vain que nous voudrons la placer *dans les conquêtes, les élec-tions et les pactes sociaux :* en vain que nous proscri-rons nos chefs primitifs ; qu'à l'exemple *de J. J. Rousseau*, nous les raillerons, et nous les vouerons à l'oubli le plus profond, dans nos écrits et dans nos discours.

S'ils ne paroissent plus dans nos ouvrages, il est un livre dont tous les efforts combinés du genre humain ne les effaceront jamais : *c'est celui de la nature.* Quelque chose que nous fassions, ils resteront à la tête du genre humain, et à la tête de chaque branche ; et ils y resteront *avec l'autorité universelle et souveraine* dont Dieu les a investis. Jamais il n'y en aura d'autre. Quelque chose que nous fassions, ils resteront dans les livres sacrés où Dieu nous a dit que c'est lui qui les a constitués. Ils resteront même, malgré nous, dans les ouvrages de tous les bons observateurs.

XIII. Certes lorsqu'*Aristote* parle d'un roi, c'est non pas d'un père particulier, mais *d'un souverain* qu'il parle. Cependant selon ce grand philosophe, c'est, non pas des peuples, mais de son titre *d'auteur universel* qu'il tire *son autorité.* La nature, dit cet homme célèbre, nous enseigne qu'il y a une grande différence entre un roi et ses sujets : *natura regem à subditis dis-*

crepare docet. Et en quoi consiste-t-elle cette différence ?... c'est dans ce droit naturel d'autorité, qu'un
père a sur ceux qu'il a procrées, *quod sanè habet qui
procreavit erga natum ex se.* (Polit : lib. 1. c. 9.) Or,
très-certainement le droit d'un père, comme celui
d'un père commun, vient, non pas de ses sujets, mais
de son titre d'auteur. Lorsque *Platon* parle d'un gouvernement royal, certes c'est bien d'une autorité souveraine qu'il parle. Cependant *cette autorité souveraine,*
est, selon lui, la même que toutes les autorités paternelles : et il ne veut pas qu'on mette la plus petite différence entr'elles, soit pour la source, soit pour la
nature. *Hanc seu regiam quis, seu civilem, seu familiarem nominet disciplinam, nihil interesse putamus... ut unum idemque omnia componemus,* ajoute-t-il plus bas. (*Plat. repub. lib. 1.*) Donc tous ces
auteurs font venir l'autorité souveraine, comme toutes
les autres, non pas des sujets, mais *du titre d'auteur.*

XIV. Enfin quand *les Bossuet, les Fénélon, les
Rollin,* et tous les écrivains sensés, font gouverner
les peuples naissans par leur père commun, c'est bien
d'*un père souverain* qu'ils parlent. Cependant, comme
Aristote et Platon, ils le font gouverner sans élection, en vertu *de son titre seul de père commun,* et
l'autorité souveraine qu'ils lui attribuent est la même
que celle de tous les autres pères : *ut unum idemque
omnia componemus.* Rendons donc à Dieu la gloire
qui lui est due, et résumons ce point important : *date
magnificentiam Deo.*

XV. Malgré la conjuration générale de notre siècle,
il s'en faut beaucoup que *les chefs primitifs* que Dieu
nous a donnés, aient perdu leurs pouvoirs. Aux yeux

de la raison seule, chacun d'eux est resté à la tête de sa branche, avec son autorité toute entière, sans aucune altération quelconque, parce que les pères, qui sont descendus de moi, sont les *auteurs* de leurs descendans, je ne suis pas moins *l'auteur commun* de tous. Tous me doivent l'amour, la soumission et le respect aussi incontestablement que chaque enfant le doit à son père: et puisque chaque père subalterne tient *son autorité* particulière de son titre *d'auteur*, il est impossible que je n'aie pas *autorité universslle sur eux tous*, par la raison seule que je suis *leur auteur universel.* C'est là, en définitive, *cette personne publique* que *J. J. Rousseau* a essayé en vain de composer de la moitié de chaque personne particulière. On n'a pas besoin de la composer puisqu'elle existoit avant sa branche, ni de lui conférer *la souveraineté*, puisqu'elle la posséda par nature. Non, Dieu n'a point créé les hommes dans un état d'anarchie: celui qui donne une tête à chaque corps, un chef à chaque maison, en a donné un auparavant à chaque tribu. Et si l'un est nécessaire pour gouverner les enfans, le premier fut encore plus nécessaire pour gouverner les familles.

XVI. C'est là, comme le disent très-bien *MM. Bossuet et Fénélon,* la première origine des gouvernemens, et c'est pour cela qu'on appeloit les rois, *pères,* dans toutes les langues. Donc d'après les lumières de la raison, et le témoignage manifeste de tous les bons auteurs, notre définition ne convient pas seulement aux autorités subalternes, elle convient, avant tout, *à l'autorité souveraine,* source première de toutes les autorités particulières de chaque pays. *Hanc seu regiam quis, seu familiarem nominet disciplinam, nihil interesse putamus.*

XVII. Et l'on ne restreindra pas la généralité de notre définition par la distinction prématurée *d'autorité naturelle, et d'autorité civile.* Ce ne sera que dans la question suivante que nous traiterons des *cités.* Mais, en attendant, tout le monde sait parfaitement, que *l'autorité civile* n'est autre chose que l'autorité souveraine, et qu'en indiquant la source de l'une, nous avons également indiqué la source de l'autre. Quelques épithètes qu'on lui donne, et sous quelque rapport qu'on l'envisage, *naturelle ou civile, commune ou particulière, subalterne ou souveraine,* nous soutenons que toute autorité, quelle qu'elle soit, dérive du titre *d'auteur.* L'autorité subalterne dérive d'un père subalterne, l'autorité civile, *de l'auteur universel de toute une cité :* voilà toute la différence. Mais toutes deux s'acquièrent par la génération, et prennent leur source dans le titre *d'auteur.* Donc notre définition convient généralement à toutes les autorités humaines. *Hanc seu regiam quis, seu civilem, seu familiarem nominet disciplinam, nihil interesse putamus.*

XVIII. Si, par la génération seule, j'acquiers des droits *d'autorité* sur tous ceux dont je suis *l'auteur,* il est clair que, par l'acte de la création, *l'auteur suprême de la nature* a sur tous les êtres qu'il a créés des droits encore infiniment plus puissans et plus étendus. Et si, par cela seul que je suis *l'auteur souverain* de mes descendans, je peux disposer en maître de mes droits de souveraineté sur eux, l'auteur suprême de la nature, qui est l'auteur et le créateur de tout, peut, quand il veut, me retrancher moi-même, en constituer d'autres sur ma tête, et disposer à son gré de l'autorité suprême qu'il a sur tous ses ouvrages. Dieu seul, par sa création, est incontestablement la source suprême d'où découlent originairement toutes les autorités, tous les droits, et tous les pouvoirs. Il en est parfaitement le maître. Mais s'il a des droits d'autorité sur tous ses ouvrages, c'est toujours par la raison qu'il en est *l'auteur :* ainsi notre définition ne convient pas seulement aux autorités humaines, elle convient également *à l'autorité de l'Etre suprême.*

XIX. Il y a plus, notre définition est si générale, qu'elle ne se borne pas à l'ordre de la nature, elle s'étend à l'ordre surnaturel, comme à tous les autres. Quand l'aigle de l'éloquence moderne, *l'illustre Bossuet*, dans son sixième avertissement, forcé de poursuivre son adversaire dans ses nombreux écarts, a pris son vol jusqu'à la génération surnaturelle du Verbe, il a dit formellement et de la manière la plus expresse : *Que le fils est une personne distinguée, une personne envoyée, qui reçoit tout de son père, dans lequel réside la source de l'autorité, parce qu'il est en effet le principe et l'auteur de son verbe, d'où vient aussi le mot d'autorité.* Passage dans lequel on retrouve, non-seulement notre définition toute entière, mais le terme même dont nous nous sommes servis. Marque certaine que c'est là le sens naturel du mot *autorité*, dans toutes les suppositions possibles.

Parce que ce grand homme a placé la source *de l'autorité surnaturelle* dans *l'auteur éternel* du Verbe, faut-il en conclure qu'il a placé dans la génération du Verbe la source de toutes les autorités humaines?... Il s'en faut beaucoup. Tous les auteurs qui, comme *M. Bossuet*, font descendre de la divinité, les pouvoirs souverains, les tirent, tout simplement, de Dieu *comme auteur de la nature*. Mais n'est-ce pas une preuve de plus que ces grands hommes attachent partout au mot *autorité*, le même sens que nous lui donnons, et qu'ils le font partout dériver *d'autor*? L'autorité surnaturelle, ils la tirent de Dieu comme auteur surnaturel des personnes divines ; l'autorité naturelle, ils la tirent de Dieu comme auteur de la nature : donc notre définition est générale, elle convient sans aucune exception à toutes les autorités.

XX. Voilà des témoignages bien nombreux et bien imposans qui viennent à l'appui de notre définition. Tous ceux qui placent la source des autorités dans les pères des peuples, la placent comme nous *dans le titre d'auteur*. Tous ceux qui la placent dans l'auteur de la nature, la placent comme nous *dans le titre d'auteur*. Et ces deux partis renferment sans contredit tout ce qu'il a y eu de plus savant et de plus estimé dans tous les siècles. Si, parmi ce nombre prodigieux de savans, les uns placent la source de la souveraineté dans Dieu, les autres dans les pères, cette diversité d'opinion, loin de nous être contraire, ne fait que confirmer la grande vérité que nous venons d'établir, et qui jettera le plus grand jour sur tout ce qui concerne les gouvernemens.

XXI. Quelle est-elle cette grande vérité? c'est qu'au flambeau seul de la raison, l'autorité pouvant s'acquérir de deux manières, elle peut avoir deux sources subordonnées, mais très-distinctes, où elle peut également prendre naissance : une dans le ciel, l'autre sur la terre; une *dans la création*, l'autre *dans la génération*. Par la création, Dieu est auteur de tout, et a autorité sur tout ; par la génération, un père est auteur de ses enfans, et a autorité sur tous ses enfans ; par la création, Dieu est l'auteur suprême de tout l'univers ; par la génération l'homme est l'auteur suprême de ses descendans, et par suite, de tous les travaux et de tous les biens qu'ils font éclore. C'est sous Dieu un véritable *autocrate*; il contient, en lui-même, une source réelle d'autorité, qui lui donne des droits sur tous les êtres qu'il a produits, et qu'il a fait produire : et c'est de cette source subalterne placée dans la génération, que Dieu lui-même a fait dériver les pouvoirs souverains.

XXII. Mais si, au flambeau seul de la raison, l'autorité peut avoir deux sources, il est évident qu'elle peut aussi avoir deux maîtres, qui, quoique l'un soit subordonné à l'autre, n'en sont pas moins les maîtres suprêmes de leurs droits : un dans le ciel, l'autre sur la terre ; l'un *en vertu de la création*, l'autre *en vertu de la génération*. En vertu de la création, Dieu est le maître suprême de tout, il peut régir, gouverner, constituer, et destituer, disposer à son gré de toutes les autorités, et de toutes les souverainetés : voilà le maître qui est dans le ciel... Sous Dieu, et d'après les lois qui lui sont imposées par Dieu, en vertu de la génération elle seule, un auteur souverain est le maître de sa souveraineté. Il peut régir, gouverner, constituer, et destituer, disposer souverainement des droits d'autorité qu'il a sur tous ses descendans. Voilà le maître qui est sur la terre ; et c'est à ce maître constitué, en vertu de la génération, que Dieu a laissé le soin de perpétuer les gouvernemens.

XXIII. Parmi les autorités diverses dont nous avons fait l'énumération, il est donc certain qu'il en est qui ne peuvent émaner que de Dieu seul. Dieu seul a pu créer l'univers ; lui seul peut produire des esprits ; ainsi jamais l'autorité spirituelle et l'autorité surnaturelle ne pourront dériver que de l'être suprême ; mais Dieu ayant donné à l'homme la faculté de produire et d'engendrer des corps, l'homme acquiert une véritable autorité sur tous les corps qui lui doivent originairement l'existence, et c'est dans cette génération des corps que Dieu a placé la source de toutes les autorités humaines. De là cette filiation superbe, cette chaîne admirable d'autorités qui frappent les regards attentifs : les unes divines, les autres humaines ; les unes naturelles, les autres surnaturelles ; les unes subalternes, les autres souveraines ; les unes qui prennent leur source dans la création, les autres dans la génération ; les unes dans Dieu, les autres dans l'homme. Il est des autorités de bien des espèces sans doute, mais quelles qu'elles soient, de quelque source qu'elles partent, et de quelque manière qu'on puisse les acquérir, il est évident qu'elles dérivent toutes *du titre d'auteur*. Pourquoi Dieu a-t-il autorité universelle sur tout l'univers ? C'est parce qu'il en est *l'auteur*. Pourquoi un père a-t-il autorité universelle sur ses enfans ? C'est parce qu'il en est *l'auteur*. Pourquoi une mère partage-t-elle en second l'autorité ? C'est parce qu'elle leur a également donné le jour. Pourquoi le chef d'une branche du genre humain a-t-il autorité universelle sur ses descendans? C'est parce qu'il en est *l'auteur universel.* Donc c'est là l'acception naturelle du mot *autorité.* Donc notre définition convient généralement à toutes les autorités, et ne convient qu'à l'autorité elle seule. Résumons-nous.

XXIV. Avec la véritable définition *de l'autorité,* on voit clairement, non seulement que *l'autorité universelle* est venue *de l'auteur universel* de chaque peuple; mais qu'elle n'a pu venir que de là. *La nature* de la souveraineté, *sa source, son universalité,* ses attributs, tout se trouve dans notre définition. Qu'on essaye, ou de la retrancher, ou d'en mettre une autre à la place, on retombera dans le chaos, et l'on ne trouvera plus, comme on va le voir, que des définitions impossibles, fausses et inadmissibles.

§ II.

Sources Fausses.

I. Selon tous les maîtres de l'art, rien de plus rare qu'une bonne définition ; rien de plus commun que des définitions fausses; et jamais cet axiôme ne s'est vérifié plus complétement que dans la question importante que nous traitons.

Si quelqu'un, prétendant que l'autorité divine se compose de toutes les volontés humaines, et l'autorité paternelle des volontés de tous les enfans, définissoit ces deux autorités, *la volonté générale des sujets,* l'univers se souleveroit contre une pareille définition. Mais celui qui définit l'autorité souveraine, *la volonté générale du peuple,* ne tombe-t-il pas dans la même absurdité ? Voilà donc les adversaires convaincus de fausseté dès le premier pas. Puisque cette définition ne convient ni à l'autorité de Dieu, ni à celle des pères de famille qui sont par milliers, ou plutôt par millions dans chaque pays ; elle est loin de convenir à toutes les autorités, et il est aisé de prouver qu'elle ne sauroit convenir à aucune.

II. Il est évident que par nature, l'enfant qui vient de naître n'a encore ni sujets, ni autorité ; que des millions d'individus, jusqu'à ce qu'ils deviennent *pères*, n'en ont pas davantage. Cependant, au flambeau seul de la raison, tous ces individus ont *une volonté*, et ils en ont eu une dès l'instant de leur naissance. De là il est aisé de conclure, pour peu qu'on veuille raisonner, que dans sa nature et dans son essence constitutive, *l'autorité* n'est pas *une volonté*, qu'elle en est tout-à-fait distinguée : *l'autorité* suppose essentiellement des sujets, la volonté n'en suppose pas. *L'autorité* donne essentiellement le droit de gouverner, la volonté ne le donne pas ; *l'autorité* ne date pas de l'instant où nous avons une volonté, mais de l'instant où nous sommes *pères*. Qu'on lise tous les auteurs que nous avons cités, s'ils donnent au père le droit de gouverner, ce n'est pas parce qu'il a une volonté, mais par la raison qu'il est *père ;* ce n'est pas de l'instant où il a une volonté, mais de l'instant où il est *père*. L'autorité prend sa source dans le droit de paternité, ou plutôt *c'est le droit de paternité lui-même*.

III. De là il est aisé de conclure que, dans sa nature et dans son essence constitutive, l'autorité ne sauroit être définie, *ni la volonté générale, ni la volonté*

particulière, ni un composé de suffrages et de volontés.
On peut vouloir avec autorité, et vouloir sans autorité : ces deux choses, pouvant se trouver séparément,
ne sont point du tout une même chose ; et quand,
par impossible, on viendroit à bout de réunir ensemble toutes les volontés d'une société, et de faire
voter à l'unanimité tous les individus d'un peuple sur
le choix d'un souverain, cette unanimité de volontés
ne lui conféreroit pas la plus petite autorité ; il faudroit toujours, pour lui en donner, recourir ou au
père commun de ce peuple, ou au souverain de l'univers. Donc *la volonté* est une source fausse ; donc
cette célèbre définition, d'après laquelle on a bouleversé le monde, brisé toutes les constitutions et détruit tous les gouvernemens existans, est aussi absurde
que désastreuse pour l'ordre social. La volonté d'un
peuple fût-elle *générale*, ne pourra jamais faire que
des intrus et des usurpateurs, et conséquemment *des
constitutions fausses.*

IV. Maintenant croit-on qu'un père de famille ait
autorité sur elle *parce qu'il est fort, spirituel, riche,
puissant, grand conquérant, parce qu'il a de grands
biens et de grands domaines ?...* N'a-t-on pas tous
les jours sous les yeux des pères de famille qui sont
très-pauvres, très-foibles, très-peu avantagés du côté
de la taille, de la fortune, de l'esprit et des talens, et
qui n'en ont pas moins *autorité* sur leur famille.

V. Donc, au flambeau seul de la raison, dans sa
nature et dans son essence constitutive, *l'autorité*
n'est ni la force, ni la fortune, ni l'esprit, ni le mérite,
ni l'adresse, ni les talens, ni la protection, ni la victoire,
ni la conquête, ni le droit de domaine et de propriété.

ce n'est rien de tout cela : *c'est essentiellement le droit qu'un auteur a sur les êtres qu'il a produits par cela seul qu'il en est l'auteur :* et quand par impossible, l'homme le plus fort, le plus adroit, le plus riche, le plus puissant, le plus intrépide, le plus imposant par sa taille, et par ses talens, eût pu, dans l'origine, se faire suivre par une société toute entière, et se faire proclamer roi, toutes ces qualités, si elles eussent été seules, ne lui eussent pas donné la plus petite autorité. Ce seroit toujours *un intrus* ou *un usurpateur* et conséquemment *une constitution fausse.*

VI. Croit-on encore que Dieu ait autorité sur les hommes, et un père sur ses enfans, *parce qu'ils sont soumis, dociles, reconnoissans, attachés, et respectueux ?* Quand tout l'univers se révolteroit contre son auteur, et toute une famille contre son père, *l'autorité* en existeroit-elle moins ?....

VII. Donc au flambeau seul de la raison, *l'autorité*, dans sa nature et dans son essence constitutive, ne résulte, ni de la soumission, ni du respect, ni de l'amour, ni de la reconnoissance, ni du consentement, ni de l'adhésion des sujets. Toutes ces sources sont évidemment fausses. Ce n'est, ni la soumission qui donne l'autorité, ni la révolte qui la retire. Elle ne vient point de tout cela, elle réside essentiellement *dans le titre d'auteur.* Ce n'est point parce que l'univers s'est soumis, que Dieu a autorité sur lui ; ni parce que ses enfans se sont soumis, qu'un père a autorité sur eux, *c'est parce qu'il en est l'auteur.* Et quand, par impossible, un individu intrigant et ambitieux eût pu réunir, dans l'origine, tous les vœux d'une société ; quand tous eussent juré de lui obéir, et de lui rester soumis, toutes ces soumissions, si elles eussent été seules, ne lui eussent pas donné la plus petite autorité. C'eût toujours été *un usurpateur* ou *un intrus*, et conséquemment *une constitution fausse*.

VIII. A-t-on jamais réfléchi sur un quatrième fait aussi simple que tous les autres ? *C'est que l'univers ne s'est pas créé lui seul, et qu'aucun de nous ne s'est engendré lui-même !...* Donc à quelque degré que nous soyons placés dans l'ordre de la propagation, la source de l'autorité n'est pas dans nous-mêmes : elle est essentiellement au-dessus de nos têtes, *dans l'auteur* qui nous a procréés. Nous pouvons être la source de l'autorité par rapport à nos descendans, mais non par rapport à nous-mêmes. Nous avons, par droit de nature, *autorité* sur nos descendans, mais nous ne saurions avoir *autorité* sur nous-mêmes.

IX. Donc, *dit M. de Fénélon*, « rien n'est plus « faux que cette idée des amateurs de l'indépendance, « que *toute autorité* réside originairement dans le « peuple, et qu'elle vient de la cession que chacun « fait à un ou plusieurs magistrats, de son droit in- « hérent de se gouverner soi-même. » Donc rien n'est plus absurde que de placer la source de l'autorité dans les pactes, les élections, et les constitutions des sujets. Dieu n'a point tiré son autorité de la constitution des hommes, ni un père de celle de ses enfans : l'un et l'autre l'a *tirée de son titre d'auteur*. Personne ne peut céder à un autre ce qu'il n'a pas ; et jamais qui que ce soit n'a eu *autorité* sur lui-même. D'après les lumières de la saine raison, il est physiquement impossible que l'autorité vienne des sujets. Il faut de toute nécessité qu'elle vienne d'en haut, puisque *tout auteur* est essentiellement au-dessus de son ouvrage. Ce n'est point de leurs descendans, mais de l'auteur de la nature que les premiers auteurs des peuples tirèrent *leur autorité :* ce n'est point de ses enfans, mais de ses ancêtres que chaque père de famille a tiré la sienne : et quand, par impossible, toute une société eût pu s'accorder à l'unanimité sur le choix d'un chef, jamais ce chef n'eût pu tirer de ce choix unanime, la plus petite autorité. Jusqu'au consentement du chef naturel, c'eût toujours été *un intrus et un usurpateur* et conséquemment *une constitution fausse.*

X. Mais de peur que nos adversaires ne fassent difficulté d'appliquer *à l'autorité souveraine* ce que nous disons des autres autorités, terminons tous ces faits par deux autres bien frappans, et qui ne laissent aucun subterfuge.

Parmi les hommes n'est-il pas évident qu'il en est des millions qui n'ont pas *d'autorité*, puisque tous les enfans qui ne sont pas mariés n'en ont aucune ? Donc Dieu ne peut pas tirer son autorité *de l'universalité des hommes.* Donc un père ne peut pas tirer son autorité *de l'universalité de ses enfans.* Donc un souverain ne peut pas tirer la sienne *de l'universalité de ses sujets.* Si la souveraineté venoit des sujets, il faudroit qu'elle fût dans tous, et qu'elle vînt de tous. Un seul de moins, *l'autorité n'est plus universelle,* et le gouvernement est manqué. Donc toutes ces sources sont fausses pour l'autorité souveraine, comme pour toutes les autres autorités. Donc elles ne peuvent faire que *des intrus et des usurpateurs* et conséquemment *des constitutions fausses.*

XI. Ajoutons un dernier fait qui vient à l'appui de celui-ci et qui est encore plus concluant. N'est-il pas évident que, par l'institution de la nature, il y eut essentiellement *un auteur universel* à la tête du genre humain ? *un* à la tête de chaque branche; *un* à la tête de chaque famille, sans quoi les hommes actuels n'existeroient pas ? Ce dernier fait est incontestable.

XII. Donc, par l'institution de la nature, et en vertu de l'arrangement seul de la propagation, il y eut essentiellement *une autorité universelle* à la tête du genre humain, *une* à la tête de chaque branche, *une* à la tête de chaque famille, et cette autorité universelle est essentiellement *souveraine* toutes les fois qu'elle est la première dans un pays. Donc *l'autorité universelle* ne prend pas sa source *dans l'universalité* des sujets. Ce n'est ni *de l'universalité* de sa famille qu'un père tire son autorité, ni *de l'universalité* des créatures que Dieu tire sa souveraineté, ni *de l'universalité* de ses descendans que le chef d'une branche tire la sienne. Tous trois la tirent de leur titre *d'auteur souverain et universel.*

XIII. Donc au flambeau de la raison seule, *la souveraineté* n'a point été conférée aux souverains sur la présentation des peuples; ce n'est ni la volonté, ni la soumission, ni l'élection, ni la constitution générale des peuples : elle existoit long-temps avant eux ; elle a été créée immédiatement par Dieu lui-même, long-temps avant tous les suffrages, toutes les élections et toutes les proclamations des peuples. Sa source, même sur la terre, se trouve placée irrévocablement au-dessus de leur tête ; et fixée *dans le titre d'auteur universel* par l'auteur même de la nature.

Donc, comme l'enseigne *l'illustre Bossuet dans son cinquième avertissement,* « la souveraineté ne tire « point sa force obligatoire *d'un pacte social,* mais « de la loi supérieure de l'être suprême. » Elle existoit long-temps avant tous les pactes, et tous les contrats, avant la possibilité même des institutions sociales. Sa source, même sur la terre, a été placée infiniment au-dessus de tous les systèmes, de toutes les révolutions, et de tous les bouleversemens : elle est fixée *dans le titre d'auteur universel* par l'auteur même de la nature.

XIV. Donc, dans sa nature, et son essence constitutive, *la souveraineté* n'est, ni un être factice, ni une qualité d'attribution, ni une modification versatile de suffrages ; mais une qualité très-naturelle, très-réelle, et très-personnelle, un droit inhérent à la personne même *de l'auteur universel*; un droit dont il est essentiellement le propriétaire. C'est parce qu'il est *l'auteur universel* de ses descendans qu'il a *autorité universelle* sur eux, et il a *autorité universelle* sur eux par la raison seule qu'il est *leur auteur universel*; voilà son titre. Donc, au flambeau de la raison seule, *la souveraineté* vient des pères, et non pas des enfans ; des souverains et non pas des peuples ; *de l'auteur universel,* et non pas *de l'universalité des sujets ;* et toutes les sources qui ne se trouvent pas placées originairement dans le titre *d'auteur* sont très-certainement des sources fausses, d'où il ne peut résulter que *des constitutions fausses,* qui seront elles mêmes, jusqu'à ce qu'elles soient légitimées, des sources intarissables de calamités, de révolutions et de malheurs.

XV. Qu'objectera-t-on à tout cela ?... Dira-t-on qu'il est impossible que *l'autorité universelle* vienne d'un seul individu ?...

O vous qui vous laissez éblouir par d'aussi futiles apparences, ouvrez les yeux, et prononcez. Certes le Tout-Puissant est le plus simple de tous les êtres. Cependant d'où tire-t-il *son autorité?*... Est-ce de *l'u-niversalité* de ses créatures ? Mais un père, d'où tire-t-il la sienne?... Est-ce *de l'universalité* de ses en-fans?... Mais *Adam*, fut-ce *de l'universalité* des hommes ?... Mais le chef d'un peuple, est-ce *de l'uni-versalité* de son peuple?... Mais celui d'une tribu, est-ce *de l'universalité* de sa tribu?... Mais un philo-sophe, s'il est le chef de sa maison, est-ce *de l'uni-versalité* de sa famille?.. Mais un berger, qu'on nous permette ces trivialités, d'où tire-t-il ses pouvoirs ? Est-ce *de l'universalité* de ses moutons?... Mais la reine d'une ruche, est-ce *de l'universalité* de ses abeilles?... Mais la tête, est-ce de l'universalité des membres?... etc. etc. Cependant tous ces chefs sont simples : et ils ont tous *des pouvoirs universels.* D'où les tirent-ils donc?..

XVI. En vérité faire venir les pouvoirs, des sujets, c'est n'avoir jamais réfléchi sur leur nature. Pourquoi fallut-il des maîtres dès le commencement du monde ? C'est parce que l'être moral suppose essentiellement *des récompenses et des châtimens.* Mais pour pouvoir proposer des récompenses et des châtimens, il ne faut pas dépendre de ses sujets. Si *Dieu* tenoit ses pouvoirs des hommes, il ne gouverneroit pas long-temps : *un souverain,* de ses peuples : la même chose. Si *un père* tenoit ses pouvoirs de ses enfans, *un maître* de ses ouvriers, *un évêque* de ses diocésains, il n'y auroit plus de gouvernemens. Alors tous les hommes entraînés par leurs passions commettroient des désordres affreux. Ils auroient toujours la faculté terrible de faire le mal et jamais le bien. Toutes les passions déchaînées seroient parfaitement *libres*, mais les hommes ne le seroient pas , puisque, sans récompenses et sans châtimens, *l'être moral* ne pourra jamais l'être.

XVII. Si par impossible, on pouvoit remettre *la souveraineté* dans les mains des sujets, non-seulement les souverains , mais tous les peuples seroient perdus. Il n'y auroit plus *de liberté* nulle part, puisque les passions ne peuvent être contenues que par des maîtres. Aussi, dans les républiques elles-mêmes, les députés, dès qu'ils sont en fonction , ont-ils grand soin de se déclarer *inviolables*, parce que le gouvernement est incompatible avec la dépendance.

XVIII. Heureusement le projet de faire venir le pouvoir de *l'universalité*, est le plus impraticable de tous les projets. Essayons un instant de le faire. Quand est-ce que *Dieu* pourra avoir *des pouvoirs universels* sur les hommes ? Ce sera sans doute, au jugement dernier, quand nous serons tous réunis en sa présence. Mais les réprouvés voudront-ils lui donner le pouvoir de les punir ?. . . Quand est-ce qu'*un souverain* pourra recevoir *des pouvoirs universels*. Ce ne pourra être que lorsque *l'universalité* de ses sujets sera rassemblée. Mais quand le sera-t-elle ? Quand est-ce que toutes les volontés seront d'accord ? Et la tête, quand pourra-t-elle donner des ordres, s'il faut attendre que tous les membres soient consultés ?...

XIX. En vérité, cette doctrine qui fait venir les

pouvoirs des inférieurs, est si ridicule, si insensée, et si subversive des premières idées des gouvernemens que parmi ceux qui la débitent, qu'on nous permette de nouveau de le dire, il n'est pas un seul factieux qui voulût la souffrir dans sa maison; un seul *magister* de village, dans ses écoles; ni même un seul préposé des petites maisons, *dans ses loges*. Et nous, non-seulement nous la débitons dans les nôtres, mais encore, nous faisons le serment de mettre à mort tous ceux qui n'y croiront pas. Quel délire!...

XX. Mais dira-t-on, d'où viennent donc *ces pouvoirs universels?*... C'est *du chef*, et non pas des membres; *des maîtres*, et non pas des sujets. Mais *le chef universel* d'un peuple existoit essentiellement avant toutes les guerres, toutes les conquêtes, toutes les séditions, et les révolutions, tous les pactes sociaux et l'existence même de chaque peuple. Donc toutes ces sources sont fausses, et ne pourront jamais produire que *des constitutions fausses, des intrus et des usurpateurs*. Concluons.

XXI. C'est tout simplement *dans le chef universel* de chaque peuple, que Dieu a placé *la souveraineté*: et c'est de là qu'elle est descendue, de souverains en souverains, jusqu'au dernier, qui peut, lui seul, la transmettre à d'autres, par une succession volontaire: sans cela *point de légitimité*.

C'est *avec cette autorité universelle et souveraine*, que dès l'origine, les chefs primitifs gouvernèrent leurs descendans, et que leurs successeurs gouverneront les peuples jusqu'à la consommation des siècles, sans qu'il puisse jamais y en avoir une autre: de sorte que ceux qui gouvernent ne pourront jamais tenir leur souveraineté des peuples ; mais des chefs primitifs qui existoient plus de cinq cents ans avant eux. Voilà ce que nous avons complétement prouvé par la raison. Il nous reste à voir si nous nous trouverons d'accord avec l'histoire.

§. III.

Source des Autorités d'après l'Histoire.

I. Commençons *par la mythologie.* Qu'on ouvre ce monument mémorable de l'antiquité payenne. Dès le premier chapitre et peut-être dès le premier mot de la première page, on y verra briller la vérité importante que nous venons d'établir.

Ce vieux Saturne, qui partage à ses trois enfans le gouvernement de l'univers, n'a certainement point reçu ses pouvoirs de ses enfans, il agit bien en vertu de *son titre d'auteur universel,* et ses enfans, chacun dans la partie du gouvernement qui lui est assignée, sont bien, en vertu de l'autorité qu'ils ont reçue de leur père, les souverains absolus de leurs sujets : jamais il n'y eut de pareils maîtres.

II. Tous ces dieux, ces héros, et ces demi-Dieux étoient-ils des dieux ? Non sans doute : c'est là ce qu'il y a de fabuleux. C'étoient tout simplement les dieux de la terre, les chefs et les rois des premières nations, les fondateurs des premiers empires. On nomme les empires qu'ils ont fondés, les peuples qu'ils ont engendrés, les nations qui se glorifioient de les avoir pour pères. Ce sont ces nations elles-mêmes qui, accoutumées à trembler sous leur autorité pendant la vie, les ont divinisés après leur mort. Qu'on passe en revue

tous les peuples de l'antiquité, à l'exception du peuple
fidèle ; il étoit bien rare qu'ils ne fissent pas descendre
leurs fondateurs des dieux ou des demi-dieux de la
fable, et ils étoient infiniment intéressés à le faire :
parce que, plus l'auteur d'où ils descendoient se rap-
prochoit de l'auteur du genre humain, plus l'autorité
qui les gouvernoit avoit d'étendue, et plus elle avoit
au-dessous d'elle de forces et d'individus à faire
mouvoir.

III. Or nous le demandons aux partisans de la souveraineté du peuple, tous ces fondateurs fameux,
d'où sont descendues les premières nations, tiroient-
ils des nations qu'ils avoient procréées, leur autorité et
leurs pouvoirs?.. Quoi, nous écrierons-nous avec *Bossuet, tous ces rois que les peuples de l'antiquité regardoient comme des dieux, ou plutôt qu'ils n'osoient regarder,* n'étoient que les commis des peuples, que les
exécuteurs passifs des volontés de leurs sujets!...... Ce
qu'il y a de bien certain, c'est qu'à s'en tenir à la lettre
même de l'histoire, tous ces dieux et demi-dieux n'é-
toient point de simples particuliers : ils ne régnoient pas
sur une seule maison, mais sur des empires. Ce n'étoient
point les peuples qui se les étoient donnés, c'étoit, selon la belle expression *d'Homère,* le maître des dieux,
qui les avoit établis pasteurs des peuples : ce qu'il y
a de bien certain, c'est que tout, jusqu'à leur existence
même, fût-il fabuleux, la mythologie n'en auroit pas
moins placé comme nous, la source de l'autorité dans
les pères : elle n'en seroit pas moins un monument
ineffaçable de ce que tout l'univers croyoit alors : que
toute autorité vient *d'autor:* que l'autorité souveraine
n'a pas d'autre source que toutes les autres autorités,

et que, dès l'origine, *l'autorité universelle* dérivoit *de l'auteur universel*, et non pas de la monstrueuse *universalité* des individus.

IV. Préfère-t-on des faits dégagés de tout ce merveilleux : Qu'on ouvre l'histoire ancienne : qu'on y remonte au point d'où sont sortis d'abord tous les peuples, et aux chefs des branches qui ont produit chaque peuple en particulier, on y verra la vérité que nous enseignons, encore plus clairement consignée que dans la mythologie. Ce vieux patriarche qui, constitué maître suprême de l'univers par l'auteur même de la nature, partagea la terre à ses trois fils, n'avoit certainement pas reçu ses pouvoirs de ses descendans. Il agissoit bien en vertu de son autorité universelle, et ses enfans, chacun dans la partie du monde qui lui fut assignée, agissoient bien en vertu de l'autorité qu'ils avoient reçue de leur père. *Les Sem*, *les Cham*, *les Japhet*, *les Assur*, *les Nemrod*, *les Teut*, *les Javan*, *les Cécrops ;* tous les premiers disséminateurs du genre humain ; tous les chefs et les fondateurs des empires d'où sont descendus *les Juifs*, *les Ismaëlites*, *les Phéniciens*, *les Grecs*, *les Germains* et tous les peuples connus en général, se trouvoient, avant l'accroissement même de leurs descendans, investis d'une autorité bien frappante, puisque, selon tous les bons critiques, *Japhet* fut le père de toutes les nations de l'Europe, et conséquemment de ce fameux *Japet* d'où la fable a fait descendre tant de dieux et de demi-dieux.

V. « *Teut*, *Thiet*, *ou Titan*, dont *Tacite* fait des-« cendre tous les peuples Teutons ou Germains, *dit* « *Leibnitz*, signifioit *Baron ou Prince.* Quand la « fable nous raconte que ses descendans, *les Titans*,

« firent la guerre *à Jupiter* et aux autres dieux, c'est-
« à-dire, dans la vérité, que les premiers Germains,
« sous leur *Brennus* ou chef, firent la guerre aux
« princes de la Grèce et de l'Asie mineure. » Les Grecs
dans leurs histoires et traditions, observe *M. de Fénélon*,
« nous donnent la même idée de l'origine des
« peuples. Les Pélasgiens, selon eux, descendoient
« *de Pelasgus*, les Helléniens *de Hellen* fils de Deuca-
« lion, les Héraclides *d'Hercule*. Tous les historiens,
« ajoute ce grand homme, placent l'origine de chaque
« nation dans un père commun, » conséquemment,
comme nous le disons, dans *un auteur universel*,
qui étoit prince, baron ou chef en vertu de son titre
de père. (*Fénél. ch. 7. et Théodicée de Leibnitz,*
N.° 140.)

VI. Or, nous le demandons de nouveau : Tous ces
princes, barons ou chefs étoient-ils des pères particuliers ? N'exerçoient-ils *leur autorité* que sur une maison ? tous ces premiers fondateurs des peuples avoient-
ils été élus par les peuples ? Qu'on nous en cite un
seul qui ait été établi de cette manière. Nous conviendrons que, par la plus bizarre de toutes les exceptions,
l'autorité souveraine a une autre source que les autres,
que, par la plus inouïe de toutes les combinaisons, elle
a pu résulter *de l'étrange universalité des individus...*
Mais si, dans l'histoire profane toute entière, il est
impossible de citer un seul trait favorable à cette opinion ; si partout le *père commun* de chaque peuple
exerce le pouvoir de gouverner, antérieurement même
à la possibilité des pactes sociaux, il faut donc, malgré soi, en revenir à la nature, convenir que l'histoire
profane, parfaitement d'accord avec la raison, nous

crie à chaque page : qu’il en est de l’*autorité univer-*
selle comme de toutes les autres, qu’elle prend essentiellement sa source *dans l’auteur universel,* et qu’elle
ne diffère des autres autorités, que parce qu’elle est
la source universelle d’où sont émanées originairement
toutes les autres. Qu’on lise *Josephe, Bochart, Hé-*
siode, Hérodote, Pline, Bérose, Strabon, Hella-
nicus, Cadmus de Milet, tous les auteurs qui ont
écrit sur l’origine des peuples, on n’y trouvera pas un
seul fondateur élu dans des pactes sociaux. Qu’on lise
toutes les histoires des peuples sauvages : avant toutes
les élections possibles, on y trouvera *des anciens, des*
sénieurs, ou des seigneurs qui n’avoient point été élus.
Et pourquoi refuseroit-on la souveraineté *au père uni-*
versel d’un peuple: seroit-ce parce qu’il est seul? Il
est, comme nous l’avons déjà dit, de l’essence de tout
auteur, d’être *universel* relativement aux êtres qu’il
produit. Dieu a *autorité universelle* sur tous les êtres,
et cependant il est seul; un père a *autorité universelle*
sur ses enfans, et cependant il est seul. Pourquoi donc
le père universel d’un peuple, parce qu’il est seul,
n’auroit-il pas *autorité universelle* sur ses descendans?

VII. Veut-on encore un monument plus imposant?
Qu’on lise l’histoire la plus ancienne, la plus célèbre
et la plus authentique qui fut jamais, celle qui remonte au-dessus de toutes les histoires: qu’on y étudie
l’origine des choses, on y verra tous les peuples primitifs sortir d’abord d’un père commun, se séparer
ensuite les uns des autres aussi naturellement qu’on
voit le tronc d’un arbre se diviser d’abord par branches, et les branches se subdiviser en une infinité de
rameaux. Qu’on en suive la progression, on verra

toutes les nations descendues d'abord d'un seul chef, et parties d'un seul point, s'étendre de proche en proche, passer dans divers pays, et paroître chacune dans le pays où elles arrivent avec des chefs préexistans, qui jettent les fondemens des cités, les conduisent et les gouvernent sans aucune élection préalable. On y verra, dès l'origine, des cités se former autour d'*Adam*, d'autres autour de *Caïn*, chacune sous la direction de leur père; après le déluge on y verra des ducs et des rois sortant *de Noé*, *d'Abraham* et autres patriarches avec le nom des peuples issus de ces ducs et de ces rois. Qu'on s'arrête à chaque récapitulation, on y verra le résumé de tous ces chefs primitifs clairement désignés par leurs noms, ainsi que les peuples qui en sont descendus, les régions où ils commandèrent, les villes où ils régnèrent, *regiones ubi imperabant, urbes ubi regnabant;* et cela sans élections ni nominations, en vertu de l'autorité qu'ils avoient reçue *de l'auteur universel* d'où ils étoient descendus eux-mêmes. Donc cette origine des autorités par les pères, est *de foi* explicitement marquée dans l'écriture. Qu'on lise ce que Dieu dit *à Abraham*, non seulement sur *Isaac*, mais sur *Ismaël* lui-même. Parce qu'il est de votre sang, lui dit Dieu, je le constituerai chef d'une grande nation : *faciam illum in gentem magnam.* Et comment cela? sera-ce par l'élection de ses descendans? non, ce sera par la génération : *generabit duodecim duces.* Il engendrera douze ducs, qui seront eux-mêmes, *par la génération*, les chefs des douze tribus, dont la nation des Ismaélites sera composée. Donc cette doctrine qui renverse par la base la fable absurde

des pactes sociaux, est *de foi explicite*, établie irrévocablement par la bouche de Dieu même (*Genèse*,
chap. 10, 36, et autres).

VIII. Or, pourquoi tous les historiens sacrés et
profanes, de quelque secte et de quelque opinion
qu'ils soient, quand il est question de ces faits primitifs, s'accordent-ils tous à placer l'origine des peuples, dans les chefs et les fondateurs, sans faire la
plus petite mention d'élections? Pourquoi? parce
que quand, il est question de ces faits primitifs, les
historiens qui les ont écrits les premiers, ont développé la filiation des autorités d'après le cours de la
nature, qui est indépendant de tous les systêmes.

IX. Maintenant veut-on juger de ces historiens par
leurs interprètes et leurs commentateurs? Qu'on les
consulte tous, sacrés ou profanes, royalistes ou démocrates, de quelque secte et de quelque parti qu'ils
soient, même les plus déclarés pour les pactes sociaux. Quand ils en sont à ces faits primitifs, qu'on
leur demande *si les Cananéens descendoient de Canaan; les Ismaélites d'Ismaël; les Iduméens d'Edom ; les Arsacides d'Arsace; les Amphitrionades
d'Amphitrion ; les Tyndarides de Tyndare ; les
Argiens d'Argus ; les Troyens de Tros ; les Dardanides de Dardanus?* Qu'on leur demande qui
étoient ces chefs, si c'étoient de simples particuliers
qui ne gouvernoient qu'une maison, et qui eussent
été élus par leurs descendans?..... Ils répondront
unanimement, de concert avec les historiens, que
c'étoient les pères de ces peuples, des hommes célèbres, fondant des cités, bâtissant des villes, donnant leur nom aux rivières, aux montagnes, à des

pays tout entiers, des hommes fameux parmi leurs descendans, et renommés chez tous les peuples.

X. Parce que ces fondateurs célèbres donnoient leur nom aux montagnes, et aux rivières, qu'ils devenoient fameux parmi leurs descendans : dès l'instant même de leur fondation, les cités qu'ils fondoient étoient-elles aussi peuplées que *Pékin*, aussi superbes que *Rome*, et toutes nos capitales actuelles ? Non sans doute, comme l'observe fort bien *Calmet :* dans leur origine primitive, ce n'étoient d'abord que des villes de toile, qu'un petit amas de tentes, ou de cabanes mal bâties, entourées de palissades ou de fossés pour les défendre des bêtes féroces. L'histoire de ces premiers temps fait mention de villes cent fois détruites et brûlées par les ennemis, rétablies presqu'au même instant, et on ne reconstruit pas des palais en deux jours. Généralement parlant, les plus grands peuples sont sortis d'un seul homme, et les cités les plus magnifiques ont eu de bien petits commencemens. De là tant de disputes entre les critiques et les savans sur la chronologie, la géographie, sur le temps, le local précis, la grandeur, la situation de certaines cités, sur le nom, la qualité, l'arrivée de leur fondateur, ou restaurateur véritable. Voilà sur quoi disputent souvent les commentateurs. Mais toutes ces cités ont-elles eu des fondateurs, qui ont gouverné d'abord cinq ou six maisons, ensuite cinquante ? Tous les peuples ont-ils eu des pères, et des chefs naturels, indépendans de leur élection et antérieurs à leur existence ? C'est sur quoi avant nos siècles de ténèbres aucun historien, ni aucun commentateur n'a jamais disputé ; c'est sur quoi personne ne disputera jamais sans révolter le bon sens, et démentir l'antiquité toute entière.

Or, pourquoi tous les interprètes, comme tous les historiens, qui ont écrit sur ces faits primitifs, fussent-ils les plus démocrates et les plus portés pour l'absurde souveraineté du peuple, se réunissent-ils tous sur ce point? Pourquoi s'accordent-ils tous à placer la source du gouvernement dans les chefs primitifs? Pourquoi? C'est que dans ces faits primitifs il faut malgré soi obéir à la force des choses, prendre la nature telle qu'elle est, et laisser là tous les systèmes.

XI. Voilà donc l'antiquité toute entière, tous les faits, toutes les histoires, tous les interprètes et commentateurs qui s'unissent à la nature, à la raison, et au bon sens pour nous crier tous ensemble que *l'autorité souveraine* vient comme toutes les autres du mot *autor*; que, dans l'origine, ce furent les chefs qui procréèrent les peuples, et non pas les peuples qui créèrent les chefs. *MM. Bossuet, Fénélon*, et tous les bons auteurs en général, attestent que le nom *de père* étoit dans la plus grande vénération chez les anciens. Les Grecs portoient le nom de leurs pères et le mettoient dans tous leurs actes, les Romains en firent de même : ils appeloient leurs rois *leurs pères*, et ils l'étoient en effet. De là l'usage ancien d'appeler *le roi* la base, le fondement, la source du peuple *basileus*, parce que le père commun avoit été le principe, la source, et l'auteur universel de tout. De là la force du droit *d'autorité*, et surtout *d'autorité souveraine*.

A cette masse de faits, d'autorités et de citations,

on se pressera d'opposer *les Romains*, *les Francs*, *les Juifs*, et autres peuples cités dans l'histoire, qui se sont, dit-on, donné des chefs et des rois.... Commençons par le plus fameux de tous ces peuples : analisons rapidement son histoire, je doute qu'on y trouve rien de favorable à la création de la souveraineté par les peuples.

§ IV.

Source de l'autorité chez les Romains.

I. On a assigné bien des causes de la grandeur et de la décadence du peuple Romain : on en a négligé une qui devoit, ce me semble, marcher à la tête de toutes les autres : *c'est la grandeur et la décadence de son autorité.*

Si jamais ville fut faite pour commander à l'univers, *ce fut Rome.* Fondée par un auteur qui, par ses ancêtres et par *Enée*, se prétendoit descendu des dieux, et que le sénat eut l'adresse de placer au rang des dieux après sa mort, cette ville parut avec une origine et *une autorité* qui mettoit déjà ses rois au-dessus des autres rois, son peuple au-dessus de tous les autres peuples, et son chef infiniment au-dessus de tous les vagabonds qui venoient se réunir sous ses étendards. Les lois, les ordres, les établissemens d'un pareil fondateur portoient déjà un caractère de grandeur auquel les autres peuples voisins ne pouvoient atteindre ; mais d'où ce fondateur tiroit-il cette grandeur et cette autorité ? *De ses pères et de ses ancêtres. Constat initio civitatis reges omnem potestatem habuisse, inquit Pomponius. Romulus nobis ut libitum imperaverat, inquit Tacitus.*

II. Le sénat que *Romulus* s'adjoignit pour gouverner, tiré des premières familles et composé des pères du peuple, conséquemment des premières autorités après celles du souverain, parut dès son origine avec des droits acquis au respect des sujets et à celui des peuples voisins. A cette grande autorité que le sénat tiroit de ses pères, les rois postérieurs en ajoutèrent encore une bien plus grande. Car *Tullus Hostilius*, dans son projet de république, lui remit tout le pouvoir des rois, et ce projet fut exécuté après l'expulsion des Tarquins. Dans cette constitution faite par un roi lui-même, c'étoit à l'ordre des patriciens qu'étoient attribués toutes les places, tous les commandemens et tous les emplois.

Quand le peuple voyoit ses consuls s'asseoir à sa tête, il respectoit en eux l'autorité paternelle revêtue par surcroît de l'autorité des rois ; quand les soldats voyoient arriver des chefs, ils voyoient arriver des pères revêtus par surcroît de l'autorité souveraine, auxquels ils étoient tenus d'obéir. Quand les juges portoient des décrets, le peuple entendoit la voix et reconnoissoit l'empreinte de ses pères : et c'est ainsi, que même dans les républiques, comme nous l'avons déjà dit, les législateurs, lorsqu'ils arrivent *au pouvoir législatif*, deviennent très-certainement *les représentans*, non pas des peuples, mais des souverains. Cette auguste assemblée qui, dès son origine, portoit le beau nom de *pères-conscripts*, se conduisoit avec tant de sagesse, jugeoit avec tant d'équité, dès le temps des rois, que les peuples voisins s'en remirent souvent à elle pour prononcer sur leurs différens. Aussi *Rome* jalouse de sa grandeur ne composoit pas son sénat des députés des autres villes. Ce n'étoient pas comme dans nos modernes institutions, toutes les provinces de l'univers qui envoyoient des législateurs à Rome : c'étoit *Rome* qui, par ses pères et ses anciens exclusivement, faisoit la loi à tout l'univers. C'étoit elle qui, par ses pères-conscripts, commandoit toutes les armées et gouvernoit toutes les provinces.

III. De là cette vigueur de discipline dans les armées, cette noblesse dans la conduite, cette élévation dans les sentimens : de là ce respect du peuple et de tous les étrangers pour le sénat, ce désir violent de s'unir *à Rome*, et de se voir aggrégé au nombre de ses citoyens; de là cet amour ardent et indestructible de la patrie. *Rome*, par le moyen de ses pères-conscripts, investis de la souveraineté de son fondateur, étoit comme la mère de toutes les autres villes, de tous les autres peuples et de tous les autres rois, qui s'honoroient de se reposer sous son ombre, et de lui appartenir. Ce titre auguste *de père*, sur lequel reposoit toute la constitution romaine, présentoit à tous les individus une idée si juste, si naturelle et si imposante *de l'autorité*, et de tous les sentimens qui lui sont dus, que le mot seul *de patrie* suffisoit pour rallumer dans le cœur le feu de toutes les vertus. Les pères-conscripts regardoient tous les soldats comme leurs enfans, et non pas comme leurs égaux. Les soldats , qui combattoient sous les ordres de leurs pères-conscripts, étoient invincibles, et toujours prêts à verser pour la patrie jusqu'à la dernière goutte de leur sang.

IV. Ce ne fut donc pas, comme on le croit quelquefois, la forme républicaine qui éleva *Rome* au plus haut degré de gloire : jamais elle ne fut plus grande que *sous les Césars*. Ce fut au contraire cette grande autorité réservée par la constitution aux pères-conscripts, qui soutint si long-temps le vaisseau de l'Etat, au milieu des agitations inséparables des formes républicaines, et qui l'empêcha cent fois de périr. « Cette faculté précieuse, (dit *M. de Montes-* « *quieu, Grand. Rom.*) qu'avoit le sénat d'ôter la ré- « publique des mains du peuple par la création d'un « dictateur, la vénération affectueuse du peuple pour « les familles distinguées..... ce *Romulus* leur roi et « leur Dieu, ce Capitole éternel comme la ville, et « la ville éternelle comme son fondateur, ces pen- « sées pleines d'immortalité...... donnèrent aux Ro- « mains un caractère fortement prononcé de gravité, « de fierté, de confiance en eux-mêmes, et en leurs « dieux, qui en imposa aux autres peuples, autant « que leurs succès, et commanda à l'univers, pour « tout ce qui étoit Romain, un respect que le temps « n'a pu détruire. » La dictature (dit *M. de Bo-* *nald*) « qui, dans le temps de crise, ramenoit tout « à l'unité, cette dictature, plus fréquente dans les « divisions, perpétuelle *sous Sylla et sous César ,* « héréditaire *sous Auguste ,* sauva Rome de l'anar- « chie : ce fut cette partie monarchique qui soutint « si long-temps la république Romaine, et ce fut là « le premier titre des empereurs. »

Voilà une des premières, je pourrois dire la pre- mière cause qui porta *Rome* à sa grandeur ; la gran- deur de l'autorité de son fondateur, dont furent inves- tis tous ceux qui la gouvernèrent, soit comme rois, soit comme consuls, soit comme césars. Voici main- tenant quelle fut la principale cause de sa décadence.

V. La voie des élections, loin de créer *l'autorité*, la livre aux brigues, aux cabales et à toute l'effervescence des passions. C'est une brèche à la constitution de la nature, qui l'avoit attaché au *titre d'auteur* : et dès qu'on touche aux arrangemens de la nature, la constitution devient moins ferme. La première plaie que les rois firent à la grande autorité qu'ils avoient reçue de leurs fondateurs, ce fut de la livrer à la mobilité des élections. Si, comme le dit *M. de Montesquieu*, la faculté qu'avoit le sénat d'ôter la république des mains du peuple, étoit nécessaire pour la sauver, le pouvoir du peuple étoit fait pour la perdre.

VI. Quand les élections tombèrent des premières centuries aux centuries inférieures, le mal ne fit qu'augmenter. Pour obtenir les premières places du gouvernement, ceux qui les ambitionnoient furent obligés de faire la cour au peuple, qui ne se rendoit qu'à des conditions. Ainsi le peuple devenu pour ainsi dire maître de ses maîtres, se regarda bientôt comme souverain, et ses flatteurs le lui firent croire. Oubliant qu'il tenoit de ses souverains son droit de nommer, il se servit de ce droit pour usurper par degrés tous les pouvoirs, non pas pour lui, mais pour ses agitateurs.

D'abord il sollicita le droit d'appel au peuple, et par là il partagea *le pouvoir judiciaire*. Ensuite, à force d'intrigues et de séditions, il obtint des tribuns qui avoient *un veto absolu* ; et par là il partagea le *pouvoir législatif*. Enhardi par ses succès, il obtint des tribuns militaires, et par là il partagea *le commandement des armées*. Bientôt il obtint le consulat pour ses créatures ; et par là il partagea *le pouvoir exécutif*.

VII. Plus il obtenoit, plus il exigeoit ; et plus il exigeoit, plus l'ordre des praticiens se roidissoit pour sauver du naufrage le reste d'autorité qui lui restoit encore dans les mains De là les brigues, les querelles, les divisions, les guerres civiles, qui ne cessèrent presque jamais dans Rome républicaine. Le sénat, qui vouloit se ressaisir de l'autorité, écrasoit le peuple pour le contenir. Le peuple, qui vouloit l'envahir toute entière, s'efforçoit de subjuguer le sénat. Chaque parti eut son armée, ses officiers et ses généraux. *Les Gracques*, *les Manlius*, *les Césars* se mirent du côté du peuple. *Les Sylla*, *les Pompée* soutinrent le parti du sénat. Après bien des combats et du sang répandu, *Pompée* fut vaincu, *César* entra triomphant dans Rome.... Le peuple devint-il souverain ? Non sans doute. Ce fut *César* qui se servant habilement du peuple pour subjuguer le peuple, et le sénat tout ensemble, fixa sur sa tête toute l'autorité des fondateurs. *Auguste* sous le titre d'empereur étant devenu maître absolu, le peuple et le sénat firent entre les mains *de Tibère* la cession volontaire de leurs droits respectifs, et malgré les excès de la tyrannie, renoncèrent à la forme républicaine pour n'y plus jamais revenir.

VIII. Heureux si en la rappelant à son unité primitive, les Césars eussent pu rendre à la souveraineté toute son indépendance!.... Mais comme c'étoit par le moyen des armées qu'ils étoient parvenus à l'empire, tous ceux qui commandoient les armées prétendirent y monter par les mêmes moyens. En vain les premiers Césars désignèrent-ils eux-mêmes leurs successeurs: ces volontés arbitraires ne prirent point le caractère de lois. Malgré le cri de la nature, et la réclamation de l'expérience, l'autorité fut de nouveau livrée, non-seulement

à la disposition des sujets, mais à la merci des soldats :
et ce mode terrible de proclamation, qui devoit renverser l'empire, ne se trouvant ni contredit par le sénat, ni réprouvé par les empereurs, devint malheureusement légitime. Alors chaque armée fit son empereur,
chaque empereur fit ses césars, chaque officier fit sa
cour aux soldats. De là la foiblesse des lois, le relâ-
chement de la discipline, les intrigues, les divisions,
le meurtre, et le brigandage, les guerres civiles, et la
tyrannie. Souvent l'empire, au moment d'enfanter, portoit dans son sein deux ou trois empereurs qui, tous
ayant les armes à la main, lui déchiroient les entrailles
en venant au monde, et s'égorgeoient les uns les autres, quand ils étoient nés. « L'empire d'occident n'en
pouvoit plus, dit l'éloquent *Bossuet*, les bases de ce
« monstrueux édifice chanceloient de toutes parts. De-
« puis que la force militaire donnoit des maîtres à
« l'univers, la loi ne pouvoit plus garantir l'hérédité
« de la succession. » Et c'est là, selon ce grand homme,
la cause de sa décadence. Depuis que l'autorité dépendoit de la force armée, elle étoit devenue plus précaire,
plus flottante, et plus dépendante que jamais. Les
chefs des peuples barbares, investis d'une autorité plus
ferme, profitant de ces divisions, tombèrent de tous
côtés sur ce bel empire, en emportèrent chacun leur
part, et régnèrent sur les régions qu'ils avoient conqui-
ses. *La puissance romaine*, dit **M.** de Montesquieu,
devoit céder à la puissance de la nature. Tout le
monde en convient, mais cette puissance de la nature,
chez les barbares, et chez les Germains, ne consistoit
ni dans la matière, ni dans le climat, ni dans l'indépendance, ni dans la grossièreté des fibres du corps :

elle résidoit dans *la vigueur de l'autorité* d'un côté, et *dans la subordination* de l'autre. Chez les Germains l'autorité, dans toute sa force primitive, étoit toute entière dans la main des chefs ; chez les Romains elle étoit tombée dans les mains du peuple, ensuite dans la main des soldats. Chez les premiers, elle étoit forte, puissante, héréditaire, naturelle, réglée par les lois ; chez les derniers, elle étoit précaire, élective, divisée, dépendante des armées et des inférieurs. Voilà pourquoi il fallut qu'elle succombât. C'est dans la foiblesse, l'asservissement et la dégradation de l'autorité chez les uns, et la vigueur de l'autorité chez les autres, qu'il faut aller chercher la cause des progrès ou de la décadence des empires, et non pas dans le froid, le chaud, ou le plus ou moins de tension des organes matériels. Le climat des Romains étoit le même dans leur grandeur et dans leur décadence.

IX. Voilà comment finit ce grand empire. Et en faisant l'histoire de l'empire romain, j'ai fait l'histoire de tous les peuples de la terre. Qu'on voie *Athènes*, *Lacédémone* et tous les états de la Grèce : tous, dès l'origine, parurent avec des chefs et des rois ; tous périrent par les prétentions des peuples. Qu'on lise l'histoire de *Carthage*, cette fameuse émule de Rome. Par la descendance des rois de Tyr, ceux qui la gouvernoient étoient investis *d'une autorité* dont la source infiniment au-dessus de la tête des peuples, alloit se perdre dans la nuit des temps. Tant que le sénat fut maître, *Carthage* conserva sa grandeur ; mais à mesure que *la souveraineté* tomba dans la dépendance, Carthage déclina, et perdit sa force. *Aristote* en parlant de cette république, prédit long-temps avant sa chute, qu'elle périra par l'accroissement des pouvoirs que la constitution donnoit insensiblement au peuple.

Environ cent ans après, *Carthage* penchoit vers sa ruine ; et *Polybe* attribue sa décadence à l'autorité que le peuple avoit usurpée.

X. Il ne faut donc pas citer les élections faites à Rome par le peuple, ensuite par les soldats, et celles qui avoient lieu dans toutes les républiques anciennes, comme la source de la souveraineté. Ce n'en étoit pas la source, puisque, comme l'observe fort bien *M. Bossuet*, il y avoit des rois avant toutes les républiques. De qui donc les sénateurs romains tiroient-ils leur souveraineté ? Des rois qui la transmirent au sénat ; le sénat ensuite, par son silence, et par sa cession, la transmit aux Césars. Mais *les Césars, le sénat, et les rois* la tenoient d'abord du fondateur, qui l'avoit reçue lui-même de ses pères. Donc chez les Romains, les Grecs, les Carthaginois, comme chez tous les autres peuples, l'autorité souveraine ne venoit pas de *l'absurde universalité des individus*, elle descendoit des pères, *des auteurs et des fondateurs*. Passons maintenant à l'histoire des Francs.

§ V.

Source de l'autorité chez les Francs.

I. Après les élections des Romains et autres peuples de l'antiquité, on cite les élections des Francs et autres peuplades anciennes. Toutes ces élections, quand on en citeroit des milliers, prouvent précisément tout le contraire de ce qu'on veut établir. Car, comment se firent ces élections au rapport des historiens ? Elles se firent en présence des chefs, du consentement des chefs, à l'instigation même des principaux chefs, pour terminer les différens continuels qui les divisoient à chaque instant : *ob procerum discordias.* Ce fut pour terminer ces différens nuisibles à la cause commune, que *Marcomire*, un des principaux chefs, leur conseilla d'en élire un d'entr'eux, auquel tous les autres s'obligeroient d'obéir.

« Comme *Marcomire*, dit l'historien, voyoit à
« merveille que les Francs, à cause des divisions per-
« pétuelles qui régnoient entre les chefs, ne pour-
« roient jamais faire face aux Romains, s'ils ne se
« réunissoient en un seul peuple, et s'ils ne se don-
« noient un seul chef, il conseilla à sa nation, d'élire
« un roi à la pluralité des suffrages. Les Francs, sen-
« tant toute la sagesse d'un conseil aussi salutaire,
« élurent pour roi Pharamond, fils de Marcomire. »

Hic ergo *Marcomirus*, cùm animadverteret Francos, ob procerum discordias, diversaque studia, nunquam Romanis pares futuros, nisi in unam coalescerent rempublicam, et ab uno omnes regerentur; autor fuit genti suæ, ut regem communibus suffragiis eligerent. Franci verò tam salutari consilio obtemperantes regem sibi elegerunt Pharamundum filium Marcomiri. (*Gesta Francorum, Epit. cap. iv.*)

II. Voilà ce trait d'histoire que l'on cite tant; et dès le premier aperçu, voilà clairement ce qu'il prouve.... Cette élection se fit en présence des chefs : donc, avant l'élection, les Francs avoient des chefs; et ces chefs étoient consentans. Ainsi quand ils auroient choisi le dernier du peuple, qu'en concluroiton? Si les chefs l'eussent permis, l'élu n'en eût pas moins été le vrai souverain, puisque les chefs non-seulement ne réclamoient pas, mais qu'ils remettoient volontairement à l'élu tous leurs droits : *Volenti non fit injuria.*

Mais pour peu qu'on lise ce trait d'histoire avec attention, on découvrira sans peine que les chefs ne donnent pas aux Francs la liberté de choisir sur tout le peuple, mais seulement la liberté de choisir un d'entr'eux pour mettre fin à leurs différens : *ob procerum discordias.* Ainsi il s'en faut de beaucoup que ce soit là une élection générale entre des individus égaux, comme il le faudroit pour une convention populaire.

III. Il y a plus : c'est que *Marcomire* qui, après la mort récente de son frère, devenoit le principal de tous les contendans, en faisant la proposition, sentoit tous les droits qu'il avoit à la primauté, dans le cas de la réunion ; que son but politique étoit de fixer la souveraineté dans sa famille, et de faire reconnoître publiquement son fils.... Ce qu'il y a de bien certain, c'est que ce fut *Pharamond*, le fils *de Marcomire* lui-même, qui fut solennellement élu. Après quoi la souveraineté reprit le cours ordinaire de la loi salique : elle se transmit tout simplement par héritage ; mais cette élection de *Pharamond* n'est pas *une création de souveraineté*, puisqu'avant cette promotion il y avoit déjà des chefs qui exerçoient la souveraineté sur leur tribu particulière.

IV. Dira-t-on que les chefs dont on parle avoient également été élus !... Il faudroit le prouver, et c'est ce qu'on ne voit pas dans l'histoire. Au contraire, ce conseil de *Marcomire* porte tous les caractères d'une proposition extraordinaire nécessitée par la circonstance, qui n'a eu lieu ni avant, ni après, puisqu'aussitôt après l'élection, la souveraineté reprend le cours héréditaire de mâle en mâle, comme c'étoit l'usage chez ces peuples. Mais quand on pourroit citer d'autres exemples de chefs antérieurement élus, jamais chez aucune nation le premier propagateur n'a pu l'être : ainsi quelque supposition que l'on fasse, la source de l'autorité n'en restera pas moins au-dessus de toutes les élections possibles. Qu'on lise *Tacite* et la savante dissertation de *Leibnitz* dans sa *Théodicée*, N.° *139*, sur l'origine des Germains, on y verra que *Teut*, père universel des peuples Teutons, **et** *Hermin*, père universel des *Hermions* ou *Germains proprement dits*, et premiers princes de ces peuples, n'avoient point été élus par leurs descendans, qu'ils existoient essentiellement avant eux : et quand on voudroit faire descendre les Francs d'une autre souche, on n'en seroit pas plus avancé ; *l'auteur universel* de chaque tribu seroit toujours antérieur à leur existence. (Voy. *aussi l'abbé Charmoye*, *origines Celtiques.*)

V. Quoi qu'il en soit, l'élection proposée par *Marcomire* est la seule qu'on nous oppose, et avant cette élection il y avoit très-certainement des chefs. Or, que prétend-on conclure en faveur du peuple, d'une élection qui suppose déjà des chefs, d'une élection qui se fait du consentement des chefs, qui se fait pour terminer les différens entre les chefs, d'une élection qui tombe effectivement sur le fils d'un des principaux chefs, d'une élection qui n'est conséquem-

ment qu'une reconnoissance publique du principe
que nous établissons, que toute *autorité* vient *d'au-*
tor; qu'avant quelqu'élection qu'on puisse citer, les
Francs, comme tous les autres peuples, ont eu nécessairement *des fondateurs*, des chefs naturels, dont
l'autorité existoit essentiellement avant eux, puisque,
comme le dit *Tacite*, chez les Francs comme chez
tous les peuples naissans, chaque tribu avoit son chef.
Quot pagos, tot fere duces.

§ VI.

Source de l'autorité chez les Hébreux.

I. Enfin pour prouver que c'est au peuple à se donner des rois, on cite l'exemple de Dieu lui-même qui
remit, dit-on, à son peuple l'élection de ses premiers
rois, sans avoir égard à la naissance. Comme toutes
les élections du peuple juif sont parfaitement traitées dans le cinquième avertissement de *M. Bossuet*,
nous ne dirons ici que ce qui a rapport à la source des
autorités.

D'abord il est certain qu'avant même son existence,
ce peuple, ayant eu dans la personne de *Jacob*, un
auteur universel, et les douze tribus ayant pour chefs
de ce patriarche célèbre, chaque tribu avoit naturellement *ses princes, et ses chefs.* Quand Dieu envoyoit
Moïse déclarer ses ordres à son peuple, il lui ordon-
noit toujours de s'adresser aux princes et aux sénieurs:
Congrega principes et seniores. Ainsi, quand ce
peuple fût resté dans l'ordre ordinaire, il avoit évidemment des chefs, long-temps avant toutes les élections dont on parle.

Mais afin que ces princes ne pussent ni se diviser, ni exercer souverainement leurs pouvoirs, Dieu, qui s'étoit réservé le soin de le conduire, les avoit *soumis* au gouvernement d'un prince étranger, du vivant *de Jacob* lui-même; de manière que, dès son origine, le gouvernement de ce peuple fut absolument extraordinaire dans son espèce. Avant même qu'il pût se multiplier, ce fut Dieu lui-même, qui le plaça sous la domination *de Pharaon,* par l'élévation miraculeuse *de Joseph.* Quand son peuple fut multiplié, ce fut Dieu lui-même qui le redemanda à *Pharaon,* qui le fit passer à travers la mer Rouge, et qui déploya aux yeux de l'Egypte toute la puissance de son bras, par les prodiges les plus éclatans. Ce fut lui qui voulant conserver l'unité des principes et des douze tribus, leur donna un seul chef dans *Moïse.* Quand ce peuple fut sorti d'Egypte, ce fut Dieu lui-même qui lui dicta des lois, non-seulement dans le spirituel, mais dans le civil : et ses lois étoient si bien faites, tous les cas y étoient tellement prévus, que, comme le dit *M. Bossuet,* sa législation fut totalement épuisée du temps de *Moïse.* Voilà pourquoi, après *Moïse,* tous ceux qui gouvernèrent le peuple de Dieu n'étoient dans le fait que *des juges :* tous les chefs extraordinaires que Dieu lui suscitoit au besoin, n'étoient que des juges : les prêtres et les rois eux-mêmes n'étoient que *des juges.* Dieu seul étoit le véritable *roi d'Israël,* puisque lui seul en étoit *le législateur.* Ce n'étoit point là une monarchie ordinaire, mais *une théocratie.*

II. Pour gouverner *Israël,* Dieu n'avoit donc pas besoin de choisir ses ministres parmi les princes et les chefs de chaque tribu, *son autorité* est infiniment au-dessus de tous les princes et de tous les souverains de la terre. Quand il étoit mécontent de son peuple, c'étoit lui qui le punissoit, et qui le punissoit en Dieu; quand les princes eux-mêmes lui avoient manqué, il faisoit marcher contr'eux les rois étrangers ; et quand les rois étrangers marchoient contre ses ordres, il suscitoit à son peuple des hommes extraordinaires, qui, avec cent hommes en faisoient fuir dix mille, ou bien, il envoyoit pendant la nuit, des anges qui exterminoient des armées entières. Pour faire respecter *son autorité*, Dieu n'avoit pas besoin de donner à son peuple des chefs, qui eussent l'éclat et la magnificence des rois, et s'il se détermina à leur en accorder, ce ne fut que par condescendance.

III. Il est vrai qu'investis d'une pareille autorité, ceux de ces rois qui restèrent soumis à Dieu, ne tardèrent pas à parvenir au plus haut degré de gloire. Mais comme tous les successeurs *de David* ne se servoient de leur puissance, que pour faire prévariquer leurs sujets, après la captivité *de Babylone*, Dieu abolit la royauté, et n'en voulut plus : il gouverna par les princes des prêtres, qui se trouvoient chargés plus spécialement du dépôt de ses lois.

Ce qu'il y a de bien certain, c'est que, partout et dans tous les temps, depuis son origine jusqu'à sa dispersion, et on pourroit dire dans sa dispersion même, le peuple juif fut un peuple extraordinaire. Dans la forme théocratique de son gouvernement, la loi ne prenoit point sa source dans *Jacob*, mais dans Dieu lui-même. La souveraineté ne venoit point de *Jacob* : elle ne descendoit point comme chez les autres nations, *de l'auteur universel du peuple*, elle descendoit immédiatement *de l'auteur universel de la nature*, qui s'étoit réservé la souveraineté. Si Dieu eût donné la terre promise à *Jacob* de son vivant, c'eût été *Jacob* qui l'eût partagée à ses enfans, et qui eût été *le législateur* d'Israël. Mais, afin qu'il ne fît aucun acte de souveraineté, Dieu le mit sous la domination *de Pharaon*, lui et les douze chefs des tribus, et ne tira son peuple de là, que lorsqu'il fut formé. Dieu se réserva donc spécialement *la souveraineté* d'Israël, et c'est le seul peuple dont il se la soit réservée. Partout où il ne se la réserve pas, c'est *le père universel* qui est souverain et législateur, ici c'est *Dieu.* Partout ailleurs l'autorité vient *de l'auteur universel du peuple* : ici elle vient de *l'auteur universel de la nature ,* mais jamais elle n'est venue, et jamais elle ne viendra de *l'universalité du peuple.*

Ainsi, quand il seroit vrai que Dieu eût permis à son peuple de choisir le premier de ses rois, on auroit tort d'en conclure *que la source de la souveraineté est dans le peuple* . . . . . Car si le peuple de Dieu, comme tous les autres, n'avoit pas le droit de se donner un roi par lui-même, s'il falloit qu'avant de s'en donner un, il en obtînt la permission de son législateur, il en résulte que, dans ce gouvernement, comme dans tous les autres, le peuple n'a pas même le droit d'élire et de présenter. S'il le fait, ce ne peut être que d'après la concession antérieure, et la permission expresse de son souverain...... Or il est certain que le peuple de Dieu n'osa se donner un roi par lui-même, qu'il ne se crut point en droit de s'en donner; que quand il désira d'en avoir un, ce fut à *Samuel*, qui

étoit le grand prophète, et conséquemment le représentant de l'Etre-Suprême, qu'il s'adressa. Il est certain que ce fut *Samuel* qui d'après les ordres de Dieu,
convoqua le peuple à *Maspha*, que ce fut lui qui
jeta le sort par familles, et ensuite par individus.
Ainsi ce trait d'histoire, quand il seroit bien présenté
prouveroit précisément tout le contraire de ce que
l'on voudroit prouver, savoir que le peuple, sans une
permission expresse du souverain, n'a pas même le
droit de s'assembler, ni de désigner celui qu'il désire.

V. Mais il y a plus : c'est que ce trait d'histoire,
d'où l'on voudroit déduire pour le peuple, le droit
de choisir ses rois, indépendamment de la permission de ses souverains, ne prouve pas même que Dieu
ait jamais accordé à son peuple la permission d'élire.
La raison en est simple, c'est que le sort qui fut jeté
à *Maspha*, n'étoit point du tout *une élection*. Le
sort, parmi ce peuple, n'étoit autre chose que la manière ordinaire et usitée, de connoître la volonté de
l'Etre-Suprême. Ce fut par là qu'il fut constaté publiquement, et solennellement, que c'étoit là celui
que Dieu avoit choisi, et à qui il avoit remis ses pouvoirs civils : *Certè videtis quem elegit Dominus.*
Quand le sort fut jeté à *Maspha*, il y avoit déjà long-
temps que Dieu avoit choisi *Saül*, et qu'il l'avoit fait
sacrer par *Samuel*. Dans tout cela, Dieu annonce ses
volontés à son peuple, il ne le consulte pas. Aussi
quand Dieu, mécontent de *Saül*, substitua *David*
en sa place, il ne le fit pas même reconnoître publiquement par la voie du sort. Après l'avoir fait sacrer
par son prophète, il le conduisit sur le trône par une
voie, qui ne dépendoit que de lui seul, après quoi

David choisit lui-même son successeur et le constitua indépendamment du peuple.

VI. D'où s'en suit encore ce raisonnement bien simple. Parmi les Hébreux jamais le peuple ne se crut en droit de choisir ses souverains. Quand il fut question de leur donner une forme de gouvernement, ou de la changer, ce fut Dieu seul, indépendamment du peuple, qui constitua sur eux, *Moïse*, *les juges*, *les rois*, et tous ceux qui gouvernèrent, soit dans le spirituel, soit dans le civil : donc l'histoire des Hébreux prouve encore plus évidemment que les autres, que *l'autorité souveraine* vient, comme les autres, du mot *autor*, et que, partout où les chefs naturels ne constituent pas, c'est Dieu lui-même qui constitue. Qu'ainsi, dans quelque constitution que ce soit *l'autorité universelle* et souveraine vient toujours de Dieu par les chefs et jamais *par l'absurde universalité* des peuples.

§ VII.

Autorité des Machabées.

I. Sur quoi donc se rejettera-t-on? A quelle élection aura-t-on recours? Sera-ce à celle de *Jonathas et de Simon son frère*, dans le livre des *Machabées*? Je sais qu'on les a cités comme un argument invincible. Sur quel fondement? Je ne le vois pas. Toute la question se réduit à savoir si antérieurement à ces élections, il y avoit *une autorité* dans Israël. S'il y en avoit une, il est clair qu'elle ne fut pas créée dans ces élections. Or, tout le monde sait qu'avant ces élections, les Hébreux avoient un gouvernement politique;

qu'outre les chefs extraordinaires dont nous avons parlé, que Dieu suscitoit pour un temps, ils avoient un conseil ordinaire qui les gouvernoit sous les ordres de Dieu, dans tous les temps et toutes les circonstances. Ce conseil ordinaire, dont le grand-prêtre étoit le chef suprême, composé des princes des prêtres, et des senieurs, investis d'une autorité héréditaire et toujours subsistante, chargé du dépôt et de la défense des lois, suppléoit à toutes les fonctions souveraines, dans tous les cas. Ce fut lui, qui, après les rois, fixé à Jérusalem, et conséquemment à la tête de la tribu de Juda, gouverna, en toute souveraineté, jusqu'au règne *d'Hérode*, et de là, vit insensiblement ses pouvoirs décliner jusqu'à la ruine totale de Jérusalem. D'après cela, que l'on conclue. Outre ses princes issus du sang *de Jacob*, dès le temps *d'Aaron*, *et de Moïse*, le peuple hébreu avoit *ses princes ses chefs héréditaires* et perpétuels constitués en autorité par Dieu même. Donc l'autorité ne fut pas créée dans l'élection *de Jonathas*.

II. La seconde question est de savoir si *les Machabées* n'étoient pas du nombre *des princes, et des chefs* du peuple hébreu? Car s'ils étoient déjà constitués en autorité, en vertu de leur naissance, ils ne recevoient pas leurs pouvoirs du peuple. Or cette question avoit été clairement décidée par les envoyés eux-mêmes *d'Antiochus*, qui dans le moment qu'ils voulurent faire sacrifier aux idoles, dirent *à Mathathias*, père des Machabées: *Princeps et clarissimus, et magnus es in istá civitate, et ornatus filiis et fratribus : ergo accede prior.* D'où résulte ce raisonnement. De l'aveu même des ennemis des Juifs, non-seulement les Juifs avoient des princes et des chefs, mais le père des *Machabées* étoit un des premiers et des plus illustres de ces princes. Donc *les Machabées* ne tiroient pas leur autorité du peuple. Comme princes de la tribu *de Lévi*, ils la tenoient, en vertu de leur naissance, des premiers chefs qui avoient été constitués *par Dieu même.* (Machab. ch. 2.)

III. Aussi, quand il est question de prendre en main la défense de la loi, *Mathatias* n'attend pas l'élection du peuple. En vertu d'une inspiration spéciale de Dieu, et de l'autorité qu'il tient de ses pères, il massacre celui qui attaque le Tout Puissant, renverse l'autel, et ordonne avec empire à tous ceux qui sont attachés à la loi de le suivre. C'est au nom de Dieu qu'il agit, et non pas au nom du peuple. Aussi quand il est question de prendre les armes, *Mathatias* n'attend pas l'élection du peuple. En vertu de l'inspiration spéciale de Dieu et de l'autorité qu'il tient de sa naissance, secouru de sa famille, et de ses amis, il leve une armée, se met à sa tête, et se conduit sans aucune réclamation de la part des autres princes, qui se joignent à lui, comme le chef du peuple de Dieu et des défenseurs de ses lois.

Aussi, quand *Mathatias* est prêt à mourir, pour se donner des successeurs, il ne convoque pas l'assemblée du peuple : entouré de ses enfans et de ses amis eux seuls, en vertu de la mission de Dieu, et de l'autorité qu'il tient de sa naissance, il leur donne *Simon* pour conseil et pour père, il charge *Juda* son autre fils, de la conduite de la guerre ; et c'est d'après sa nomination que *Juda* se met à la tête des armées. (*Mach. liv.* 1. *c.* 2.)

IV. Aussi après la mort *de Juda*, ce ne fut point du tout le peuple, comme on a voulu le faire croire ; ce sont les frères et les amis de Juda, par conséquent les princes du peuple, qui se rassemblent autour de *Jonathas*, et qui lui adressent ces paroles mémorables: « Depuis que nous avons perdu votre frère *Juda*, « nous n'avons personne de semblable à lui pour mar- « cher contre nos ennemis...... Nous vous choisissons « aujourd'hui à sa place pour prince et pour chef, etc. » *Et congregati sunt omnes amici Judæ et dixerunt Jonathæ : Ex quo frater tuus Judas defunctus est, vir similis ei non est qui exeat contra inimicos nos- tros.... Nunc itaque te hodiè elegimus, esse pro eo, nobis, in principem et ducem,* etc. Mais le consen- tement des princes et des amis *de Jonathas* n'est pas le consentement du peuple. Donc il a été constitué *par ses amis,* et non pas par le peuple. (*Lib. 1, cap. 9.*)

V. Aussi quand, après la mort de ses frères, *Si- mon* convoqua le peuple et tous les princes, il ne les assembla pas pour leur proposer de choisir sur tout le peuple, ni même parmi les princes. Voilà ce qu'il leur dit : *Vos scitis quanta ego et fratres mei, et domus Patris mei, fecimus pro legibus et pro sanc- tis prœlia... Horum gratiá perierunt fratres mei om- nes propter Israël, et relictus sum ego solus. Et nunc non mihi contingat parcere animæ meæ in omni tempore tribulationis. Non enim melior sum fratribus meis...... Et accensus est spiritus populi simul...... Et responderunt voce magná dicentes : tu es dux noster loco Judæ et Jonathæ fratris tui..... Et factus est summus sacerdos. Judæi et sacerdótes consenserunt eum esse ducem et sacerdotem sum-*

mum, *in æternum donec veniat propheta fidelis.*
« Vous savez combien moi, mes frères, et toute la
« maison de mon père, avons soutenu de combats
« pour la défense de nos lois et de notre religion
« sainte. Tous mes frères sont morts en combattant
« pour Israël, et je suis le seul qui reste de tous. Si
« je craignois de subir leur sort, je ne viendrois pas
« vous offrir de m'exposer aux mêmes dangers; mais
« à Dieu ne plaise que je sois assez lâche pour vous
« abandonner jamais dans vos périls : je ne suis pas
« plus précieux que mes frères. Alors tout le peuple
« ensemble transporté d'admiration, à la vue d'une
« pareille générosité, lui cria d'une voix unanime :
« Vous êtes notre chef à la place de vos frères...... Et
« vous le serez à perpétuité, vous et vos descendans, jus-
« qu'à ce que Dieu nous envoie le prophète fidèle que
« nous attendons. » Dans cette assemblée du peuple,
Simon se propose lui seul, et c'est lui qu'on proclame
d'un commun accord : ce n'est pas là proposer une
élection universelle sur tout le peuple. (*Liv. 1,*
ch. 13.)

VI. Aussi quand il fut question de désigner ses
successeurs, *Simon* ne convoque pas l'assemblée du
peuple; il constitue ses deux enfans *Jean et Jonathas*
à la tête du gouvernement et des armées, avec la même
autorité, que l'avoit fait son père *Mathatias.*

On lit dans la *Politique sacrée de M. Bossuet,*
liv. 2. Que l'acte qui transmit l'autorité *à Simon*, et
à sa postérité, *fut dressé au nom des prêtres, de tout*
le peuple, des grands, et des sénateurs, qui con-
sentirent à le faire prince. Dans de pareilles assemblées, quand le peuple entier proclameroit, c'est le

consentement du souverain lui seul qui confère la
souveraineté. Or le conseil des princes, qui gouvernoit les juifs sous les ordres de Dieu, étoit, comme
nous l'avons dit, un véritable souverain : *Et les Machabées* par droit de naissance, indépendamment de
toute élection, étoient des premiers de ces princes,
conséquemment les principaux organes du souverain.

VII. Mais enfin le peuple disoit : *notre chef, notre
guerre, nos combats, Prœliare prœlia nostra.* Il
avoit raison. C'étoit la guerre du peuple comme peuple ; mais aussi c'étoit la guerre des princes, comme
princes ; c'étoit la guerre des chefs comme chefs. Tout
le monde y avoit intérêt, mais tout le monde n'étoit
pas prince, tout le monde n'étoit pas constitué en autorité : il n'y avoit que le conseil des princes qui le fût,
et ce conseil héréditaire tenoit ses pouvoirs de Dieu
lui-même, qui, dans tous les temps, fut le législateur de son peuple.

VIII. Or que veut-on conclure d'une élection qui
se fait en présence des princes du peuple, de leur
consentement, ou plutôt par les princes du peuple
eux seuls ?..... Telle est cependant l'élection *de Jonathas* dont on parle tant...... Que veut-on conclure
de l'acclamation universelle d'un peuple, qui ravi de
la bravoure *de Simon*, se proposant lui-même à la
place de ses frères, lui dit avec transport. *Tu es dux
noster ?* Est-ce là une élection ? et quand c'en seroit
une, les princes des prêtres ne sont-ils pas là ? Que
pourroit-on conclure d'une élection faite trois cents
ans après *Moïse et Aaron*, en présence de leurs successeurs : seroit-ce là *une création d'autorité ?*

IX. Quand autrefois dans la discipline ancienne de

l'église, le clergé consultoit le peuple sur le choix d'un évêque, qui est-ce qui conféroit *l'autorité?* Étoit-ce le peuple? Étoit-ce lui qui l'avoit ou qui la créoit?... En tout, il faut bien distinguer entre un peuple qui agit contre l'agrément de ses chefs et un peuple qui agit de concert avec eux. Un peuple qui agit contre l'agrément de ses chefs, ne fait pas même de nomination; son élection par le vice d'autorisation est radicalement nulle. Un peuple qui agit de concert avec ses chefs fait de très-bonnes élections sans doute, mais il ne confère pas *l'autorité* : ce sont les chefs eux seuls qui la confèrent par leur ratification et leurs suffrages : et c'est ainsi que les bons auteurs entendent le mot *peuple.*

X. Outre ses princes naturels que chaque tribu avoit déjà en Egypte, il est évident que le peuple *Hébreu* avoit des chefs héréditaires constitués extraordinairement par Dieu lui-même, dès le temps de *Moïse et d'Aaron*; et *les Machabées* étoient du nombre de ces chefs. Donc l'histoire des Machabées prouve, aussi manifestement que toutes les autres, que jamais les peuples n'ont créé leurs premiers souverains; que partout, la source des autorités est placée dans le titre *d'auteur universel*, au-dessus de la tête de tous les peuples.

XI. Quelqu'importans que soient ces détails, je ne me suis point proposé de faire une histoire universelle..... Pour en finir..... quand on assembleroit devant nous tous les peuples de l'univers, nous n'avons qu'une question à faire...... Les chefs de ces peuples ont-ils consenti à l'élection? s'ils ne l'ont pas fait, l'élection est nulle. S'ils l'ont fait, ce n'est pas le peuple qui confère *l'autorité*, ce sont les chefs. Or, dans tous les traits d'histoire que l'on a cités, ou les chefs sont là, ou ils avoient consenti aux élections avant ces assemblées. Donc c'est d'eux seuls que viennent *l'autorité et les pouvoirs législatifs* dans les démocraties elles-mêmes.

XII. Que prouvent donc tous ces traits d'histoire et tous ceux que l'on citeroit jusqu'à la fin du monde?.. Loin de prouver que dans l'origine ce sont les peuples qui ont créé leurs premiers chefs, il prouvent au contraire qu'avant toutes les élections et les proclamations que l'on voudroit citer, il y avoit partout *des chefs préexistans*, qui convoquoient le peuple et qui présidoient à ces assemblées. Il y en avoit chez les Romains, il y en avoit chez les Grecs, il y en avoit chez les Francs, il y en avoit chez les Hébreux, il y en avoit chez tous les peuples, et il étoit physiquement impossible qu'il n'y en eût pas, avant toutes les élections et les proclamations possibles. Ceux qui gouvernoient extraordinairement, tels que *Moïse Aaron* et leurs successeurs, ne tiroient certainement point leurs pouvoirs du peuple, mais *de l'auteur universel* de la nature. Ceux qui gouvernoient leurs descendans, en vertu de leur titre d'auteur universel, tels que *Nemrod, Chanaan,* et tous les premiers fondateurs des cités, pouvoient encore bien moins les tirer de leurs descendans, quand ils n'existoient pas encore, ils les tenoient essentiellement de leur titre *d'auteur universel.* Donc il est impossible de citer un seul trait d'histoire qui fasse créer les premiers souverains par les peuples; donc toutes les histoires et tous les monumens, d'accord avec la nature et la raison, nous crient hautement que *l'autorité souveraine* dérive essentiellement *de l'auteur universel*, et non pas de l'absurde *universalité des individus* ; donc toutes les histoires et tous les monumens, d'accord avec la nature et la raison, nous crient hautement que notre définition est exacte ; que *l'autorité souveraine* prend sa source dans le titre *d'auteur*, comme toutes les autres autorités, et cela dans les républiques et dans les démocraties elles-mêmes, comme dans tous les autres gouvernemens. Donc tout nous prouve qu'il n'y a jamais eu et qu'il ne pourra jamais y avoir *de gouvernemens représentatifs des peuples.*

§ VIII.

Objections.

I. Que diront à cela les partisans de la souveraineté des peuples ? Diront-ils qu'avant les assemblées générales, qu'ils aiment à supposer, les peuples n'avoient pas encore de pères, conséquemment personne qui eût *autorité* sur eux ?... Je ne le crois pas !....

II. Que disent-ils donc ?... Ils disent qu'un père a bien autorité sur ses enfans tant qu'ils sont petits ; mais qu'il n'en a plus quand ils sont émancipés ! *Habuit potestatem patriam in filios, quandiù emancipati non fuerunt.* (*Suarez, de Legibus,* lib. 3, cap. 2. *Puffendorf*, de patriâ potest., etc.)

III. Quoi ! nous écrierons-nous de nouveau avec le grand *Bossuet :* Quand mes enfans sont émancipés, je cesse d'être leur père, et ils cessent d'être mes enfans ; qui jamais a ouï parler d'un pareil prodige !...

On convient bien (et c'est là probablement l'équivoque qui trompe ces auteurs), *qu'un père particulier* n'exerce son autorité sur ses enfans, que jusqu'à l'émancipation. Quand ils sont émancipés, cette protection leur devient inutile, parce qu'il y a *un père souverain* qui veille sur toutes les maisons pour y faire observer les lois, et que dès qu'il y en a un, il n'en faut pas davantage. Mais parce que *ce père particulier* cesse d'exercer son autorité, cesse-t-il d'en avoir, et parce qu'il cesse d'exercer son autorité particulière, s'ensuit-il que le souverain cesse aussi d'exercer la sienne? C'est un tas de paradoxes que l'opinion absurde des pactes sociaux empêche d'approfondir, mais qui n'en sont pas moins absurdes.

IV. Lorsque les esprits prévenus de la souveraineté des peuples traitent *de la puissance paternelle*, ils ne parlent jamais que *des pères particuliers :* mais ces pères particuliers ont essentiellement *un père souverain.* Ils ne font jamais mention que de la puissance dont on peut être émancipé!... Mais il en est une à l'égard de laquelle l'émancipation n'a jamais lieu : *c'est la puissance souveraine.* Il est bien vrai que quand les chefs principaux de chaque branche avoient une nombreuse postérité, le père les envoyoit s'établir dans d'autres pays, où ils devenoient souverains à leur tour; mais cette grande séparation ne se faisoit pas au moment de l'émancipation; il s'en falloit beaucoup. Et tant qu'ils restoient dans le pays du père, ils dépendoient de son autorité souveraine, tout émancipés qu'ils étoient. *Enée* devint souverain quand il fut sur ses vaisseaux; mais il ne le fut pas tant qu'il resta avec *Priam. Jacob* devint souverain de sa famille quand il eut quitté *Laban ;* mais il ne le fut pas tant qu'il resta à son service, et il cessa de l'être quand il entra sous la domination de *Pharaon.* Cette observation est bien claire, mais elle est importante pour faire voir où commence la souveraineté. Elle date du moment *de l'indépendance ,* et non pas *de l'émancipation.*

V. Dire *qu'un père particulier* ne gouverne ses enfans que jusqu'à ce qu'ils soient émancipés, c'est donc changer totalement l'état de la question. Il n'est point question ici d'un père subalterne, mais *d'un père souverain*; et nous soutenons que l'émancipation qui affranchit de l'autorité domestique, n'affranchit pas pour cela de *l'autorité souveraine.* Fussé je prince et chef de tribu , émancipé depuis très-long-temps, tant que je reste avec mon père je suis sous sa domination , parce que mon autorité se trouve primée par la sienne. Nous soutenons que dès l'origine les chefs primitifs avoient sous eux beaucoup d'enfans émancipés ; qu'*Enos*, *Henoch* , avant le déluge, que *Noé*, avant la grande dispersion , avoient sous eux beaucoup d'enfans émancipés ; que *Cham* , lorsqu'il partit pour l'Afrique, que tous les chefs de colonies, et que tous les fondateurs des peuples, lorsqu'ils bâtissoient des cités, avoient sous eux une foule prodigieuse d'enfans émancipés.

VI. Dans l'impossibilité de nier l'évidence, faute de raisons, on se jette dans des abstractions. On convient que les chefs primitifs avoient bien *puissance économique* sur leurs enfans mariés, mais non pas puissance politique. *Potentiam œconomicam , non autem politicam.* (Suarez, *ibid.*)

Quand une cause est mauvaisĕ, des subtilités ne la changent pas ; et celles-ci sont loin d'améliorer la position des adversaires. Car si les chefs primitifs avoient puissance économique sur leurs enfans, même mariés, il est évident que leurs enfans ne les quit-toient pas étant petits, qu'ils ne les quittoient pas même étant grands : donc toutes les dispersions pri-mitives, et les assemblées populaires qui les ont sui-vies sont des contes. *Commentum philosophicum.*

Ils avoient puissance économique !... Mais n'étoit-ce donc rien que cette puissance ?.. Quoi, en vertu de cette puissance économique, tout marié que je suis, je reste au service de mon père, dépendant des ses or-dres, gardant ses bestiaux, lui rendant compte de tout, ne pouvant disposer de rien ; femmes, enfans, petits-enfans, serviteurs, tout étoit rigoureusement asservi *au père commun :* et ces chefs primitifs n'avoient point d'autorité s•r leurs enfans mariés !... Quels sont donc les souverains actuels qui en aient une pareille ?

VII. *Donc ils n'avoient pas puissance politique.* Très-mauvaise conséquence. C'est comme si je disois (qu'on me passe le parallèle) que je ne peux pas avoir de manteau, parce que j'ai un habit... On sait très-bien que tous les pères subalternes d'un royaume qui ont puissance économique dans leur maison, n'ont pas toujours *puissance politique.* Mais il n'en est pas ainsi des souverains, ils peuvent très-bien avoir l'un et l'autre. Et c'étoit là très-certainement le cas des chefs primitifs. Comme ils n'avoient encore autour d'eux que cinq ou six enfans mariés, et que ces en-fans, jusqu'à ce qu'on fût en état de les établir tota-lement, ne faisoient avec eux qu'une seule maison ; ils

avoient nécessairement, sur tous ces enfans, puissance
économique, et puissance politique tout ensemble. Certes *Abraham*, quand il se mettoit à la tête de sa maison
pour faire la guerre, avoit bien puissance politique :
Juda quand il condamnoit *Thamar* à la mort, avoit
bien puissance politique sur *Thamar*. Outre cette
puissance politique, de l'aveu des adversaires, ces
chefs primitifs avoient puissance économique sur leurs
enfans même mariés. Donc dans ces premiers temps,
l'autorité étoit dans toute sa force. En vertu de son
titre *d'auteur universel*, le fondateur de chaque peuple exerçoit sur ses descendans les plus grands pouvoirs, il avoit nécessairement *puissance politique
et puissance économique* tout ensemble.

VIII. Mais on ne voit pas, dit-on, qu'il soit de
droit naturel et indispensable que le chef universel
qui a produit des hommes, en soit aussi le roi. *Ex
vi solius naturæ, non est debitum progenitori ut
sit etiam rex suæ posteritatis.* (Suarez.)

Quelle équivoque!..... Eh qu'importe, dit *Grotius*,
la signification arbitraire d'un nom, pourvu que la
chose s'y trouve! Chez les Lacédémoniens, observe
ce savant auteur, après les éphores, les chefs du
peuple ne pouvoient plus rien, et on les appeloit des
rois. Chez les Romains, les empereurs pouvoient tout,
et ils ne prenoient point le titre de rois. Les chefs
des Normands ne portoient pas le titre de rois, en
étoient-ils moins souverains? Beaucoup de souverains soit en Allemagne, soit ailleurs, ne portent pas
encore le titre de rois, en sont-ils moins souverains ?
Tous les titres, toutes les dénominations, toutes les
décorations extérieures de la royauté ne sont pas es-

sentiellement attachées au titre *d'auteur universel;* mais *l'autorité universelle* y est-elle essentiellement attachée? En vertu de leur titre d'auteur universel, les chefs primitifs du genre humain avoient-ils le droit de gouverner souverainement leurs descendans, et les gouvernoient-ils en effet?.... Voilà ce qu'on ne sauroit nier sans contredire l'histoire, la raison et la nature toute entière.

IX. On ajoute que Dieu a dit : « Faisons l'homme « pour qu'il domine sur les poissons de la mer, les « oiseaux du ciel et les animaux qui sont sur la terre; qu'il n'a point dit : faisons l'homme pour qu'il domine sur les autres hommes : *faciamus hominem ut præsit piscibus maris, volatilibus cœli, et bestiis terræ; non dixisse Deum : ut præsit hominibus, significans hunc dominatum non esse naturalem homini.*

Quelle raison!.... Quoi, parce que Dieu a subordonné les espèces, il n'a pas subordonné les individus? Parce qu'il a subordonné la brute à l'homme, il n'a point subordonné les enfans à leur père, et les pères subalternes *au chef universel!*..... En vérité, il faut être bien dénué de moyens pour en employer d'aussi peu concluans.... Dans l'écriture il y a bien des textes : dans celui que l'on cite, Dieu constitua l'homme sur toutes les espèces d'animaux; dans celui où il dit au premier homme, *crescite et multiplicamini,* il le constitua *l'auteur* de ses descendans. Par le premier, l'homme n'a que domaine sur les animaux : par le second il a *autorité* sur les autres hommes, droit qui est infiniment au-dessus de celui de domaine.

X. *Dira-t-on qu'un père n'a pas autorité sur des*

étrangers? C'est sortir de la question. Dans le monde entier, personne n'étoit étranger pour celui qui peupla le monde : dans un pays, personne ne fut étranger pour celui qui peupla le pays. Tant que l'autorité est dans sa source, il n'y a pas la plus petite difficulté, et nous en sommes ici à la source des autorités, *à l'auteur universel* de chaque peuple.

Objectera-t-on qu'il y avoit des étrangers sous Romulus, qu'il y en a sous les souverains actuels?

Rép. Qu'on attende donc que nous en soyons aux souverains actuels : chaque question viendra dans son temps.

XI. Opposera-t-on que *dans l'origine, les peuples ne connoissoient pas leur auteur universel?*

Cette assertion est évidemment fausse. Certes, *les Juifs, les Ismaélites, les Assyriens, les Iduméens, les Sydoniens,* et tous les peuples primitifs en général connoissoient à merveille celui dont ils étoient descendus, puisqu'ils en portoient le nom. Mais, quand, par impossible, ils ne l'eussent pas connu, qu'en résulteroit-il? Quand on ne connoît pas des droits, on les cherche : et quand il est question de gouverner, on ne les cherche pas long-temps. Ceux qui ont des prétentions au gouvernement ont bien soin de se présenter eux-mêmes, et de revendiquer leurs droits.

XII. *Enfin il en est qui vous disent que, d'après cet exposé, il n'y eût jamais eu qu'un seul souverain dans le monde; ce fut le chef de tous les hommes !.......*

Quand cela seroit vrai, *l'autorité* ne viendroit pas du peuple, mais du chef des humains. Mais c'est une illusion pitoyable. *Palmire* peuple tout un pays

par ses descendans : en qualité d'*auteur universel*,
il est évident qu'il a le droit de les gouverner et qu'il
est la source universelle de toutes les autorités : *Burrhus*, l'un de ses enfans, surchargeant le premier local,
reçoit ordre de son père de se retirer dans un autre,
et il part avec ses descendans. *Burrhus*, quoiqu'infé-
rieur à *Palmire*, n'en est pas moins le souverain naturel du nouveau pays, et il peut à son tour envoyer
des colonies dans un autre. En général chaque branche du genre humain a essentiellement *son auteur
universel*, et cet auteur universel, quoiqu'il soit subalterne, tant qu'il reste avec son père, devient *souverain*, du moment qu'il en est totalement séparé.
Qu'on juge d'après cela combien, dès l'origine, il
put y avoit de souverains, de fondateurs, et de chefs
universels, qui avoient le droit de gouverner en vertu
de leur titre d'*auteur*, puisque, dans l'origine, chaque tribu avoit le sien.

XIII. A quoi donc se réduisent toutes les objections des adversaires?... A des assertions vagues, des
équivoques et des illusions. Parce qu'un père subalterne n'a pas l'autorité souveraine, on vous dit qu'un
père souverain ne l'a pas ; parce qu'un père particulier
ne gouverne ses enfans que jusqu'à l'émancipation, on
vous affirme qu'après l'émancipation les fondateurs des
peuples ne gouvernoient pas. Rien de plus aisé que
de faire des assertions ; mais où est la preuve? Il faudra donc éteindre la raison, brûler toutes les histoires
et tous les monumens de l'univers !... Cependant qu'on
lise les ouvrages modernes des partisans de la souveraineté du peuple on n'y trouvera pas autre chose. Nous
en avons même extrait ce qui nous a paru le plus fort.

Partout on y conclut du particulier au général, d'un père subalterne au père universel, conséquemment d'une autorité subordonnée à *l'autorité souveraine*.

XIV. Pour nous, aux assertions vagues des auteurs estimables qui ont embrassé cette opinion, nous opposons la voix invincible de la nature, le cri de tout l'univers, le témoignage imposant de cette foule d'écrivains qui, placés à l'origine des temps, développoient la naissance des peuples et les pouvoirs de leurs chefs, sous la dictée de leurs ancêtres, témoins oculaires des faits ; et d'après cette masse imposante de preuves, de faits, et d'autorités, malgré l'aveuglement presqu'universel des peuples, malgré le naufrage presque général des écrivains, malgré l'étendue vraiment effrayante des préjugés, malgré tout ce qu'on pourroit penser et dire de contraire, nous soutenons qu'on se trompe *sur la source de l'autorité souveraine :* qu'elle n'est jamais venue et qu'elle ne viendra jamais *de l'universalité* des sujets, mais *de l'auteur universel lui seul* : que tous ceux qui gouvernent, même dans les républiques, ne pourront jamais la tirer que de là ; qu'il est impossible de citer un seul trait d'histoire, ni une seule objection qui puisse ébranler la vérité que nous rétablissons. D'après cela terminons de nouveau cette grande question par le fait décisif qui les terminera toutes.

XV. *Fait décisif.*

Si c'est Dieu lui-même qui a placé la source de *l'autorité universelle* dans *l'auteur universel* de chaque peuple, quelle abomination de notre part, de vouloir égorger, massacrer et assassiner jusqu'à ce qu'on la fasse venir de l'universalité des sujets !.... Il faudra donc également égorger et massacrer jusqu'à ce que celle de Dieu vienne de l'universalité de ses créatures ; celle d'un père de l'universalité de ses enfans, d'un maître de l'universalité de ses élèves, d'un général, de l'universalité de son armée ?... Que devoit-il résulter de ces doctrines meurtrières ? Des crimes, et encore des crimes. Des attentats et des assassinats.

Mais nous le répéterons partout : assassiner, est-ce répondre ? Est-ce exécuter le grand-œuvre ?.... Ici comme ailleurs, la grande difficulté n'est pas d'assassiner des princes, ni d'égorger des souverains, sur des échafauds ; mais de tuer leurs droits et de les dépouiller *de l'autorité universelle* que Dieu leur a donnée, pour la transporter dans les mains du peuple, afin qu'il puisse ensuite la donner à ses représentans. Pour cette dernière opération seule, que faudroit-il ?.. Il faudroit : 1° rassembler *l'universalité* des individus : 2° réunir *l'universalité* des volontés : 3° séparer les âmes en deux, pour en mettre une moitié d'un côté, et l'autre de l'autre etc. etc. etc. Cela se peut-il ?... L'impossibilité en a été victorieusement démontrée dans le Contrat Social. Donc il est impossible ni de donner *la souveraineté* au peuple, ni que le peuple la donne à ses députés. Donc le grand-œuvre ne s'effectuera jamais.

Mais d'après cela, nous le demandons à ceux qui sont dans l'erreur, et nous le leur demandons sans humeur, sans invectives, ni personnalités. A quoi bon tant de massacres, tant de régicides et tant d'at-

tentats, tant d'armées sacrifiées, tant de peuples massacrés, tant de sang répandu *pour un mensonge*, pour
un projet impossible qui ne s'exécutera jamais? Quand
on égorgeroit jusqu'à la fin du monde, tous ces crimes
et tous ces forfaits empêcheroient-ils que, dès l'origine, Dieu n'ait placé *l'autorité universelle et souveraine* dans *l'auteur universel* de chaque peuple?
empêcheroient-ils qu'il ne l'en ait constitué le premier propriétaire; qu'il ne soit le seul qui ait pu
la transmettre à d'autres; le seul d'où elle ait pu
descendre sur la tête de tous ceux qui gouverneront jusqu'à la consommation des siècles? Empê-
cheront-ils que *la souveraineté* n'ait été, dès l'origine, le bien des souverains, et qu'elle ne pourra
jamais être celui des peuples; que qui que ce soit au
monde ne pourra jamais ni la donner à ces derniers, ni la recevoir d'eux? qu'ainsi toutes nos révolutions, tous nos sermens et tous nos attentats n'a-
vanceront en rien *le grand-œuvre*.

Mais *cette autorité universelle* que Dieu plaça dans
un seul individu, comment s'étendit-elle ensuite sur
tous les individus, sur tous leurs descendans, sur
toutes les familles et sur toutes les cités? Si l'autorité
naturelle est venue des pères, *l'autorité civile* n'est-
elle point venue des peuples? C'est ce que nous examinerons dans la question suivante, où nous donnerons l'histoire très-naturelle de l'origine des cités.

QUATRIÈME QUESTION.

DES CITÉS.

Que la cité prit également sa source dans l'auteur universel.

§ I, *Origine des Cités;* § II, *celle des lois civiles;* § III, *celle des constitutions;* § IV, *qu'est-ce qu'une constitution?* § V, *de l'autorité naturelle et de l'autorité civile;* § VI, *objections; fait décisif, etc. etc.*

ÉTAT DE LA QUESTION.

I. *Quelle fut l'origine des cités?* Voilà la question qui se présente naturellement après celle de la source des autorités, et qui va faire le sujet de cette importante discussion.

Où naquirent les cités ?... Elles naquirent à l'endroit où se firent les premiers partages. Ce mot *civil* vient de *cité*, aussi évidemment que le mot *autorité* vient *d'autor*. Aussitôt que le premier père du genre humain eut quelques enfans mariés, qui formèrent autour de lui *une petite cité*, on vit paroître dans le monde, un gouvernement civil, qui devint plus grand à mesure que les familles se multiplièrent; et l'autorité du premier chef, qui n'avoit été que *natu-*

relle, tant qu'il avoit été le seul père, devint *civile*, quand il y en eut plusieurs.

II. *L'autorité civile* est cette autorité universelle qui s'étend sur tous les pères, sur toutes les maisons, et sur toutes les autorités subalternes d'une société quelconque. L'autorité de chaque père subalterne, d'où descend immédiatement chaque génération, retient le nom *d'autorité naturelle*. L'autorité du chef universel, d'où descendent originairement toutes les générations de la cité, prend le nom *d'autorité civile*. Chaque père subalterne, tant qu'il fait partie de la cité, n'a qu'une autorité domestique, dont l'usage cesse à l'émancipation de ses enfans. *Le chef universel* a une autorité générale, dont l'exercice ne put jamais cesser, et ne cessera jamais, parce qu'il sera toujours nécessaire.

III. C'est ainsi, dit *Aristote*, qu'on voit les bourgades et les cités se former dans l'histoire; et c'est pour cela que, dès l'origine, elles furent gouvernées par des rois. *Ex naturâ videtur pagus colonia domûs esse, quos vocant nonnulli natosque ac natorum natos. Quapropter et initio à regibus gubernabantur civitates.* (Arist. Polit. cap. I.) C'est ainsi que se sont formées toutes les cités, selon le témoignage unanime des bons auteurs. Il est évident que, dans chaque pays, ce fut le premier père qui établit d'abord ses enfans; et c'est ainsi, comme le dit *Platon*, que les grands chefs de famille devinrent insensiblement des rois, *ex patribus-familias paulatim factos reges*; que, comme le dit *M. Rollin*, le père universel devint *le législateur-né* de toutes les familles; que, selon *l'illustre Bossuet*, le premier de tous les empires fut *l'empire paternel* ; et, selon *M. de Fénélon*, qu'un grand nombre de familles vivoient sous l'autorité d'un seul grand-père. *M. de Buffon*, et les auteurs que nous avons déjà cités, s'expriment de la même manière, sur la formation des premières cités et conséquemment sur l'origine des corps civils.

IV. *L'autorité universelle* réside-t-elle dans *l'auteur universel*, ou vient-elle *de l'universalité des sujets*? Voilà de nouveau à quoi se réduit la question importante que nous examinons. Si elle vient *de l'universalité des sujets*, il fallut attendre que les sujets fussent nés avant d'avoir des gouvernemens ; on ne conçoit plus l'ouvrage du créateur. Si au contraire *l'autorité universelle* réside *dans l'auteur universel*, tout est beau, tout est magnifique, tout est lié dans la formation des gouvernemens ; tout y est digne du grand ouvrier qui préside à l'organisation de ce vaste univers. Dès que *l'auteur universel* paroît, *l'autorité universelle* existe, le gouvernement civil est fondé pour jamais. Il faut qu'il sorte immédiatement du gouvernement paternel, ou plutôt il faut de toute nécessité qu'il existe avec lui. Dès que ma famille immédiate est émanée de moi, il est évident que toute ma postérité en est physiquement émanée. Quand il en sortiroit par la suite des milliers de nations, je n'ai pas besoin d'attendre leur existence ; dès mon vivant j'en suis déjà physiquement et substantiellement *l'auteur universel*.

Pour créer *des autorités civiles*, il n'est donc pas nécessaire d'attendre l'existence des peuples, puisqu'antérieurement à leur multiplication, il existe essentiellement une autorité universelle dans le chef du genre humain, relativement à tous les hommes, et une dans le premier propagateur de chaque pays, relativement aux habitans de chaque pays. Chacun de ces premiers chefs civils étant maître de transmettre à d'autres ses droits souverains, nous avons de quoi couvrir l'univers *d'autorités civiles*, sans avoir besoin d'assemblées.

V. Il n'en est pas du maître de la nature comme de ces artistes impuissans qui sont obligés de revenir perpétuellement à leurs productions, sans pouvoir jamais les porter à la perfection. Les ouvrages du créateur, en sortant de ses mains, sont aussi parfaits qu'ils peuvent l'être. Et si, pour le paroître, ils ont besoin de se développer, ils portent en eux-mêmes tous les principes de leurs développemens. *Date magnificentiam Deo nostro, Dei perfecta sunt opera.* Aussitôt que la première famille d'une nation est formée, il faut absolument qu'elle se sépare bientôt par familles, qui, comme le dit *M. Bossuet* dans sa Politique sacrée (*Liv.* 2, *propos. 3*), *produisent insensiblement des villes ; et des villes naissent les royaumes.* De manière que, selon la pensée de cet auteur répétée dans mille endroits, *la famille* fut le principe d'où naquirent immédiatement tous les gouvernemens.

VI. Avant la création des cités, les partisans de la souveraineté des peuples supposent des siècles de dispersions, de barbarie, de dissensions, et d'indépendance. *Aristote, Platon, Bossuet, Fénélon,* et tous les bons auteurs au contraire, prétendent que la cité naquit immédiatement de la famille primitive de chaque pays, sans dispersions et sans divisions :

c'est ce sentiment que nous soutenons comme le seul qui puisse s'arranger avec la marche de la nature.

VII. Après avoir contemplé, avec tous ces auteurs, la famille élémentaire de chaque pays dans son état de simple famille, nous prouverons, par la raison, par l'histoire, et par tous les monumens de l'univers, non seulement que cette famille ne se dispersa pas, mais qu'il lui fut impossible de se disperser; que les enfans furent forcés de rester avec le père étant petits, de s'établir autour de lui étant grands, et de recevoir de lui les partages : de là, *les lois, les constitutions, les contrats,* et tous les règlemens civils qui furent nécessairement l'ouvrage du père primitif long-temps avant qu'il y eût des peuples. Voyons d'abord comment la cité naquit immédiatement de la famille primitive.

<h2 style="text-align:center">§. I.</h2>

<h3 style="text-align:center">*Origine des Cités.*</h3>

I. Pour peu qu'on veuille consulter la simple raison, si jamais quelqu'un fût maître, ce fut le premier père. Jamais on ne vit *d'autorité humaine* pareille à la sienne. Maître de ses enfans, parce qu'il leur avoit donné le jour; de ses bestiaux, parce qu'il les avoit élevés; de ses blés, parce qu'il les avoit récoltés; de son champ, parce qu'il l'avoit cultivé de ses propres mains; de ses meubles, parce qu'il les avoit fabriqués; maître de l'univers, parce qu'il en étoit le premier possesseur : tout étoit à lui. Avant même d'avoir des enfans, non seulement il avoit des propriétés, mais il en étoit le maître absolu, parce que comme,

J.-J. Rousseau a été forcé d'en convenir, il étoit sans concurrens, que qui que ce soit ne pouvoit lui disputer son empire. Et ce que nous disons du premier chef du genre humain, nous le disons du premier fondateur de chaque cité, du premier propagateur de chaque pays. Puisqu'on le suppose le premier, jamais il n'y eut dans ce pays d'autorité plus étendue.

II. A cette domination absolue du père, qu'on oppose l'état de l'enfant naissant. Pauvre, foible et nu, si, comme le dit fort bien *Sénèque*, il étoit abandonné à lui-même, il deviendroit la proie des animaux, *præda animalium et victimæ*. Aussitôt qu'il ouvre les yeux, il voit dans les mains de son père tout ce qui lui est absolument nécessaire pour sa subsistance. S'il veut manger et se mouvoir, il faut qu'il le demande avec larmes. Il est bien plus dépendant que la brute... A l'âge de quinze ans, il doit à son père quinze années d'avances, de fatigues et de travaux.... Pense-t-il à se marier ? l'objet qu'il désire est à la disposition de son père.... Est-il marié, ses besoins se multiplient; il faut qu'il nourrisse sa femme, qu'il élève ses enfans, et il n'a rien : tout est à son père... Il faut être dépourvu de sens pour croire qu'un homme, avec des besoins si vastes, et si peu de moyens, quittera, pour aller périr de faim dans les bois, un père qui lui est si nécessaire pour sa subsistance.

III. Qu'on ajoute à ces considérations l'état de la terre qui n'étoit qu'un vaste désert dans ces premiers temps. Aujourd'hui qu'elle est défrichée, que les arts sont inventés, que le commerce est en vigueur, que les enfans des pauvres peuvent gagner en neuf ou dix ans de quoi s'établir; que les riches ont reçu de leurs ancêtres vingt fois plus de biens qu'il n'en faut pour faire élever leurs enfans, la loi peut, sans inconvénient, fixer l'émancipation à l'époque ordinaire de l'âge viril. Mais ce qui se peut de nos jours ne fut pas possible dans les premiers temps.

IV. Quand une fois l'univers est peuplé, que la terre entière est cultivée, on crée avec la plume des états primitifs selon son imagination : malheureusement on ne copie pas d'après l'original. Tous les publicistes, moralistes et théologiens, enfin tous les auteurs quels qu'ils soient, qui ont embrassé le parti des pactes sociaux, allèguent assurément de bonnes raisons pour prouver que les premiers hommes ne purent pas rester dispersés. Mais de toutes ces raisons il n'en est pas une seule qui ne prouve invinciblement qu'il leur fut impossible de se disperser d'abord. La crainte, le besoin, la fureur des passions, la malice des hommes, pires que les bêtes féroces, qui les forcèrent, dit-on, de se réunir, les obligèrent avant tout de se tenir réunis. Tout ce qui dut, selon eux, faire cesser la dispersion, dut auparavant l'empêcher de se faire, et démontre victorieusement qu'elle ne se fit jamais.

V. Aussi qu'on cherche dans l'antiquité toute entière des traces de cette absurde dispersion, on n'y en trouvera aucune. Tous les auteurs anciens, tels qu'*Homère*, *Socrate*, *Aristote*, *Platon*, ne nous disent point que l'ordre civil vint après les dispersions, mais immédiatement après la famille : *Ex naturâ videtur pagus colonia domûs esse*. Ils ne prétendent point que la cité fut l'ouvrage des peuples, mais celui de la nature : *Naturâ civitatem esse*. Ils ne nous disent point, selon le langage pitoyable de nos jours, que l'homme est naturellement *sociable*, sociabilis. Ils soutiennent formellement qu'il est, par nature, un animal civil et associé : *Hominem naturâ animal civile esse.* Et si ces grands philosophes eussent prévu qu'il viendroit un temps où le terme *societas*, dont ils se servent partout, seroit traduit par celui de *sociabilité*, ils n'eussent pas eu de nos derniers siècles l'idée brillante que nous nous en sommes formée. *Fac nos singulos, quid sumus?* dit Sénèque, *præda animalium et victimæ... hominem imbecillitas cingit. Non unguium vis, non dentium cæteris terribilem facit... Nudum et infirmum societas munit... Societatem tolle et unitatem generis humani undè vita sustinetur scindes.* Assurément tous ces textes annoncent une société toute faite, et non pas une association future qui ne doit se faire que cinq ou six cents ans après la première occupation de chaque pays.

VI. Parce qu'on ne vivoit alors que des produits de l'agriculture et du bétail, *Puffendorf* prétend que, dans ces temps primitifs, le père n'avoit pas de raisons pour retenir ses enfans une fois mariés : *Cùm priscis illis sæculis solâ agriculturâ et pecuariâ ferè viveretur, nulla erat ratio, quare pater filios uxoratos diutiùs penès se vellet retinere.* Il en avoit alors une bien forte, c'étoit l'impossibilité de les établir; et les enfans en avoient une bien forte pour rester avec leur père, c'étoit l'impossibilité de vivre ailleurs. Aujourd'hui, si l'on ne trouve pas de pain chez son père, on peut en aller chercher ailleurs. Mais alors on ne pouvoit pas choisir : il n'y avoit encore qu'un seul maître. Hors le champ du premier père, l'univers étoit un vaste désert. Blés, laitage, bestiaux, meubles, provisions, tout étoit dans la main d'un seul. Du pain ou du gland, une habitation bien fournie, ou de stériles forêts... d'un côté un père qui offre tout à son fils, de l'autre des bêtes féroces qui menacent de le dévorer!... Philosophe stupide, où iras-tu? Et, si tu pars, quel est l'enfant imbécille qui voudra te suivre?... Quoi! dans le monde, ou dans tout un vaste pays, il n'y a qu'un seul endroit où se trouve rassemblé tout ce qui peut satisfaire mes désirs et fournir à mes besoins, partout ailleurs c'est la stérilité, la misère et la mort, et je vais m'arracher des bras de la vie pour courir avec toi dans ceux de la mort!....... Ah! quand cette absurde dispersion ne seroit pas démentie par l'histoire, elle seroit réprouvée par le simple bon sens. S'il fut jamais impossible aux enfans de quitter leur père, ce fut surtout dans l'état primitif : tout les attiroit et les retenoit dans ses bras.

VII. Je dirai plus. Quand les enfans eussent pu partir, le père ne l'auroit pas voulu, et il ne pouvoit pas le vouloir. Si, jusqu'à ce qu'on fût en état de les établir, les enfans avoient un besoin indispensable du père ; jusqu'à ce qu'il eût amassé de quoi les établir ailleurs, le père avoit un besoin indispensable de ses enfans. A mesure que la famille croissoit, les besoins augmentoient, les bestiaux se multiplioient, il falloit étendre les défrichemens. Dès que *Caïn* fut en état de labourer, *Adam* l'envoya à la charrue; dès qu'*Abel* fut en état de courir, on lui confia le soin des troupeaux. L'accroissement de la consommation exigeoit un accroissement de travail. Chaque enfant, lors de son mariage, devoit à la communauté les frais de son enfance : on avoit sur lui le droit de contrainte.

VIII. Il fallut donc rester auprès du père, non seulement par besoin, mais par devoir; non-seulement par intérêt, mais par nécessité. Et quand, par impossible, les enfans auroient eu le désir de quitter la communauté, le père les eût retenus par la force. « Quoi! eût-il dit à celui qu'on suppose assez extra-« vagant pour y penser, votre enfance m'a coûté des « soins infinis!... Depuis quinze ans vous ne subsistez « que du produit de mes peines et du fruit de mes « sueurs; et actuellement que vous êtes en état de « travailler, vous allez, dites-vous, courir dans les « bois!... Commencez par payer vos dettes. » Ses frères indignés, après avoir également aidé à le faire vivre de leurs travaux communs, lui auroient tenu le même langage.

IX. Chez les sauvages, le chef de la cité, plus laconique dans ses expressions, lui auroit donné vingt coups de nerf de bœuf en le renvoyant à l'ouvrage. Il en eût fait appliquer autant à tous les sophistes qui enseignent que les enfans ne doivent plus rien à leur père quand ils sont en état de marcher tout seuls, et il eût empêché le bouleversement du monde. Malheureusement, de nos jours, j'ignore qui fera appliquer la correction, puisque tous, jusqu'aux souverains, croient à ces dispersions primitives.

X. *L'indissolubilité de la famille primitive* est donc complétement prouvée par la raison; mais comme nous sommes accoutumés à soutenir nos preuves de raison par l'argument décisif de l'expérience, nous défions les partisans des dispersions de citer un seul trait d'histoire en leur faveur... En effet, que citeront-ils ? D'anciens auteurs qui ont dit *que leurs pères furent autrefois indépendans, et qu'ils vécurent au milieu des bois...* C'est précisément la confirmation de ce que nous disons. Certes, un premier habitant qui arrive dans un pays couvert de bois est bien obligé de s'établir au milieu des bois. Telle fut l'origine des Grecs et des peuples germains, comme on le verra dans la question suivante... Ce premier père est encore *sans lois*, puisqu'il est sans maître, *indépendant*, puisqu'il est sans supérieurs. Tous les chefs de cités voisines sont de même. N'est-ce pas là ce que nous avons dit de ces premiers pères ?... Mais parce que ces familles naissantes sont *au milieu des bois*, s'ensuit-il que les individus dont elles se composent y vivent dispersés ? Pas plus que les habitans de *Paris* ne vivent dispersés dans le bois de Boulogne, et que les cités voisines de la forêt Noire ne vivent dispersées dans cette forêt. Parce que ces cités primitives étoient séparées par des bois, s'ensuit-il que les habitans étoient séparés ; et parce qu'elles étoient indépendantes les unes des autres, s'ensuit-il que les enfans étoient indépendans de leur père ?... Qu'on lise attentivement ces auteurs. Tout jusqu'aux *Cyclopes* vit en famille au milieu des bois. Donc tous ces auteurs sont pour nous.

XI. Que citeront donc les adversaires ?... *L'exil de Caïn, la célèbre dispersion de Babylone !...* Ces deux traits prouvent encore plus manifestement que tous les autres, l'impossibilité des dispersions des enfans. Car ils prouvent, 1°. que, jusque-là, les enfans n'avoient pas quitté leur père universel. 2°. que, loin de vouloir le quitter étant petits, ils ne vouloient pas même le quitter étant grands.

Quand Dieu exila *Caïn* de la cité paternelle, ce fut pour lui un coup de foudre. Quand *Noé* eut ordre d'annoncer à ses descendans qu'il falloit se séparer, la consternation fut générale : ce fut pour eux le déchirement le plus cruel. En vain le chef avoit-il signifié de partir, on ne partoit pas. Quand on fut séparé du chef, ce fut une nouvelle difficulté, lorsqu'il fallut se diviser par de grandes familles. Au lieu d'obéir, on se mit à bâtir cette tour superbe, qui devoit servir de signal pour se tenir réunis. Les liens naturels qui unissent les hommes entre eux sont si forts, que pour séparer cette grande société, je ne dis pas par individus, mais seulement par peuplades, il fallut une puissance infiniment supérieure à celle du père. Si Dieu n'eût pas confondu les langues, jamais ces chefs ne se fussent quittés qu'après avoir versé des flots de sang, parce qu'ils eussent tous voulu rester près de leurs habitations primitives. Il y a plus, c'est que, malgré ces grands coups d'autorité, ils ne partirent pas tous. On eut beau faire, *Nemrod* resta avec sa famille dans Babylone, comme principal instigateur de cette entreprise. Qu'on lise sur cette fameuse division *Epiphane, Josephe, Bochart,* tous les historiens et commentateurs, tous sont d'accord sur la difficulté d'effectuer cette séparation, et la voix de la nature est parfaitement d'accord avec ces auteurs. Quand il est question de quitter son père, son champ, sa patrie, une habitation déjà riche et bien fournie, pour aller défricher des bois et de vastes déserts, que n'en coûte-t-il pas ?... Mais ce qu'il en coûte pour ces séparations forcées, confirme l'impossibilité des séparations libres, et la difficulté de se diviser par peuplades démontre qu'on ne s'étoit pas dispersé par individus.

XII. D'après cela, on ne sera plus surpris de voir *M. de Buffon* et tous les bons observateurs de la nature traiter cet état de dispersion *d'état idéal*; d'entendre les *Titius*, *les Hornius* et autres, le rejeter comme un conte absurde, *velut commentum explodendum*. On ne sera plus surpris si *les Bossuet, les Fénélon, les Rollin*, et tous ceux que nous avons cités, nous montrent toutes les sociétés naissantes vivant ensemble *sous l'autorité d'un seul grand-père;* si l'auteur de la science de la législation traite de sophistes misantropes ceux qui supposent, avant l'état civil, *un état de nature semblable à celui des sauvages*. On ne sera plus surpris d'entendre *M. de Voltaire* assurer que jamais on n'a trouvé *d'hommes errant à l'aventure, à la manière des animaux*, et *l'auteur du Catéchisme Philosophique* soutenir que jamais les premiers hommes n'eurent besoin de se réunir, par la raison bien simple qu'ils ne furent jamais dispersés, et qu'ils vivoient tous ensemble, *comme une grande famille sous les yeux du premier père*.

XIII. La séparation domiciliaire des enfans n'entraîna donc pas la dissolution de la société civile : au contraire, ce fut elle qui y donna naissance. A mesure que les premiers enfans se marièrent, on leur dressa une tente à part, on se sépara d'habitation. Mais cette nouvelle habitation tenoit à la première par tous les liens possibles de la nécessité, du besoin, de la justice et de l'intérêt. Jamais, dans quelque pays que ce soit, les enfans du premier propagateur ne purent parvenir à l'état d'indépendance. Dans l'enfance, il leur fut impossible de vivre sans secours. Quand ils furent élevés, outre leurs dettes réciproques, ils devoient à leur père quinze années de travaux. Quand il leur prit envie de se marier, ils n'avoient pas de quoi s'établir : le père n'avoit pas de quoi les établir lui-même. Une tente, de la paille, quelques meubles grossiers, voilà le premier partage. La promesse de les nourrir eux et leurs enfans pendant un temps convenu pour leur travail, après quoi quelques bestiaux pour salaire, voilà les premières conditions. Il y avoit loin de là à tout l'attirail indispensable pour monter une ferme ou une métairie. Père, mère, femme et enfans, il fallut de toute nécessité servir très-long-temps. Et sous quel maître?... Il n'y avoit point à choisir, puisqu'il n'y en avoit encore qu'un seul dans l'univers, et ensuite qu'un seul dans chaque pays.

XIV. Il est vrai qu'à mesure qu'il avoit des fonds, le père émancipoit ses premiers enfans. Pour pouvoir défricher à leur tour, il leur fournissoit des hommes, des bestiaux, des instrumens, leur assignoit de vastes terreins ; mais jusqu'à ce que le pays fût cultivé, c'étoit toujours à titre de redevance, sous la condition formelle que la nouvelle habitation fourniroit aux frais communs, et il le falloit bien, puisqu'il falloit maintenir les partages. Le nouveau terrein une fois en valeur, les liens civils n'en devinrent que plus forts. On ne s'avisa pas de quitter une terre fertile pour aller dans les bois. Sous la tente comme dans la métairie, c'étoit le père universel qui restoit le maître. C'étoit lui qui faisoit les parts, qui dictoit les conditions; et ces conditions étoient des lois. De là l'origine des lois civiles bien antérieures à la formation des peuples.

§ II.

Origine des Lois Civiles.

I. Le droit de propriété a tant de force, disent sans exception tous les publicistes, qu'il peut être transféré dans les mains d'un autre par la volonté seule du maître. *Ea vis est dominii ut voluntate domini in alium transferri possit*; tant de force que pour effectuer cette translation, il n'est pas nécessaire que cette volonté soit formelle, il suffit qu'elle soit interprétative. *Si quis voluntatis suœ nullam edidit testationem, ejus esse bona intelligentur, cujus ea esse voluisse defunctum, maximè est probabile;* tant de force que, dès qu'on a deviné la volonté du maître, on sait à qui appartient le droit. *Defunctorum voluntatem intellexisse pro jure est;* tant de force que la mort ne le détruit pas, et qu'en vertu de la volonté formelle ou probable du maître, si le bien subsiste dix mille ans après lui, il est de droit certain et incontestable que l'héritier ne sera censé faire qu'une seule et même personne avec le défunt : *hœredis personam quoad dominii tam publici quam privati conttnuationem pro eâdem censeri personâ, certi est juris.* (Grot. *de Jure Naturœ.*)

II. Tant de force, que lorsque quelqu'un a acquis

des droits *de propriété* sur un objet, jamais qui que ce soit au monde ne pourra l'en dépouiller sans son aveu. On peut lui enlever la chose; mais *le droit*, on ne le lui ravira jamais, parce que, comme nous l'avons déjà dit, *le droit* est *un pouvoir moral* acquis par le bon usage de nos facultés, sur lequel le glaive matériel n'aura jamais aucune prise. *Id quod nostrum est sine facto nostro ad alium transferri non potest.*

III. *La propriété* n'est donc pas, comme on a eu l'immoralité de la définir : *le droit d'user et d'abuser.* Dieu qui est la source primitive de tous nos biens n'a pu nous en donner que pour en faire un bon usage, et par nos abus nous ne pourrons jamais mériter que des châtimens. Le caractère distinctif *de la propriété* est le pouvoir d'en disposer en maître, et son privilége, de ne pouvoir être transmis à d'autres malgré nous, de sorte que, dans sa vraie définition, c'est un droit tellement propre au propriétaire qu'il ne sauroit marcher qu'à ses volontés.

IV. Dès qu'*Ismaël* eut cultivé un champ dans les déserts, il en fut *le maître de droit naturel*, et dès qu'il eut établi ses douze enfans dans diverses portions de ces déserts, ils devinrent également comme lui, par leur travail, les maîtres absolus chacun de la portion qu'ils cultivèrent. Et ce que nous disons d'*Ismaël*, s'entend des chefs *des Cananéens*, de ceux des *Francs*, et de tous ceux qui s'établirent autour d'*Adam* ou autour *de Caïn* dès le commencement du monde, ainsi que de tous les premiers Ducs *de Bretagne, de Bourgogne, de Normandie*, et de tous les pays en général. Dans les commencemens où la terre étoit encore en friche, chacun de ces petits souverains fut le maître absolu de partager ses domaines, comme il le jugea à propos : et tel fut, dans chaque pays, le pouvoir suprême *du premier propriétaire.*

V. Sous l'empire de Dieu seul, sans lois, sans bornes, et sans concurrens, personne ne put lui disputer ses pouvoirs ; maître absolu, et maître universel, tout dépendoit absolument de ses volontés. Cette tente, ces blés, ces bestiaux, ce terrein, cette fille que vous désirez pour épouse, tout est à moi. Pour avoir tout cela, il faut que je vous le donne : et quand vous l'aurez obtenu, vous le tiendrez *de mes volontés.* Ce sera là le titre unique *de vos propriétés civiles.* En établissant ses enfans dans ses domaines, *le fondateur* dit à chacun d'eux, par le fait même : Si quelqu'un vous demande pourquoi vous occupez ce terrein, vous lui répondrez que c'est *parce que je l'ai voulu* : et si quelqu'un vous attaque dans vos possessions, je lui déclare la guerre dans l'instant même, et le condamne à mort s'il persiste. De là *le droit de guerre et de paix, celui de vie et de mort,* que posséda *l'auteur universel* pour la défense de la société à laquelle il avoit donné la vie.

VI. Et voilà, dans le fait, ce que c'est que *le pouvoir législatif* avec ses attributs. Il est impossible qu'il vienne des sujets puisqu'il existoit avant eux ; impossible qu'il en dépende, puisqu'il est fait pour les contraindre. Il prit nécessairement sa source dans le fondateur. A mesure qu'il fit des parts, il défendit par cela même au reste de ses sujets d'y toucher. Que dis-je, il le défendit à ses successeurs. Que dis-je, il le défendit à tous les peuples et à tous les souverains de l'univers ; il prononça peine de mort contre tou-

ceux qui auroient la témérité de le faire. Et voilà dans
le fait ce que c'est que *les lois fondamentales* d'un
état. Ce ne sont point comme on l'a encore prétendu
de nos jours, *les arrêtés généraux d'une nation*. En
vérité cette subversion générale des notions fait frémir. Ce furent tout simplement *les volontés primitives de chaque fondateur*, qui disposa de son bien
comme il le jugea à propos.

VII. De là la variété des lois, des coutumes, et des
usages de chaque pays. Cette variété infinie ne vient
point du tout, comme on l'a encore déliré de nos jours,
de la volonté des différens peuples; mais tout simplement *de celle des fondateurs*. Dans la distribution libre
de son bien, ce ne fut ni le mérite, ni les talens, ni une
égalité chimérique de droits, qui déterminèrent la volonté de chacun d'eux; mais, comme dit *M. Rollin*, le
rang, la naissance, l'estime, la pitié, la commisération,
la joie, et mille autres motifs. « L'un, dit cet auteur
judicieux, dans son Histoire Ancienne, sensible à la
« naissance d'un fils, qui, le premier l'avoit rendu
« père, songea à le distinguer parmi ses frères, par une
« portion plus considérable de ses biens... Un autre,
« plus attentif aux intérêts d'une épouse qu'il ché-
« rissoit, ou d'une fille tendrement aimée, qu'il vou-
« loit établir, se crut obligé d'assurer leurs droits, et
« d'augmenter leurs avantages. »

VIII. Les uns, pour conserver leur patrimoine,
donnèrent leur manoir à l'aîné, d'autres lui léguèrent
la moitié de leur succession; d'autres les deux tiers;
ceux-ci pour maintenir les enfans dans un plus grand
respect, laissèrent au père la liberté de choisir leur
principal héritier; ceux-là admettoient les filles à

partage ; d'autres ne les y admettoient pas. De ces différentes vues, et d'autres pareilles, ajoute *M. Rollin*, sont nés les différens usages, et les droits des nations qui varient à l'infini. » Si l'on ajoute à cette liberté des fondateurs, la différence du sol, du climat et des productions, on aura la cause de la variété infinie des lois et des usages des différens peuples. Ce qu'il y a de certain : c'est que *le patrimoine* n'étant pas le fruit du travail des enfans, mais de celui *des pères*, le premier législateur n'eut d'autre règle que ses volontés dans ces premières dispositions.

IX. Parce que le premier occupant de chaque pays fut le maître de le partager comme il le voulut, s'en-suit-il que ses successeurs purent en faire autant ? Non sans doute. Il est de l'essence de la loi d'être *stable* : et cette variété dans les différens pays, n'empêche pas chacune d'elles d'être invariable par sa nature : *prœceptum stabile*. C'est parce que je suis le premier propriétaire d'un pays, que j'en suis le souverain maître, et le seul qui tienne immédiatement mon pouvoir législatif de l'auteur de la nature. Mais c'est aussi parce que je suis le premier, que je suis le seul, et qu'il n'y en aura jamais d'autre que moi, qui ait des pouvoirs aussi étendus. C'est parce que je suis le premier, que je peux disposer de tout comme je le juge à propos. Mais c'est parce que je suis le premier, que mes dispositions fondamentales sont immuables, et que *ma volonté suprême* a courbé devant elle, celle de tous les législateurs subséquens. Si je vous donne une terre, sous la condition qu'elle sera substituée à l'aîné, je vous défends, par cela même,

de la transmettre à vos cadets; sous la condition **que**
les aînés en auront les deux tiers, ils l'auront; que
les femmes en seront exclues, elles le seront; si je vous
laisse la liberté de choisir votre principal héritier,
vous pourrez le faire: d'en vendre le tiers, vous le
pourrez: et j'en dis autant de tous ceux qui s'établi-
ront par la suite dans mon pays. *Mes volontés primitives* étant le titre primordial de chaque possesseur, jamais mes successeurs ne pourront y toucher
malgré lui. Voilà pourquoi *les lois fondamentales* de
chaque pays, une fois portées, ne pourront jamais être
changées, que du consentement général des propriétaires. *Præceptum stabile.*

X. Si les conditions que j'impose renfermoient
quelque chose d'injuste, je sais très-bien que mes successeurs auroient le droit de les rectifier. Car la première de toutes les qualités pour *une loi*, c'est d'être
juste. Præceptum justum. De même qu'aucun propriétaire n'a le droit d'abuser de ses biens, de même
aucun législateur n'a celui d'abuser de ses pouvoirs.
Si je suis le premier occupant d'un pays, et que j'y
établisse mes enfans, à condition qu'ils me paieront
des contributions, j'ai le droit d'en exiger sans doute,
mais si elles sont excessives, ils ont aussi celui de
réclamer contre mes exactions. Dès l'état de famille,
les enfans eurent le droit *de doléances respectueuses
à l'égard du fondateur*, parce que la loi de Dieu est
au-dessus de celle des hommes: et aussitôt qu'ils furent établis, ils eurent le droit *de représentation*,
parce qu'ils tenoient leurs possessions, non-seulement
des volontés civiles de leur père, mais de Dieu même

par leurs travaux subséquens ; qu'ainsi ils étoient devenus *propriétaires*, de droit *naturel et civil* tout
ensemble.

XI. Il y eut donc, dès l'origine, dans chaque pays
une représentation nationale. Ce droit est tellement
inhérent *au titre de propriétaire*, que, chez les sauvages eux-mêmes, le peuple a déjà des avocats, chargés de défendre ses intérêts dans les assemblées de
leurs chefs. Dans l'origine, ces *représentations na-*
tionales ne furent, comme nous l'avons déjà dit, composées *que des grands*, tant ecclésiastiques que laïques,
parce que c'étoient encore les seuls qui fussent *pro-*
priétaires. Long-temps après, lorsque les dernières
familles eurent *des propriétés*, elles y furent admises
à leur tour, et composèrent un troisième ordre.

XII. Mais *dans ces représentations*, jamais ceux
qui n'ont rien ne purent y être admis : attendu que
n'ayant rien, ils ne purent voter que le pillage des
propriétés ; et qu'étant infiniment plus nombreux
que les propriétaires, ils eurent toujours une effrayante majorité dans les sociétés. Mais *dans ces*
assemblées nationales, jamais les petits propriétaires
eux-mêmes ne purent être confondus avec les grands,
puisque ceux qui ont peu, ne pourront jamais désirer
que le dépouillement de ceux qui ont davantage.
Enfin, *dans ces représentations*, les députés peuvent bien avoir *le pouvoir législatif* sans doute, mais
jamais ils ne pourront le tenir *des peuples*, puisqu'il
répugne *qu'un peuple* puisse s'imposer la loi à lui-
même. De qui donc le tiennent-ils ? *C'est des anciens*
souverains, lorsque la nouvelle constitution est légitimée : mais alors ils sont les supérieurs des peuples,

et cessent d'être leurs représentans. *Præceptum superioris.* Demandez aux Chambres d'Angleterre si *le bas peuple* a le droit de les déposer, et voyez comment elles se comportent, si l'on ose tenter de le faire? Elles enverront à l'échafaud les chefs de cette pluralité. Donc, elles ne les regardent plus comme leurs maîtres.

XIII. Il est donc certain que, dès l'origine, les propriétaires de chaque pays eurent *le droit* d'avoir *une représentation*, et il n'est pas moins incontestable qu'on ne pourra jamais les dépouiller *de ce droit*, puisqu'il est inhérent à la propriété même. Dans nos prétendus gouvernemens représentatifs, quand un décret est passé *à la pluralité* dans les Chambres, on regarde la législation comme finie. Et point du tout : les propriétaires sur qui elle tombe ont *un droit* infiniment plus précieux que le *pouvoir législatif*, celui d'examiner si la loi est juste, et d'en demander le redressement si elle ne l'est pas : *droit* absolument séparé du législateur, puisqu'il est fait pour marcher contre ses abus; *droit* inséparable de la liberté, puisqu'elle consiste à pouvoir se sauver des abus du pouvoir. Partout où il n'y a pas *de représentation nationale* séparée du législateur, les propriétés sont livrées, et les peuples ne sont plus *libres.*

XIV. Dans nos grands États actuels, où beaucoup de provinces se sont trouvées successivement réunies sous un seul souverain, doit-il être avantageux de réduire toutes les coutumes particulières en une seule coutume générale?... Le célèbre *d'Aguesseau*, qui en avoit d'abord conçu le projet, paroît y avoir renoncé, parce qu'il y a aperçu les plus graves inconvéniens. En effet, outre les différences indestructibles du sol, du climat et des productions, les différens fondateurs de ces duchés, en faisant les premiers partages, fixèrent par-là *l'état* des diverses familles. Si je suis d'un de ces anciens duchés, et que je possède, dans ce pays, le tiers ou la moitié du patrimoine de mes ancêtres, ce fut le fondateur qui le voulut ainsi. Si l'on touche à *ses volontés*, je n'ai plus de titre, et les anciennes propriétés sont renversées de fond en comble. Depuis trente ans qu'on a violé toutes les transactions et bouleversé *les lois fondamentales* de chaque province, qu'en est-il résulté? Des fleuves de sang et des mécontentemens interminables; et l'on aura beau faire, jusqu'à ce qu'il y ait de nouvelles transactions avec les provinces et des arrangemens avec les anciens propriétaires, la révolution subsistera sans qu'il soit jamais possible de recouvrer le repos, parce que toutes les forces de la terre n'anéantiront jamais *des droits*. Voilà pourquoi les conquérans sages ne voulurent jamais toucher aux lois fondamentales des pays conquis.

XV. « C'est de ces lois fondamentales, dit l'élo-
« quent *Bossuet*, dont il est écrit qu'en les violant
« on ébranle tous les fondemens de la terre : après
« quoi il ne reste plus que la chute des empires...
« C'est alors que les nations semblent chanceler,
« comme troublées et éprises de vin. L'esprit de ver-
« tige les possède; et leur chute est inévitable, parce
« que les peuples ont violé les lois et changé le droit
« public... C'est l'état d'un malade inquiet, qui ne sait
« quel mouvement se donner... On tombe dans cet
« état quand les lois sont variables et sans consis-

« tance. » Et elles le sont quand elles ne sont plus fondées *sur les volontés invariables de Dieu et des fondateurs.*

XVI. *La loi*, dans son essence constitutive, n'est donc pas, comme on l'a prétendu de nos jours, la *volonté générale des peuples*, puisqu'elle est impossible, ni celle de *la majorité*, puisque ceux qui n'ont rien forment partout le plus grand nombre; ni celle des *inférieurs*, puisqu'elle est faite pour contrarier leurs volontés. *La loi* du combat déplaît essentiellement aux soldats, celle du travail aux ouvriers, et celle des propriétés à ceux qui ne les possèdent pas. Il n'est pas *une seule loi* qui puisse être portée par une volonté subalterne. Aussi qu'on ouvre tous les livres de droit, jamais on n'y a défini la *loi de Dieu* la volonté générale des hommes, ni *la loi civile* la volonté générale des sujets. Partout, dans l'église comme dans la cité, *c'est le commandement juste et stable d'un supérieur qui oblige la communauté qui lui est soumise.* Partout c'est *un législateur général*, contre la volonté générale. *Præceptum justum et stabile superioris. Qu'est-ce que la loi?* dit M. *de La Mennais*, page 500. C'est une volonté; mais laquelle? Est-ce celle des sujets?... Cela est impossible : c'est celle du législateur.

XVII. Mais *cette volonté* du législateur lui-même n'est pas arbitraire. Il y a des lois primitives et fondamentales auxquelles elle est tenue de se conformer, puisqu'il faut qu'elle soit juste. *Præceptum justum.* Cette volonté *est-elle arbitraire*? ajoute M. *de La Mennais.* Non sans doute; elle a ses règles, et elle doit en avoir.

Pourquoi, depuis trente ans, nos lois sont-elles sans consistance? pourquoi le décret de la veille est-il réformé par celui du lendemain? pourquoi ces volumes énormes de disputes, de variations, d'amendemens et de discours pour chaque décret? sinon parce que, comme dit *Bossuet*, nos lois fondamentales étant renversées, nous n'avons plus dans notre législation de règles fixes. Eussions-nous six chambres législatives, jamais tous leurs décrets ne pourront avoir *force de loi*, s'ils ne se trouvent pas conformes aux règles de la justice. De là la nécessité indispensable de l'examen des lois; de là l'intérêt du législateur lui-même que *les lois* soient examinées : de là cette belle maxime du plus judicieux de nos écrivains, le *président Hénault* : Que l'autorité ne doit tirer *les lois nouvelles que comme des écoulemens des anciennes.*

XVIII. De là enfin l'importance de travailler sans délai à réformer dans les lois tout ce qui s'y trouve de contraire au droit naturel. « Ce seroit une chose ab-« surde, dit *Burlamaqui*, de prétendre que des lois, « une fois faites, doivent subsister toujours, quelque « inconvénient qui en arrive. » Les *Lycurgue*, les *Solon* et les *Charlemagne*, qui travaillèrent à perfectionner les anciennes lois, furent presque divinisés par les peuples. Mais autant il est avantageux de perfectionner les lois, autant il est dangereux d'en détruire le fond, puisque c'est ébranler *l'état* de toutes les familles. Nous ne changeons point vos coutumes, disoit *Charlemagne* à ses sujets : nous les améliorons...... Et ces améliorations mêmes, jamais il n'y procéda sans eux, parce que ce qui intéresse les *pro-*

priétés ne peut jamais être changé que de l'aveu des *anciens propriétaires.*

Voilà en deux mots, d'après tous les monumens, l'histoire naturelle de la législation primitive des peuples. Ce fut le *père primitif* de chacun qui en fut le *premier législateur*; et de là il est aisé de conclure que nous sommes partout aux antipodes de la nature.

XIX. Aussitôt que ce fondateur eut déclaré ses volontés, il fallut les expliquer, les interpréter et les défendre les armes à la main. De là *le Gouvernement civil* qui naquit nécessairement du vivant du père, et qui, de ce moment, fut indestructible, puisque, sans cette grande roue, tous les Gouvernemens particuliers n'auroient plus d'ensemble.

Comme ces volontés étoient *universelles*, quand il y eut plusieurs *cités* dans le pays, il fallut y constituer des juges, des magistrats et des militaires pour les faire observer; comme elles étoient *perpétuelles*, il fallut constituer des successeurs pour les perpétuer après la mort. Le *maintien des lois* entraîna indispensablement la *nécessité des constitutions*; et qui constitua?... Ce fut celui qui avoit la *souveraineté*. Qui constitua-t-il?... Qui il voulut, parce que la *souveraineté* lui appartenoit encore bien plus spécialement que les autres droits.

§ III.

Origine des Constitutions civiles.

I. Si, en ma qualité de fondateur, je peux transmettre mes droits à d'autres, par la raison que j'en suis le maître, je suis encore bien plus complétement le maître de transmettre à qui je veux *ma souveraineté*, par la raison que j'en suis bien plus complétement le *propriétaire*. Je n'ai créé ni les terres, ni les bestiaux, mais j'ai engendré les hommes; ils sont extraits de mon sang et formés de ma substance; il n'est point de propriété pareille aux *droits* que j'ai sur eux. Si je suis l'*auteur souverain* d'une cité quelconque, *mon autorité souveraine* est à moi, et à moi seul · jamais qui que ce soit au monde ne pourra, comme moi, la posséder *par droit de nature*. Aîné, cadets, parens ou amis, personne n'a le droit d'y prétendre; et c'est dans la disposition de *cette propriété*, surtout, que je suis absolument et exclusivement le *souverain maître*.

II. Quand on voit *J. J. Rousseau*, au commencement de son Contrat Social, refuser *la souveraineté* aux chefs primitifs, dans la crainte, dit-il, que *descendant en ligne directe, et peut-être par les aînés d'un de ces princes*, il ne se trouvât *par la vérification des titres, le roi légitime du genre humain*, on pourroit se contenter de rire des hautes prétentions de cet auteur à la royauté, *au titre de ses aïeux*. Tout le monde sait parfaitement que, du côté de la naissance, *le roi Rousseau* eut de bonnes raisons pour s'en tenir au titre modeste *de simple bourgeois*. Mais pour lui faire voir qu'en cette matière nous ne craignons pas même les suppositions, admettons la sienne; et à défaut de naissance réelle, accordons-lui-en une hypothétique, et proclamons-le généreusement *descendant en ligne directe* des chefs primitifs: qu'en conclura-t-il?... Il se croira *le roi légitime du genre humain:* et beaucoup de personnes le croiront avec lui!.. Eh bien, nous qui avons réfléchi sur ces sortes de successions, on nous permettra de lui déclarer qu'il ne le sera pas.

III. Non, dirons-nous franchement *à J. J. Rousseau :* Non, fussiez-vous, par hypothèse, de la plus haute extraction, et de la plus haute naissance; appartenant non-seulement aux premières familles de Genève, mais aux plus grandes maisons de l'univers, descendant, non seulement *en ligne directe,* mais encore *par les aînés,* des chefs primitifs : vos pères seroient très-certainement de bien grands souverains; ils posséderoient incontestablement *une immense souveraineté,* puisqu'ils auroient *autorité universelle* sur une immense portion du genre humain; et ils la posséderoient *par droit de nature,* puisqu'ils en seroient *les auteurs.* Mais *cette immense souveraineté* ne vous seroit pas due, et ils ne seroient point du tout obligés de vous la donner : Pourquoi cela ?... Précisément parce que, la possédant *par droit de nature,* ils en seroient absolument les maîtres.

IV. Il est des droits tellement propres, et tellement personnels, que ne les devant à qui que ce soit, on peut les transmettre à qui l'on veut, sans que qui que ce soit puisse s'en plaindre. Tels furent, dans l'origine, les droits du premier propagateur de chaque pays, et plus que tous les autres, celui *de sa paternité.* Par leurs soins, et par leurs travaux, les enfans peuvent très-bien acquérir des droits à une portion des biens de leur père; mais *à sa paternité,* cela est impossible, parce que l'acte qui la lui a donnée, est incontestablement antérieur à leur existence.

V. Nous nous croyons *les lumières du monde,* et les observations les plus simples n'ont pas même fait le sujet de nos méditations. Il est une infinité de personnes qui n'ont pas encore remarqué, que *l'autorité naturelle* d'un père ne pourra jamais passer à ses enfans, par voie de génération ; qu'après leur naissance, jusqu'à ce qu'ils soient mariés, ils n'en ont aucune ; que celle qu'ils acquièrent par la génération, lorsqu'ils sont mariés, devînt-elle *souveraine* relativement à leurs descendans, n'est point du tout *celle du père* ; que *l'autorité universelle* sur toutes les branches, reste *au père* jusqu'à la mort, sans que qui que ce soit au monde puisse jamais la lui ravir : et qu'il ne peut plus lui-même la transmettre à d'autres qu'en vertu de ses volontés.

VI. Les enfans peuvent très-bien devenir à leur tour, auteurs de leurs descendans ; mais toutes ces autorités partielles laissent au-dessus d'elles, sans l'altérer, *l'autorité* supérieure du père ; et quelque étendue qu'elles puissent acquérir, dans la suite, par la succession des générations, jamais elles n'auront celle *du père universel*. Par la constitution seule de la nature, l'aîné des enfans est *le chef universel* de la branche aînée ; chacun des cadets, *le chef universel* d'une branche cadette ; mais aucun d'eux, fût-ce l'aîné, n'a *autorité* sur ses autres frères, ni conséquemment sur leurs descendans. *Le père primitif* lui seul eut *autorité universelle* sur toutes ces autorités. De manière que, quelque hypothèse que l'on fasse, jamais ni l'aîné, ni aucun des enfans ne pourront hériter *naturellement de l'autorité* de leur père. Une fois acquise par la génération, il peut la transmettre à qui il veut, par *des actes civils*, sans qu'elle puisse jamais être transmise d'une autre manière. Et lorsque

J. J. Rousseau craint de se trouver *l'héritier naturel* des chefs primitifs, dans la supposition qu'il en
descendît par la branche aînée, tout ce qu'on peut
conclure de cette puérile ironie et de son Contrat
Social tout entier, c'est qu'il n'eut jamais la première
idée *de l'autorité souveraine.*

VII. L'arbre social est d'une fécondité inépuisable
sans doute. *Robinson*, s'il eût peuplé son île, comme
J. J. Rousseau a été forcé d'en convenir, en eût été
le *souverain naturel*, et chacun de ses enfans eût pu
le devenir également, en peuplant d'autres pays.
Chaque branche, chaque rameau, chaque graine,
une foi séparé du tronc et transporté dans un autre
terrain, peut y devenir un nouvel arbre ; mais chaque
arbre séparé n'aura jamais qu'une seule souche d'où
partiront toutes les branches.

VIII. Qu'on remonte à la tête de chaque peuple,
on peut être bien sûr d'y trouver *un auteur universel*;
mais on n'y en trouvera qu'un seul, et jamais il n'y
en aura d'autre. Dès le degré suivant, *l'autorité* n'est
plus, ni universelle, ni souveraine. Cet *auteur universel*
fut donc, dès avant l'existence de sa cité, non seulement le *propriétaire* de la souveraineté, mais le seul
qui pût l'être de *droit naturel*. Ce fut lui seul qui,
dès l'origine, la reçut, non pas du peuple, mais de
Dieu; le seul par lequel les souverains subséquens
puissent remonter jusqu'à Dieu, le seul de qui ses
successeurs puissent la tenir : et ceux qui prétendront
l'avoir reçue des peuples, diront une absurdité, puisque jamais *l'autorité* ne put être, par sa nature, *universelle* que dans le fondateur.

IX. A quelque degré qu'on prenne l'arbre social,

l'autorité du père primitif fut toujours essentiellement supérieure à celle de ses enfans, plus étendue que celle des enfans, *universelle* relativement à ses enfans. Jamais aucun d'eux n'a pu, ni la lui donner par la génération, ni la recevoir de lui par la naissance : elle lui appartient à lui seul, et il en sera le maître exclusif jusqu'à la mort. Or, toute espèce de *droit*, dont je suis le maître exclusif, je peux le léguer, le vendre, le partager, le transmettre sous conditions, même sous celle de la prescription, à mes enfans ou à d'autres qu'à mes enfans; en faire tout ce que je veux, sans que *J. J. Rousseau* puisse le trouver mauvais en aucune manière... Mais ce que put faire le fondateur primitif d'une cité, tous les autres fondateurs purent le faire chacun dans leur pays. Ils furent très-fort les maîtres de donner leur *souveraineté* à qui ils voulurent. *Ea vis est dominii, ut voluntate domini in alium transferri possit.*

X. De là *la variété infinie des constitutions.* Comme celle des lois, elle vint, non pas de la différente volonté des peuples, mais de celle des fondateurs, qui constituèrent à leur gré plus de 500 ans avant la possibilité des pactes sociaux. Il est vrai que, tant qu'il n'y eut pas de peuples formés, ils furent bien dans l'impossibilité de constituer des *démocraties*; et que, par sentiment naturel, ce fut à leurs enfans qu'ils léguèrent leurs droits. Le tigre, dans les bois, connoît la voix du sang; et celui qui ne l'écouteroit pas seroit pire que les tigres. *Liberos cuique ac propinquos, natura carissimos esse voluit,* dit *Tacite.* Mais, dans ces constitutions elles-mêmes, il dut y avoir beaucoup de variété. Les uns voulurent que la constitution fût

héréditaire, d'autres qu'elle fût élective. Ceux-ci léguèrent leur souveraineté à l'aîné ; ceux-là voulurent
choisir parmi leurs enfans celui qui leur plairoit le
mieux, et laissèrent la même liberté à leurs successeurs. Les uns admirent les femmes à leur succession,
et les autres les en exclurent. Comme les chefs des
Francs, ils arrêtèrent que leur *souveraineté* passeroit
de mâle en mâle au plus proche du sang; et très-certainement c'est la meilleure de toutes les constitutions, puisqu'elle fixe l'hérédité dans la même famille.

XI. Enfin chacun d'eux fit comme il le jugea à
propos; et cette suprême liberté éclata généralement
dans tous les premiers fondateurs. Qu'on remonte
partout à la naissance des peuples, dès l'origine on
verra, dans l'*Histoire Sainte*, *Adam* établir autour
de lui les chefs des diverses branches de sa famille;
Caïn, dans l'Orient, constituer les siens à la tête des
diverses cités; après le déluge, *Noé* constituer sur
diverses colonies des *chefs* qui se donnent librement
des successeurs; les *patriarches* plaçant *Jacob* avant
Esaü, *Ephraïm* avant *Manassé*, et assignant librement à chacun le rang qu'ils doivent tenir dans le
gouvernement futur de leurs descendans; chez les
Hébreux, *David* préférant *Salomon* à *Adonias*; en
Egypte, en Phénicie, dans la Grèce, l'Italie et les
anciennes régions, tous les premiers souverains par-
tageant leurs sujets en diverses colonies qu'ils donnent
à conduire, soit à leurs enfans, soit à leurs frères.
Qu'on suive l'histoire ancienne de tous les pays, partout on verra les premiers chefs constitués par les
souverains, et jamais par les peuples. Comment donc

dans notre siècle, les voit-on partout constitués par les peuples, et jamais par les souverains?

XII. Dans nos histoires modernes, qu'on examine bien : partout on verra les anciens ducs donner, vendre, céder, transporter en toute propriété leur *souveraineté*, en tout ou en partie, par mariages, traités ou transactions; on verra tous les autres souverains en faire autant, en France, en Espagne, en Italie, en Allemagne, en Angleterre, dans l'Afrique, l'Asie, l'Amérique et toutes les parties du monde. Qu'on remonte partout à l'origine des Gouvernemens, partout on y verra non-seulement les sujets, mais les reines, les enfans et les aînés eux-mêmes interroger leur père *sur la souveraineté*, attendre avec un respectueux silence quel sera celui qu'il désignera son successeur; et celui qu'il désigne est constitué, malgré la répugnance des mères, le mécontentement des autres enfans, et la réclamation des aînés eux-mêmes. On y verra partout les chefs primitifs disposant en maîtres de leur souveraineté, sans que leurs successeurs puissent en être dépouillés malgré eux; partout les *souverains* agissant en *propriétaires*!... Comment donc, après plus de 6,000 ans que le monde existe, les *peuples* sont-ils devenus tout à coup *propriétaires* des droits souverains?... comment ce corps monstrueux a-t-il des *propriétés*?...

XIII. Mais si les peuples ne furent jamais les maîtres des droits souverains, jamais de leur côté les souverains ne furent les maîtres de ceux des peuples, puisque, par son travail, chacun tient immédiatement ses propriétés de Dieu même. Dès l'origine, comme nous l'avons déjà dit, il y eut une *représentation* com-

posée de propriétaires, sans laquelle ni les souverains,
ni le fondateur lui-même ne purent rien décréter arbitrairement, puisqu'ils n'eurent jamais le droit d'attaquer les *propriétés* particulières de leurs sujets. Ce fut
dans les assemblées de ces propriétaires qu'on appela
par la suite *diètes* ou *états*, que le *souverain* arrêta, de
concert avec eux, ce qu'il y auroit à faire, soit pour
la révision des lois, soit pour la conservation des droits
respectifs; soit même pour *l'élection* de nouveaux
souverains, lors de l'extinction des dynasties et de la
vacance des trônes; la manière de convoquer ces
assemblées, ceux qui devoient y être admis, la liberté
dont on devoit y jouir, et les priviléges qu'ils avoient
le *droit* d'attendre pour se défendre contre les abus
du pouvoir; et ces priviléges, ils eurent grand soin
de les faire renouveler à la mutation de chaque souverain, puisque c'étoient des *droits naturels* dont ils
ne pouvoient être dépouillés sans une souveraine
injustice.

XIV. Ce fut d'après ces arrêtés fondamentaux *du
père primitif*, ou de ses successeurs, que, lorsque les
peuples furent formés, les *états* eurent *le droit d'élire*
de nouveaux souverains, et même de constituer, à
leur gré, des formes *aristocratiques, mixtes ou démocratiques*, et de disposer *de la souveraineté*, comme
ils le jugèrent à propos. Mais de qui le tenoient-ils *ce
droit?* C'étoit *des anciens souverains*, et non pas des
peuples. C'est ainsi qu'en Perse, comme on le voit
dans l'histoire ancienne, après la mort du *faux Smer-
dis*, les grands eurent *le droit* d'élire *Darius*, et de
convenir ensemble du mode dont il seroit élu. C'est
ainsi qu'au lieu d'une monarchie, ils eussent pu cons-

tituer *une aristocratie*, et même *une démocratie*, comme il est aisé de le voir, par les trois beaux discours qu'ils tinrent sur ces trois formes de gouvernemens. C'est ainsi, qu'*à Rome*, après la possession requise par les lois, le sénat eut *le droit* de s'arroger les pouvoirs souverains ; qu'en France, les grands eurent *le droit d'élire* d'abord *Pépin*, et ensuite *Hugues Capet*, en observant cependant, que ces princes ne purent être légitimés qu'après les conditions requises par les fondateurs ; par la raison décisive qu'*aucun propriétaire* ne sauroit être dépouillé, malgré lui, *de ses droits*. C'est ainsi qu'après l'extinction de la dynastie régnante, si ce qu'à Dieu ne plaise, elle venoit à manquer, *les états* auroient encore *le droit* d'en élire une autre, d'après les conditions fixées par les fondateurs qui furent les premiers propriétaires.

XV. Il en est qui prétendent qu'à la vacance du trône, *le peuple* rentre *dans ses droits*. C'est une illusion pitoyable. Jamais *le peuple* ne pourra y rentrer, puisqu'il ne les eut jamais. C'est Dieu lui-même qui a placé *l'autorité universelle* dans *l'auteur universel*. Et jamais toutes les puissances de la terre ne pourront la tirer d'ailleurs. S'il a été arrêté par les souverains, que *les états* jouiroient *de ce droit*, en se conformant aux volontés des anciens souverains, ils peuvent l'exercer sans doute : mais ce sera toujours, par la permission des anciens souverains, sous toutes les conditions prescrites par eux : et dès qu'il sera installé, le *nouveau souverain*, quel qu'il soit, simple, ou composé, même en admettant la prescription, sera toujours *le représentant des souverains :* de sorte qu'il n'y aura jamais de *gouvernemens représentatifs des peuples*.

XVI. D'après cela, il sera aisé de concevoir quelle fut la cause réelle de la variété infinie des constitutions qui existèrent dans le monde? Ce fut, 1°. la différente volonté des souverains. 2°. Lorsque les peuples furent multipliés, les formes varièrent encore bien davantage, puisque dans les interrègnes, *les états* furent les maîtres d'établir à leur gré *des monarchies, des démocraties ou des aristocraties, etc.* 3°. Ce que pouvoient faire *les états* dans les interrègnes, *les souverains* le pouvoient à plus forte raison eux-mêmes, sous toutes les conditions fixées par les fondateurs. C'est ainsi que dans tous les pays, comme nous l'avons déjà dit, les différens ducs cédèrent leur duché, en tout ou en partie, aux grands souverains; ainsi, qu'après bien des guerres, l'*Espagne* céda ses droits à la Hollande; l'*Allemagne* à la Suisse, l'*Angleterre* aux Provinces-Unies d'Amérique. Chaque souverain étant *le propriétaire absolu* de ses droits, peut toujours, tant qu'il ne va pas contre les lois des fondateurs, en disposer comme il le juge à propos.

XVII. Mais *cette propriété* qui est la cause *de la variété* infinie des constitutions, est également celle de *leur stabilité.* Car quand une dynastie est constituée *par le propriétaire légitime,* c'est en vain que *les états* voudroient la destituer, avant le temps prescrit par les fondateurs: tous leurs efforts seroient nuls, parce qu'étant devenue à son tour *propriétaire* de la souveraineté, tant qu'elle subsistera, jamais la prescription même ne pourra avoir lieu qu'après l'époque terrible fixée par les anciens souverains ; c'est en vain que *les états* prétendroient s'arroger eux-mêmes *la souveraineté*, comme *représentans* de la nation. C'est une fausseté, puisque, comme nous l'avons prouvé, jamais il n'y aura *de gouvernemens représentatifs des peuples....* Non, nous le répétons, et nous défions qui que ce soit d'établir le contraire. Nous soutenons que jamais il n'y aura de *gouvernemens représentatifs des peuples*, et que jamais il ne pourra y en avoir. Dès que Dieu a placé *l'autorité universelle*, dans l'auteur universel, nous soutenons que jamais qui que ce soit au monde ne pourra la tirer *de l'universalité*; que jamais aucun souverain, quel qu'il soit, *simple, mixte, ou composé*, ne dépendra du peuple, et que, dans la partie qui concerne *la souveraineté*, jamais le peuple ne pourra changer la constitution, parce qu'il n'est pas *un seul souverain*, quel qu'il soit, qui dans la concession de la prescription même, ne tienne pas ses pouvoirs en toute propriété, des anciens souverains. Et c'est *cette propriété* qui fait *la stabilité* des constitutions, comme celle de toutes les propriétés en général.

XVIII. En vain, nous objectera-t-on que, *dans le civil* comme *dans le spirituel*, les peuples ont quelquefois concouru à la nomination des souverains. Cela est très-vrai. Mais jamais ils n'ont pu leur conférer *l'autorité*. Entre la *nomination et la collation*, la différence est énorme. Dans le spirituel *l'autorité* d'un pape est celle *de saint Pierre*, et jamais *cette autorité* ne dépendra *des peuples*. Dans le civil, celle *des souverains* est celle *des fondateurs*, et jamais elle ne dépendra des sujets.

XIX. Mais dira-t-on : qu'importe que les souverains soient les *représentans* des souverains, ou ceux des peuples ?.. La différence est énorme S'ils sont ceux des souverains, *la souveraineté* étant leur propriété personnelle, au droit des fondateurs , jamais qui que ce soit au monde ne pourra les en dépouiller malgré eux. S'ils sont ceux des peuples, et que *la souveraineté* soit *un bien national*, ils sont à la merci de leurs sujets. Quelle différence!.. Quand on croira que ceux qui gouvernent sont *les représentans des souverains*, toutes les constitutions seront stables. Tant qu'on croira qu'ils sont ceux des peuples, il est impossible qu'il y ait jamais un instant de stabilité. Et ce que nous disons *de la souveraineté* s'étend à toutes les propriétés en général. Tant qu'on croira que ce sont les peuples qui ont tout distribué dans les pactes sociaux, le peuple sera *le maître* de toutes les propriétés. Quand on croira que toute propriété nous vient de Dieu par le travail, chacun sera le maître du sien. Tout sera stable. *Résumons-nous.*

XX. Dans quelque gouvernement que ce soit , *simple, mixte ou composé*, jamais il ne put y avoir *d'autre souveraineté* que celle du fondateur. Or, le fondateur de chaque cité existoit plus de 500 ans avant qu'il pût y avoir des peuples. Donc jamais *la souveraineté* n'a pu venir des peuples. Donc dans quelque gouvernement que ce soit, ceux qui gouvernent ne pourront jamais être leurs représentans. En deux mots : celui-là seul put dans l'origine conférer *l'autorité universelle*, qui la possédoit par droit de nature. Or, *l'auteur universel* de chaque peuple fut le seul qui possédât *l'autorité universelle*, par droit de nature. Donc il fut le seul qui pût, dans l'origine, faire des constitutions.

§ IV.

Qu'est-ce donc qu'une constitution?

I. *Qu'est-ce donc qu'une constitution?* C'est la transmission *de la souveraineté.* Le fondateur fit des lois quand il fit des partages : *et ce fut là l'origine des lois civiles.* Il constitua quand il se donna des successeurs; *et c'est là l'origine des constitutions,* bien différente de celle des lois. Les biens sont l'objet ordinaire des lois. L'objet spécial des constitutions, *c'est la souveraineté.*

II. Mais *cette souveraineté, qu'est-elle dans sa nature? Quels en sont les élémens constitutifs? Comment se trouva-t-elle dans les premiers souverains? Comment la transmirent-ils à leurs successeurs?..* Ce seroit en vain qu'on chercheroit dans nos livres de droit public la solution de toutes ces questions. Depuis qu'on en a placé la source dans les peuples, elles n'y sont plus traitées, ou elles le sont d'après ce système. *Leibnitz,* dans son temps, se plaignoit *qu'un sujet aussi commun que la nature de la souveraineté n'eût presque été touché par personne;* et il avoit raison, puisque c'est là, sans contredit, la pièce fondamentale des sociétés.

III. Mais si ce grand génie prévoyoit les suites terribles de cette coupable négligence, il y a plus de cent ans, les vrais amis de l'humanité qui viennent d'en éprouver les épouvantables effets, n'en parlent aujourd'hui, qu'avec la plus profonde consternation. « *Qu'est-ce que le pouvoir* ?..... Nous dit *M. de* « *La Mennais*, pag. 500 ?.. *Qui le sait* ?.. Appar- « tient-il au peuple?.. Est-ce lui qui le donne?.. Peut-il « la reprendre quand il l'a donné ? Est-ce autre chose « qu'un fait constaté *par la force*, ou que la force « elle même ?.. Quelqu'un doit-il commander, quel- « qu'un doit-il obéir ?.. Les peuples en sont encore à « résoudre ces questions, de la solution desquelles « dépend l'existence des peuples ».

IV. Certes, des notions dont, comme le dit cet es-timable auteur, dépend *l'existence des peuples*, le bonheur ou la ruine des sociétés, valent bien la peine qu'on s'applique enfin à les approfondir. Si, au lieu de se jeter dans le vague des hypothèses, une philo-sophie vraiment jalouse de la vérité, se fût occupée de chercher dans la nature, *la définition essentielle* de ce premier droit, elle se fût épargné bien des er-reurs, et eût sauvé l'univers de bien des calamités.

V. Il en est qui, pour se tirer de l'abîme des pactes, prétendent, « que les premiers chefs de famille s'é- « tant fait aimer, et respecter, par la sagesse de leurs « ordres et les avantages de leurs gouvernemens, « tout le monde courut en foule se ranger sous leurs « lois et s'accoutumèrent aisément à leur obéir ». Cette doctrine, toute spécieuse qu'elle est, n'est ni moins fausse, ni moins dangereuse que la souveraineté des peuples. *Elle est fausse*, parce que *le respect géné-ral* suppose la volonté générale, et est aussi impossible qu'elle. *Elle est dangereuse* parce que, si *la souve-raineté* dépendoit des dispositions des sujets, il n'y auroit rien de stable dans les sociétés. Les dispositions de l'esprit et du cœur·étant aussi mobiles que les flots de la mer, jamais *l'habitude générale* d'obéir au même souverain n'eût pu, ni se former, ni se maintenir : c'eût été une révolution perpétuelle, sans pouvoir jamais donner *l'autorité civile* à un seul de nos pères. Ce n'est pas ainsi qu'ils l'ont acquise.

VI. D'un autre côté, ceux qui prétendent que les souverains civils se sont constitués, par la force et par la terreur, parce qu'ayant conquis de vastes domaines, *pour mieux tenir leurs sujets*, comme le dit *Rousseau*, ils s'intitulèrent les rois du pays, *roi de France, roi d'Angleterre ;* au lieu de se dire *roi des François, ou des Anglois, etc.* n'ont pas *de la souveraineté* des idées plus justes. Quand les chefs des diverses colonies partoient pour leur destination, ils n'avoient pas encore de domaines, et ils n'en étoient pas moins *souverains.* Tant qu'*Enée* fut sur ses vaisseaux, il n'avoit pas encore de domaine, et cependant il savoit bien tenir ses Troyens. *Comment donc cela?* Par le droit de vie et de mort, et autres pouvoirs que les souverains ont sur les personnes.

VII. *La souveraineté* n'est donc, ni *de la terre, ni le droit qu'on a sur la terre;* elle ne dépend *ni de l'amour, ni de la crainte, ni des différentes dispositions des sujets ;* sans quoi, celui qui eût cessé un instant d'aimer ou de craindre nos pères, les eût dépouillés de leurs droits civils, pour les leur rendre un instant après. De sorte que l'erreur tortueuse, en nous conduisant par des sentiers différens, aboutit toujours au même abîme, *à la volonté générale des inférieurs.* Preuve certaine que, quand on a perdu de vue la vérité, on marche dans les ténèbres sans savoir où l'on va, et l'on brise les constitutions sans savoir ce qu'on fait. N'ayant plus la plus petite teinture de ce qui s'appelle *domaine, puissance, autorité et souveraineté*, conséquemment de tous les élémens constitutifs des gouvernemens, cette confusion complète de notions passe nécessairement, de l'opinion dans les ouvrages, et de nos ouvrages dans notre conduite. Voilà pourquoi tous les systèmes faux sont si difficiles à comprendre, et si désastreux quand on veut les suivre.

VIII. Mais admettons *la véritable définition du pouvoir*, et toutes les fausses lueurs vont disparoître comme les ombres mobiles aux approches du jour. Dès que *l'autorité souveraine* vient du titre d'auteur souverain, je vois clairement qu'elle est *indépendante* des qualités spirituelles ou corporelles des chefs. Un père peut être très-foible, et cependant avoir *autorité universelle* sur ses descendans ; *indépendante* des terres, des domaines et des conquêtes : le chef d'une nation peut être sur mer ou dans le fond d'un cachot, qu'il n'en a pas moins *l'autorité universelle ; indépendante* de l'amour, du respect, de la crainte et de toutes les dispositions des sujets. On se révolteroit contre lui, qu'il n'en auroit pas moins *l'autorité souveraine* sur son peuple. *L'autorité* inhérente au titre *d'auteur* est un roc immobile placé par la nature au milieu des mers, contre lequel viennent en vain se briser les flots écumans. Malgré leurs efforts impuissans, le gouvernement reste stable parce que ce droit, comme tous les autres, ne pourra jamais marcher qu'à la volonté du propriétaire.

IX. Alors je conçois clairement *qu'est-ce que la souveraineté*, et quels en sont les élémens constitutifs? *C'est l'autorité universelle sur les personnes.* Le premier fondateur de chaque peuple, après avoir produit six enfans, produisit par eux six tribus dont il fut *l'auteur universel;* et par là il eut *autorité universelle sur les hommes.* Voilà la pièce essentielle et constitutive de *la souveraineté.* Par les hommes, il éleva des bestiaux, cultiva la terre, multiplia les blés, et s'étendit sur tout un pays. De là *le souverain domaine* sur les choses, et c'est alors qu'il s'intitula *le roi d'Egypte*, *le roi d'Assyrie*, etc. Mais avant d'être roi du pays, il l'étoit *des hommes*, et ne cessa pas de l'être. Quand il transmit à d'autres *sa souveraineté*, il leur céda tous ses droits sans doute; mais comme c'est par les hommes qu'on multiplie, qu'on produit, et qu'on conserve tout, c'est toujours *dans l'autorité universelle* qu'on a sur les hommes, que consiste l'essence de *la souveraineté;* de sorte que *la souveraineté sur les hommes* peut très-bien exister, sans *le souverain domaine sur les terres.*

X. Dès lors j'aperçois clairement ce que confère un souverain, quand il fait une constitution. Ce n'est *ni son mérite, ni ses talens, ni ses vertus*, puisque comme le disent les publicistes, tout cela ne se donne pas. Ce n'est, *ni la volonté générale, ni l'amour, ni le respect, ni les diverses affections de ses sujets*, puisqu'il n'en est pas le maître. Il confère à son successeur *le droit naturel qu'il a de gouverner ses descendans.* Alors je vois manifestement que ce qui fait la matière des constitutions, ce n'est point une qualité

15

factice, précaire et passagère, mais *un pouvoir réel, substantiel, et indestructible* qui porte sur les personnes ; *pouvoir* aussi réel, et aussi substantiel que les personnes sur lesquelles il porte, et qui durera essentiellement autant qu'elles ; *pouvoir très-légitime*, puisque je l'ai acquis de Dieu, en me soumettant volontairement à ses lois ; *pouvoir immuable*, puisque personne ne sauroit me le ravir malgré moi, ni à moi, ni à mes légitimes successeurs ; *pouvoir*, que je n'ai pas besoin d'aller chercher *dans le ciel*, puisque Dieu lui-même en a placé la source naturelle sur la terre dans la génération du père universel ; *pouvoir*, que je découvre, sans révélation, puisqu'il est inhérent *au titre d'auteur* ; qui ne vient pas de la volonté du peuple, puisqu'il précéda son existence ; que le fondateur pouvoit donner en constituant, puisqu'il le possédoit auparavant, en se qualité de père ; *pouvoir* qu'il peut donner, vendre, céder et aliéner aussi librement que tous ses autres droits.

XI. Et qu'on ne nous dise pas avec le courroux orageux *de J. J. Rousseau* : « Voilà donc les hommes « que l'on vend, que l'on échange, et dont on trafique « comme d'un vil bétail ! » Tous ces grands mots, qui en imposent aux esprits superficiels, ne sont que du vent, pour celui qui sait peser la valeur des termes. Quand je constitue un précepteur sur mes enfans, je ne lui donne pas le pouvoir de les atteler à mes équipages comme des chevaux, ni de les mener paître comme des bœufs. Il en est de même *de la souveraineté.* En la remettant à mes successeurs, je ne leur donne que le droit que j'ai moi-même, celui de conduire des hommes, et de les gouverner selon les lois.

XII. D'après cela la définition d'une constitution se présente d'elle-même. Il est évident maintenant que ce n'est ni la volonté générale, ni le respect, ni le choix des sujets. Toutes ces notions sont aussi absurdes que désastreuses. *C'est le legs, le testament*, et la volonté stable d'un souverain légitime dans la disposition de ses droits souverains. On sait bien que cette volonté doit être juste; que dès le temps du fondateur, les inférieurs eurent le droit *de représentation*, soit dans la confection des lois, soit dans celle des constitutions. Mais *cette représentation nationale* n'empêcha jamais *le souverain*, quel qu'il soit, simple, mixte ou composé, d'être lui seul *le propriétaire* de la souveraineté, et d'en disposer en maître.

XIII. On a beaucoup écrit, disputé, divagué pour savoir *ce que c'est qu'une constitution*. Si l'on eût connu *ce que c'est que la souveraineté*, on l'eût trouvé sans peine. On a cru qu'il fallut, dans l'origine, beaucoup de monde, beaucoup d'assemblées et de délibérations pour en faire une. Il ne fallut *qu'un homme seul*. Si je suis, par droit de nature, *l'auteur universel d'une cité*, je n'ai besoin ni d'assemblées, ni de la multiplication de mes descendans pour constituer, puisque j'ai *la souveraineté*, en vertu de mon titre d'auteur. Dieu se joue de tous les embarras des hommes, et il est infiniment plus simple que nous, dans ses merveilleuses opérations. *Cette souveraineté que nous cherchons avec tant de peine, dans l'universalité des sujets*, il l'a placée dans un seul individu, qui peut lui seul, pourvu qu'il soit *auteur universel*, constituer sur une nation toute entière : *de là l'ordre civil.* Que dis-je! qui peut, lui seul, constituer sur plusieurs peuples : *de là l'ordre politique.* Quand *Noé* eut une postérité nombreuse, ce fut lui seul qui la divisa en plusieurs colonies, et qui leur donna des chefs. *Un seul homme, une seule volonté;* voilà la cause primitive de toutes les constitutions. Sans elle, tous les hommes ensemble n'en pourront jamais faire. *Date magnificentiam Deo nostro; Dei perfecta sunt opera.*

XIV. Et comment la *souveraineté* put-elle se trouver, dans l'origine, transmise par la volonté d'un seul homme?... De la même manière que tous les autres droits. Dès que c'est un *droit réel* sur les personnes, en donnant les personnes à gouverner, on donne le *droit* que l'on a de les gouverner soi-même... Et le fondateur est-il le maître de ne pas constituer? Non. Puisqu'il a fait les parts, il faut de toute nécessité qu'il constitue : s'il ne le faisoit pas de son vivant, on l'obligeroit de constituer du fond de sa tombe. Au défaut de sa volonté formelle, la volonté interprétative suffit : *Defunctorum voluntatem intellexisse pro jure est.* Il en est qui, pour se débarrasser de ce fondateur qui vient si tôt traverser leurs idées populaires, le font tuer par leurs sujets, ou mourir de mort subite !

XV. Quand on tue quelqu'un, on ne tue ni ses *droits*, ni son esprit, ni sa souveraineté. Le prince meurt, dit l'éloquent *Bossuet*, mais l'*autorité* est immortelle, et l'état subsiste toujours. Quoique nos ancêtres soient morts, les *droits* qu'ils avoient sur leurs terres passeront à perpétuité à leurs successeurs, en vertu de leurs volontés, parce que les droits subsistent autant que l'objet sur lequel ils sont fondés. Il en est de même *des droits souverains*. Quoique le fondateur d'un peuple soit mort, ses descendans ne le sont pas; ils peuvent exister deux mille ans après lui, et pourroient en exister six mille. Tant qu'ils subsisteront, le pouvoir naturel de *souveraineté* qu'il avoit sur eux passera d'âge en âge, en vertu de sa volonté suprême, jusqu'à ses derniers successeurs, et jamais ils n'en auront d'autre.

XVI. *De là le terme d'héritage.* Des héritiers sont ceux à qui les droits d'un premier propriétaire restent inhérens ou attachés après sa mort, par des actes naturels ou des actes civils. Tout ce que des enfans reçoivent de leur père par la naissance, tels que la vie, le sang, le degré où ils sont nés, s'appelle un *héritage naturel*. Tout ce qui nous vient de nos pères par un effet de leurs volontés, tels que leurs biens, leurs domaines et leur souveraineté, s'appelle un *héritage civil*. Mais ne fût-ce que civilement, ce *droit* nous reste tellement attaché, tellement inhérent, *ità hæret*, que ni la force, ni l'adresse, ni le vol, ni l'usurpation ne nous en dépouilleront jamais, dans aucune constitution, et dans aucun pays.

XVII. Dans l'origine, le *fondateur* d'un peuple s'explique donc formellement, de son vivant, sur sa succession, ou il ne s'explique pas. S'il s'explique de son vivant, il constitue par lui-même, et déclare sa volonté d'une manière formelle; s'il ne s'explique pas, (ce qui étoit bien rare au temps de la fondation) il constitue par ses enfans, qui sont obligés de lui donner des successeurs pour faire observer ses partages. Ce qu'il y a de bien certain, c'est que, dans l'origine, lui seul ayant eu la *souveraineté* par droit de nature, lui seul put constituer. *Et qui constitua-t-il?* Qui il voulut. *Combien de monde?* Tant qu'il le voulut; un ou plusieurs, vingt ou cinquante. *Comment constitua-t-il?* Comme il le voulut, par la raison décisive qu'il étoit le maître absolu de ses droits souverains.

§ V.

De l'autorité naturelle et de l'autorité civile. Distinction de nom.

I. Maintenant on doit voir clairement en quoi consiste la distinction de *l'autorité naturelle et de l'autorité civile*, et la raison des différentes dénominations qu'elles ont dû recevoir. Puisque tout le monde a eu un père, il n'y a jamais eu pour les hommes qu'une seule manière d'acquérir l'autorité : *c'est la génération*; et par-là, le premier chef du genre humain eut *une autorité très-naturelle* sur tous les hommes. Ce fut en vertu de cette autorité, qu'il tenoit immédiatement de l'Auteur de la nature, qu'il gouverna d'abord ses enfans quand ils furent petits, qu'il leur fit les parts quand ils furent grands, qu'il les divisa ensuite par peuplades, quand ils devinrent trop nombreux pour tenir dans le même local. Dans tous les cas, son autorité fut toujours *très-naturelle* dans son essence, puisqu'elle étoit inhérente à son *titre d'auteur*.

II. Mais aussitôt que ce premier chef eut des enfans mariés, qui eurent des enfans à leur tour, il commença à paroître dans le monde deux autorités *très-naturelles* qu'il fallut penser à distinguer par différens noms; savoir : *l'autorité naturelle* de chaque père sur ses enfans, et *l'autorité naturelle* du chef universel sur tous les pères qui commençoient a former *une petite cité*; et c'est cette dernière qu'on appela *civile*.

III. Après la transmission. ou la première constitution, cette distinction devint encore plus frappante, puisque le fils du fondateur, même l'aîné, n'avoit pas engendré la cité toute entière. S'il eut *l'autorité universelle* sur toutes les branches qui restèrent avec lui, ce ne put être qu'en vertu de *l'autorité universelle*, que son père lui conféra, en le constituant sur sa cité. Pour distinguer cette autorité paternelle de celle qu'il avoit personnellement sur sa branche, il fallut donc appeler la première *autorité civile*, et elle portera ce nom jusqu'à la fin du monde.

IV. Il y a donc essentiellement dans chaque État deux autorités très-distinctes : *l'autorité universelle* du fondateur, dont le souverain est investi par la constitution, et *l'autorité naturelle* de chaque père dans sa maison, qui ne s'étend que sur ses enfans, et dont l'exercice devient inutile lorsque les enfans sont émancipés, parce que le *souverain* veille sur toutes les maisons. L'autorité partielle de chaque père dans sa maison a retenu le nom d'*autorité paternelle*. Celle du fondateur, dont le *souverain* est investi, et qui s'étend sur toute la cité, s'appelle avec raison *l'autorité civile*; mais si on lui a donné ce nom, ce n'est pas parce qu'elle n'est *ni naturelle*, *ni paternelle*, mais parce qu'elle est essentiellement antérieure à toutes les autres, et qu'elle s'étend, sans aucune exception, sur toutes les autorités, qui en sont originairement émanées. Ces deux autorités sont les mêmes dans leur nature; mais elles diffèrent dans leur étendue. *L'autorité* fut immense dans le premier chef, puisqu'il fut *l'auteur universel* de tous les hommes. Elle ne fut que partielle dans ses enfans, puisque chacun d'eux n'engendra qu'une branche du genre humain. Elle est très-restreinte dans les derniers pères, puisqu'ils n'ont engendré que leurs enfans. Elle est *nulle* dans beaucoup d'individus, puisqu'ils n'ont encore engendré qui que ce soit, et que s'ils ont quelque autorité, ce ne peut être qu'*une autorité reçue*. Ce que nous disons du genre humain en grand, s'est répété dans chaque royaume et dans chaque cité. Partout il y a *deux autorités*, celle du fondateur et celle de chaque père subalterne, auxquelles, pour les bien distinguer, on a donné deux noms différens.

V. Et c'est ici qu'on va voir paroître l'endroit où les hommes les plus éclairés ont commencé à s'égarer sans s'en apercevoir. Dans l'origine, malgré l'amour inné de l'indépendance, les peuples se souvinrent long-temps de leur fondateur, et conséquemment de la source très-*paternelle de l'autorité civile.* Mais après bien des siècles de changemens, et de vicissitudes humaines, lorsque la main du temps, qui détruit tout, eut totalement effacé les vestiges antiques des établissemens primitifs, et qu'on eut entièrement perdu de vue *le père universel*, dont on étoit descendu; en voyant, dans chaque État, *deux autorités* qui portoient deux noms différens, on s'accoutuma insensiblement à les regarder comme deux êtres substantiellement distingués; et parce que *l'autorité civile* ne portoit pas le nom *d'autorité paternelle*, on finit enfin par se persuader qu'elle ne venoit pas de la nature. Ce n'est pas que les esprits sages n'aient toujours cru que, dans l'origine, ce furent *les pères* qui gouvernèrent leurs descendans : de là *l'empire patriarcal*. Mais comment *cette autorité patriarcale* put-elle s'étendre, non seulement sur les enfans, mais sur toutes les familles qui en descendirent, et ensuite sur les bourgades et les cités qui vinrent s'établir dans le pays ? Voilà ce qu'on ne concevoit plus, et ce qui fit croire qu'après *l'autorité paternelle*, il en avoit fallu une autre qui s'étendît sur toutes les cités.

VI. D'après cette illusion fortifiée par l'esprit d'indépendance, et transformée en une erreur formelle avec le temps, on se mit à chercher d'où *cette autorité civile* avoit pu venir. Sentant à merveille que pour s'étendre sur tous, il falloit qu'elle fût *universelle*, les uns la firent créer *par l'universalité des sujets ;* les autres, effrayés des conséquences terribles de cette création, la firent tomber directement du ciel, et prétendirent que c'étoit *une autorité divine* : de là l'horrible confusion entre l'autorité *céleste* et l'autorité *terrestre*; l'autorité *naturelle* et l'autorité *surnaturelle*; celle *de Dieu* et celle *des hommes* ; celle *des prêtres* et celle *des magistrats*, confusion terrible d'après laquelle quelques papes se crurent *de droit divin* les maîtres du civil, et le civil également *de droit divin*, le maître du sacerdoce. Tous crurent que *l'autorité civile* n'avoit pu commencer qu'après la multiplication des peuples; *conditione multiplicati generis expensâ.* Alors, depuis l'autorité paternelle jusqu'à l'état civil, les amateurs de l'indépendance ne tardèrent pas à supposer un intervalle immense de cinq ou six cents ans, qu'on appela *l'état de na-*

ture, où les hommes, sans lois, sans chefs et sans autorités, vivoient dans une anarchie complète, et se disputoient le gland dans les bois ; après lequel, fatigués de tant de misères, ils prirent enfin le parti de se donner des gouvernemens civils De sorte que, par ces distinctions si rebattues *d'ordre naturel et d'ordre civil , de liberté naturelle et de liberté civile ,* on finit par se figurer deux états totalement distingués, dont le dernier avoit pris naissance dans les pactes des peuples. Après avoir demandé qu'est-ce que le pouvoir? *M. de La Mennais* ajoute, page 500: « *le pouvoir, les rangs, la propriété, la légitimité ;* « on conteste tout... *Le désordre va croissant, les* « *liens se rompent* ; dans la famille, *l'autorité pater-* « *nelle* s'affoiblit; dans l'état, on affoiblit *la hiérarchie* « *sociale.*»Voilà l'effet nécessaire de la séparation de ces deux états. « Toutes les vérités s'obscurcissent, toutes « les lumières s'éteignent, dit encore éloquemment « *M. de Bonald.* La lettre de la société , si je peux « parler ainsi, subsiste, mais l'esprit n'y est plus. » Tous nos bons observateurs sont d'accord sur ces tristes vérités.

VII. L'univers pleurera long-temps avec des larmes de sang, l'inattention avec laquelle on a adopté ces distinctions ruineuses. C'est d'après la séparation désastreuse de ces deux états, que la vérité s'est obscurcie, que la source de l'autorité civile a été méconnue, que le droit public a été perverti, *dissipaverunt legem , mutaverunt jus ;* que les origines ont disparu, que toutes les nations ont été confondues, que toutes les constitutions ont été brisées, que toutes les formes de gouvernement ont été ébranlées, que tous les oudres se sont égarés, que les hommes les plus savans ont partagé l'erreur : et il le falloit bien. Car enfin, en admettant *une autorité civile* qui a commencé dans les pactes, quand on ne laisseroit au peuple que l'arrangement matériel des gouvernemens, voilà évidemment *une autorité nouvelle*, qui n'existoit pas auparavant, *autorité* toute différente de la première, et qui commença long-temps après elle. Qu'on la tire *de l'universalité des individus, ou de l'auteur universel du monde*, elle n'a plus la même source, ni la même nature que *l'autorité paternelle*. De ce moment fatal, comme l'observe très-bien *M. de La Mennais*, et avec lui tous nos bons observateurs, de ce moment fatal, *l'autorité paternelle* étant devenue totalement étrangère à l'ordre civil, les liens du sang, qui unissent si fortement les hommes, ont été brisés : la subordination des cités primitives, et cet enchaînement superbe de générations sous leurs chefs subalternes, et des chefs subalternes sous leur chef souverain, a été anéanti ; les titres augustes *de Dieu, de père, d'auteurs, et de fondateurs*, adorés par les anciens peuples, ces noms vénérés dans tous les siècles, qui portent avec eux l'empreinte sacrée *de l'autorité*, ont été avilis, dégradés et méprisés, au point qu'on n'appeloit plus ses pères, que *ses grands parens*. Voilà la peinture trop fidèle de l'état où nous sommes.

VIII. Cette confusion d'idées étant passée, de l'opinion dans les livres, des livres dans l'enseignement et dans les mœurs, l'atmosphère morale s'est épaissie, tout l'univers s'est couvert de ténèbres, les rois et les peuples se sont assis à l'ombre de la mort, la guerre aiguisant son glaive destructeur, a fait un carnage affreux, la terre a été inondée de sang et s'est couverte de ruines. L'erreur des droits du peuple devenue comme une seconde nature, s'est tellement enracinée dans l'âme, tellement incorporée avec la substance des individus, que, lorsqu'on veut actuellement essayer de l'extirper, les esprits s'irritent; et quand on nous dit que *l'autorité civile* est aussi paternelle que toutes les autres, on dédaigne même de lire et d'entendre.

IX. Et comment une erreur aussi détestable a-t-elle pu durer si long-temps? C'est parce qu'ayant été enfantée par l'esprit d'indépendance, la passion la favorise; que d'ailleurs l'origine des peuples est si loin de nous, tous les principes primitifs sont placés si haut, que lorsqu'on les a totalement perdus de vue, on ne peut y remonter que par une suite soutenue de recherches pénibles et fatigantes, dans lesquelles on ne s'engage que quand on y est stimulé par un intérêt très-pressant et très-impérieux. Des sauvages, après avoir emporté chez eux une pendule, et reçu la clé pour la remonter, s'embarrassent peu, tant qu'elle marche, d'en chercher le principe moteur. Ce n'est que lorsque le grand ressort est cassé, qu'un d'entre eux, après en avoir mille fois remanié toutes les pièces, soupçonnant qu'il peut y avoir quelque chose dans le tambour, trouve enfin le secret de l'ouvrir.

X. Le grand *Bossuet*, effrayé des conséquences monstrueuses du système des pactes, en nous affirmant dans ses ouvrages que *l'autorité* vient du mot *auteur*, avoit laissé parmi nous la trace de lumière qui devoit nous conduire à la source des autorités. Mais comme les gouvernemens marchoient encore de son temps, on n'y a pas fait attention. Pour rappeler tous les esprits à la méditation de ses avertissemens immortels, il falloit que le grand ressort du monde politique fût cassé, et que la catastrophe épouvantable, qui vient d'arriver, nous forçât pour ainsi dire à développer toutes les conséquences salutaires de la courte définition qu'il nous avoit donnée.

XI. Maintenant qu'elle est connue, et que nous avons expliqué comment *la cité* naquit immédiatement de la famille primitive, sans lacune et sans dispersions, revenons absolument d'une erreur qui a coûté tant de sang, et fait verser tant de larmes. *L'autorité civile* étant infiniment p'us étendue que celle des pères subalternes, ces deux autorités doivent porter deux noms différens sans doute. Mais soyons certains que, malgré leur différente dénomination, elles ont toutes deux la même source et la même nature; qu'elles s'acquièrent toutes deux par la génération, et qu'elles sont *aussi naturelles et aussi paternelles* l'une que l'autre. Soyons certains que *l'autorité civile* ne vient ni du ciel, ni de l'absurde universalité des individus, qu'elle dérive *de l'auteur universel* de chaque peuple, et que c'est la même que celle qui lui servit à gouverner la première famille; que jamais elle n'a pu venir *des peuples*.

XII. Puisqu'il est une loi naturelle et des lois humaines, il n'est pas douteux que, de nos jours, comme autrefois, il faut distinguer *deux états*, l'état *naturel* et l'état *civil*. *La propriété naturelle* est ce que nous tenons immédiatement de la nature, comme nos corps, nos forces, le fruit de nos soins et de nos travaux. *La propriété civile* est ce qui nous a été légué par nos pères, conformément aux lois des fondateurs. Il y eut donc *un état purement naturel* qui précéda *l'état civil*; ce fut celui du premier père et du premier propagateur de chaque pays, jusqu'à ce qu'il eût fait des partages; mais *cet état* ne fut pas long, et il ne fut que pour lui seul, puisque ses enfans furent toujours soumis à ses ordres.

XIII. En deux mots, *un état de pure nature* où les hommes furent cinq ou six cents ans, sans chefs, sans lois, et sans autorités, est un état absurde, démenti par tous les monumens. Après l'état purement naturel, nous admettons *un état civil* créé par le père, des lois et des constitutions civiles faites par le père, en vertu de son autorité paternelle.

XIV. *Un état civil* créé *par les peuples*, cinq ou six cents ans après la première occupation de chaque pays, est un membre de distinction que nous n'admettons pas, et que nous n'admettrons jamais. *La même autorité*, qui avoit gouverné la famille, devint *civile* aussitôt qu'elle s'étendit sur plusieurs maisons. Voilà le fait prouvé par toutes les histoires et par le simple bon sens.

§ VI.

Objections.

I. Ceci posé, les objections des adversaires ne nous arrêteront pas long-temps : elles sont déjà réfutées d'avance. Quand on parle des souverains civils, on objecte d'abord *qu'il a bien fallu qu'il y en eût un premier?*.... Oui, sans doute : ce fut le premier propagateur de chaque pays, aussitôt qu'il eut des enfans mariés.

II. On ajoute *que le gouvernement paternel tend à la division!...* C'est précisément ce qu'il nous faut: sans elle *la cité* ne se formeroit pas. C'est parce que la première famille se sépara en plusieurs maisons, que la cité primitive naquit nécessairement du vivant du fondateur.

III. *Que le gouvernement paternel tendît à la division dès les premiers temps*, c'est ce qu'il est impossible de révoquer en doute. Aussitôt que les enfans voulurent se marier, il fallut bien dresser d'autres tentes, et leur préparer une nouvelle habitation. Mais quel est celui qui fournit la femme, les meubles, et le rigoureux nécessaire pour cette séparation? *C'est le père.* Dès l'instant des premiers mariages, voilà donc des enfans qui demandent, et un père qui écoute; un père qui accorde, et des enfans qui reçoivent; voilà donc déjà des actes, des dispositions et des parts civiles, qu'il faut maintenir; et ces parts sont essentiellement des lois.

IV. Nous sommes loin de contester aux adversaires *que le gouvernement paternel tende à la division.* Il y tend comme un arbre tend à pousser des branches, et les branches à pousser des rameaux. Ces branches se divisent et se subdivisent; mais elles ne quittent pas le tronc. Que si une graine se trouve transportée au loin, elle y devient un nouvel arbre, qui se subdivise encore, par branches, et par rameaux. Il y tend comme un corps de troupes, qui, à mesure qu'il lui vient des recrues, se divise et se subdivise par régimens, par compagnies, et par bataillons.

toujours sous la direction d'un seul général. Que si cette armée devient trop nombreuse, elle se sépare en plusieurs armées, conduites par plusieurs généraux.

V. Dans le corps social, comme dans tous les autres corps, l'auteur de la nature, (qu'on nous passe ces expressions de l'école,) a mis *une force centripète*, et *une force centrifuge*, des lois d'extension, et de gravitation, qui en assurent également la conservation et l'harmonie. *La force centrifuge* pour les hommes, c'est cette nécessité où ils sont de s'étendre, et de se disséminer sur le globe, pour y vivre des fruits de la terre. *La force centripète*, c'est le besoin absolu qu'ils ont *d'une autorité* commune, qui protége les personnes, et les propriétés, et les défende contre les agresseurs. C'est là le lien indissoluble des sociétés ; liens qui s'allongent, mais qui ne se rompent pas. A mesure que la cité s'étend, *l'autorité universelle* s'étend essentiellement au-dessus de sa tête, par la multiplication seule des générations. Et si un individu emporté de la cité primitive, se trouve transplanté dans un autre pays, c'est un nouvel arbre social, qui se subdivisera comme les autres par branches et par rameaux. Voilà pourquoi les corps civils sont indestructibles. Ils ont subsisté, et subsisteront tant qu'il y aura des hommes.

Par la force centrifuge, chaque enfant tend à avoir sa maison ; mais toutes ces maisons tendent à ne former *qu'une cité* ; chaque pays tend à se diviser par bourgades, mais ces bourgades tendent à ne former qu'un seul corps civil ; chaque corps civil tend à se séparer en corps politiques, mais ces corps politiques tendent à commercer entr'eux. Tous les corps

se repoussent, et cependant se rapprochent, par le
besoin qu'ils ont les uns des autres. Tel est l'ordre
superbe établi, sans nous, et malgré nous, par le
maître de la nature.

VI. Une autre objection des adversaires, c'est que *si
les hommes sont forcés de rester avec leur père, quand
ils sont grands, ils ne sont plus des êtres libres!*

Nous répondons à cette nouvelle difficulté que
s'il est des choses libres, il est aussi des choses nécessaires. Immédiatement après notre naissance, nous
ne sommes point du tout les maîtres d'être forts,
robustes, indépendans, et de nous suffire à nous-
mêmes. C'est malgré nous, que nous avons besoin
de nos parens. Quand nous sommes sortis de l'enfance, c'est malgré nous que nous devons à notre père
quatorze ou quinze années d'avance; malgré nous
qu'il nous force de travailler et de rester dans la maison paternelle: Quand nos aînés sont établis, c'est
malgré nous que les partages sont faits; qu'on nous
force de les respecter; qu'on nous punit si nous ne
les respectons pas. Le gouvernement domestique existoit avant nous, et c'est malgré nous qu'il devint civil. En quoi donc sommes-nous libres? Nous le sommes de vouloir le bien ou le mal, et de choisir entre
les récompenses ou les châtimens; mais cette liberté
est loin d'exclure les gouvernemens, puisqu'elle les
suppose, et que, sans eux, elle n'existeroit pas. Elle
prouve au contraire que, plus le gouvernement est
fort, plus nous devenons libres.

VII. Quel paradoxe! s'écriera-t-on, *Vous pré-
tendriez donc que l'homme devint plus libre dans
l'état civil, qu'il ne l'étoit dans l'état naturel!...*

Si l'on a jamais douté de cette vérité, ce sont nos sentimens faux, qui en sont la cause. Certes, ma vie, mes biens, et mes travaux sont des objets très-naturels en eux-mêmes. Cependant tout cela suppose des autorités, et en exige le pouvoir indispensable. N'eussé-je que ma foiblesse naturelle, il me faut *un père* pour me nourrir, me sustenter et me protéger. N'eussé-je que mes propriétés naturelles, il me faut *une autorité* pour les défendre, pour punir les agresseurs, et m'aider à repousser mes ennemis. Dans l'état naturel lui-même, la liberté dépend donc *de l'autorité*, et s'accroît avec elle.

VIII. Tant que le premier occupant de chaque pays eut encore très-peu de monde autour de lui, les personnes et les propriétés furent encore très-mal assurées, et la liberté bien foible. Mais plus les enfans se multiplièrent, plus chaque enfant devint libre. Plus *le père* eut des familles autour de lui, plus chaque famille devint puissante, puisque, par l'influence *de l'autorité universelle*, qui dispose de tout, elle devint forte de la puissance de toutes les autres. Les petits chefs des sauvages, comme nous l'avons déjà observé, sont obligés de souffrir les vengeances particulières, tant que leur tribu n'est pas encore formée : quand ils ont assez de monde pour former une force publique, et défendre les opprimés, on devient plus libre.

IX. Il ne faut que très-peu de réflexion, pour apercevoir que, dès l'origine, plus chaque cité s'accrut en hommes et en bestiaux, plus il fut aisé de bâtir, de défricher, et de cultiver la terre; que plus on eut de monde, et d'instrumens, plus les travaux devinrent faciles, et le mal physique diminua; conséquemment que plus *la cité* s'agrandit, plus il fut facile de faire le bien, et d'empêcher le mal, et plus chaque individu devint *libre*. La puissance ou la foiblesse, l'accroissement ou l'affoiblissement *de l'autorité*, sont le thermomètre certain du bonheur des individus, et *de la liberté* des peuples. 'Plus le gouvernement est impuissant, moins je suis libre de faire le bien, et d'en jouir, parce que j'ai encore très peu de moyens. Plus le gouvernement devient riche, nombreux, et étendu, plus chaque individu devient puissant, parce que *le chef universel* du gouvernement, volant au secours de l'opprimé, avec toute la force de la société dont il dispose, chaque individu, fût-il le plus foible des hommes, devient, par l'accession perpétuelle *de l'autorité*, capable de faire les plus grandes entreprises, de vaincre les ennemis les plus redoutables, et d'éviter les plus grands maux. Il devient fort de toute la force *du chef universel*. Voilà ce que fit le passage du gouvernement domestique à l'état civil; et voilà évidemment ce qu'il devoit faire, c'étoit d'étendre, d'agrandir, de fortifier et de perfectionner la liberté naturelle de l'homme.

X. *Où est donc ce sacrifice d'une portion de sa liberté naturelle que chacun fut obligé de faire pour se donner des gouvernemens civils? demandera-t-on avec surprise.*

Il est dans la tête de ceux qui supposent des pactes. Jamais il ne fut ailleurs. Quand on vient vous dire sérieusement : qu'on se détermina à sacrifier une portion de sa liberté pour être plus libre, c'est un langage paradoxal qui prouveroit qu'on ne connoît pas mieux la nature *de la liberté* que celle des gouvernemens. Lorsque les petites cités se réunirent, on sait que le petit chef de chaque cité fit le sacrifice de son indépendance, pour ne dépendre que d'un seul, et conséquemment pour être plus libre. Mais parce que les chefs étoient indépendans, s'ensuit-il que les sujets l'étoient, et s'ils ne l'étoient pas, purent-ils faire le sacrifice de leur indépendance ?.... Partout où les hommes cesseront de dépendre *d'une autorité*, ils cesseront d'être *libres*. Et s'ils furent toujours libres, c'est parce qu'ils naquirent essentiellement partout, à l'ombre *d'une autorité* tutélaire qui, après avoir protégé leur enfance dans la même maison, s'étendit sur toutes les maisons à mesure qu'ils se séparèrent. De là *les corps civils* qui naquirent de la première maison long temps avant qu'il y eût des peuples. *Ex naturâ videtur pagus colonia domûs esse*, dit *Aristote*.

XI. Que penser donc *de Voltaire*, et de ce vers célèbre : que *le premier qui fut Roi, fut un soldat heureux ?*... Etre bien sûr que ces prétendus grands génies ont été dans la plus profonde ignorance *sur l'origine des souverainetés*. S'ils eussent su que Dieu l'avoit placée *dans le chef universel* de chaque cité avant qu'il pût y avoir, dans chaque pays, ni guerres, ni soldats, ni conquêtes, ni conquérans, ils n'eussent pas dit tant d'absurdités, et on ne les eût pas écoutés comme des oracles. Comme les magiciens *de Pharaon*, leurs grands talens n'ont jamais servi qu'à épaissir nos ténèbres, à aggraver tous les fléaux de la fausse philosophie, et à changer les fleuves en sang.

XII. Demander *comment il put y avoir des corps civils avant qu'il y eût des peuples formés : c'est demander comment les corps peuvent être petits avant d'être grands ?*

Lors de la formation des cités aborigènes, ce ne fut d'abord dans chaque pays qu'un seul homme qui, ayant défriché un petit terrein au milieu des déserts, établit autour de lui cinq ou six enfans et leur assigna leurs parts. Ces enfans, qui tenoient leurs parts de l'autorité paternelle, ayant été perpétuellement obligés d'y recourir pour les conserver et les défendre, toutes les familles qui naquirent des premières, furent obligées d'en faire autant : et la nécessité continuelle de recourir aux actes de l'autorité primitive, rendant la continuation de cette autorité indispensable, le fondateur fut obligé de la perpétuer dans ses successeurs. Il en est exactement de chaque corps social comme de tous les autres corps. S'il naît c'est par la génération de son chef, et non par la volonté de ses membres : et quand il est né, c'est par leur accroissement qu'il se fortifie. C'est un petit enfant qui grandit, une plante qui s'étend progressivement et sans efforts, par le simple développement de ses parties. Chaque maison prise séparément a son chef naturel. Toutes les maisons prises collectivement forment *un corps civil.* Et le chef d'où elles descendent, quoique *très-naturel* comme les autres pères, devient *un chef civil,* aussitôt qu'il a au-dessous de lui plusieurs maisons. *Quid refert ampla ne, an angusta sit urbs vel imperium ? Concluons.*

XIII. Du moment que ce petit chef civil eut autour

de lui cinq ou six enfans mariés porta-t-il une couronne, eut-il un sceptre, une cour, des armées et des magistrats?..... Non, encore une fois. Il n'avoit peut-être qu'une tente. Il expliquoit peut être ses volontés étendu sous un chêne, ou assis dans un fauteuil. Tout ce que l'on voudra. Ce ne fut que long-temps après qu'on sculpta son fauteuil pour en faire un trône, qu'il prit un sceptre au lieu d'un bâton, et que son gouvernement offrit une forme imposante. Mais tout cela n'empêche pas que, dès l'établissement des premiers enfans, les parts étoient faites, les lois fondamentales étoient portées. Il existoit conséquemment une *autorité civile* à laquelle il fallut perpétuellement recourir.

XIV. Et voilà ce qu'il ne faut plus perdre de vue, c'est que *l'état civil* n'est que la continuation immédiate de l'état naturel. *Autorité, liberté, personnes, biens, propriétés*, tout est *très-naturel* dans sa source. Tout prit le nom *de civil*, dès qu'il y eut des dispositions civiles. Encore maintenant, mes biens et mes bestiaux viennent originairement de la nature : ce sont *des objets très-naturels* dans leur essence. Cependant quand je les ai acquis, je les donne, ou je les vends, je les partage et j'en fais des dispositions civiles. *Rien n'est plus naturel que les hommes, et l'autorité qu'on acquiert sur eux, par la génération.* Cependant cette autorité, *toute naturelle* qu'elle est, (quand on l'a) on la donne, on la confère; on la transmet *civilement* à qui l'on veut : et les dispositions *civiles* que l'on en fait ne l'empêchent pas d'être *très-naturelle dans son essence.* De sorte que comme le disent *Aristote*, *Burlamaqui* et tous les bons auteurs, *l'état civil* n'est pas autre chose que le développement *de l'état naturel* des hommes, et *l'autorité civile*, pas autre chose que *l'autorité naturelle* du père primitif, qui se transmettra d'âge en âge, jusqu'à la consommation des siècles. Partout où *cette autorité naturelle* ne se trouvera pas, *l'autorité civile* sera illusoire. *Homo naturâ est animal civile.* Mais venons-en au fait décisif.

XV. *Fait décisif.*

Si *l'autorité civile* n'a jamais pu venir des peuples, il faut convenir que le serment d'égorger et d'assassiner jusqu'à ce qu'elle en vienne, est encore une exécration. Qu'en est-il de nouveau résulté depuis trente ans? des attentats et des assassinats!.... Mais on aura toujours le droit de nous demander : assassiner, est-ce exécuter le grand œuvre?.. En fait de gouvernemens, la grande difficulté n'est pas d'assassiner *des princes légitimes*, mais d'en faire : ce n'est pas de nommer des députés pour faire des lois, mais de leur donner *des pouvoirs.* Où les prendre?.... Est-ce dans *l'universalité* des individus?... Cela est impossible, puisque *cette universalité* ne s'assemblera jamais. Seroit-ce dans une partie?.... Egalement impossible, puisque cette partie n'a aucun pouvoir législatif sur l'autre. Cette impossibilité a encore été victorieusement démontrée dans le contrat social... Mais si cela est, nous demandera-t-on de nouveau, à quoi bon tant d'armées sacrifiées, tant de peuples massacrés pour un grand œuvre qui ne s'exécutera jamais? Quand nous égorgerions jusqu'à la fin du monde, en seroit-il moins vrai que, dans chaque cité, ce fut *le père primitif* qui fit les premiers partages; lui qui se donna des successeurs, lui qui leur conféra *des pouvoirs*, et lui seul qui put le faire, puisque lui seul posséda *l'autorité universelle* par droit de nature, comme on le verra confirmé dans notre *Appendix de droit naturel, politique et religieux*.

C'est *cette autorité universelle*, que nous ne connoissions plus depuis la fable absurde des pactes sociaux, et que Dieu avoit placée plus de 500 ans auparavant, dans *l'auteur universel* de chaque peuple, qui constitue le *pouvoir moral* de gouverner, dont nous n'avions plus la première idée, et que tous les attentats du monde ne pourront jamais détruire; *pouvoir moral* qui survivra à tous les crimes et à toutes les révolutions; *pouvoir moral*, qui forme le grand ressort des gouvernemens; sans lequel il n'y aura jamais une seule puissance légitime sur la terre; *pouvoir moral* que tous les peuples ensemble ne sauroient donner; qui sera toujours *la propriété* des souverains, et qui, comme toutes les autres propriétés, ne marchera jamais qu'au signal des anciens propriétaires.

Quand nous assassinerions jusqu'à la fin du monde voilà le fait décisif qui restera toujours, c'est que *les pouvoirs civils* ne viendront jamais des peuples; c'est que depuis la fable absurde des pactes sociaux sur tout ce qui concerne *les cités*, leur origine. celle des lois et des constitutions, la source, la nature et constitution essentielle des pouvoirs, et des droits civils, nous étions tombés sur tout cela dans l'aveuglement le plus déplorable.

Mais, dira-t-on, depuis le commencement du monde, il y a eu beaucoup de variations dans les cités. Dans ces variétés innombrables n'a-t-il pas pu arriver, comme semblent le dire *M. Bossuet* et tous nos bons auteurs, que les peuples se soient quelquefois donné des gouvernemens ? C'est ce que nous verrons dans la question suivante, où le fil à la main, nous passerons à travers toutes les variations qu'ont éprouvées les cités depuis le commencement du monde ; et où nous débrouillerons cet horrible chaos.

CINQUIÈME QUESTION.

VARIATIONS DES CITÉS.

Qu'aucune espèce de Cité n'a jamais pu venir des peuples.

§ I, *Vie Nomade;* § II, *Vie sauvage;* § III, *Divisions et réunions;* § IV, *Appels aux peuples;* § V, *Révolutions;* § VI, *Du consentement des peuples;* § VII, *Du ministre de Dieu dans les constitutions;* § VIII, *fait décisif,* etc. etc.

ÉTAT DE LA QUESTION.

I. IL est certain que, depuis l'origine du monde, les cités ont éprouvé une infinité de variations; qu'il y a eu des peuples errans et des peuples fixes; des peuples chasseurs ou pêcheurs; des hommes sauvages et des hommes civilisés; des divisions et des réunions; des appels aux peuples; des souverains chassés, détrônés, exilés; des insurrections et des révolutions, qui ont fini par des gouvernemens populaires. Dans toutes ces variations, *les peuples* ont-ils jamais conféré la souveraineté, ont ils pu le faire? Dieu ne leur a-t-il pas accordé quelquefois le pouvoir de constituer, ou du moins de donner aux gouvernemens la forme extérieure?

II. Questions infiniment importantes. Car c'est un axiome de droit : *que c'est à celui qui constitue qu'il appartient de destituer.* Jetons un coup d'œil rapide sur tous ces états, et commençons par les hommes errans.

§. I.

Vie Nomade.

I. Le premier homme errant étoit-il seul dans ses voyages ? C'est une question facile à résoudre. Quand l'histoire nous montre *Caïn*, immédiatement après son départ, fondant des cités, portant partout avec lui l'agriculture et les arts, et remplissant la partie de la terre vers laquelle il se retire, d'une postérité nombreuse qu'on appeloit *les enfans des hommes*, elle nous dit clairement, qu'au moment de son exil, il étoit parti avec sa femme, ses enfans, ses petits-enfans et d'abondantes provisions.

Par ce fameux bannissement, le but du maître de l'univers, qui sait faire servir au bien ses châtimens mêmes, étoit d'étendre la population sur la terre, comme il le fit après le déluge par la célèbre dispersion de Babylone. Caïn errant n'étoit donc pas seul. Partout il marchoit en famille ; et tandis que les autres branches sorties *d'Adam* se séparoient par maisons, qui se fixoient autour de la cité primitive, les diverses branches sorties de *Caïn* se divisoient également, dans le lieu de leur exil, par grandes familles et par cités, qui cultivoient le terrain d'alentour, et menoient une vie fixe.

II. Avant que la culture pût s'étendre au loin, on

conçoit aisément qu'entre ces cités naissantes, disséminées çà et là dans les plaines, il resta des terreins
vagues et de vastes déserts, qu'on laissa long-temps
en friche faute de bras, et qui ne pouvoient servir
qu'à faire paître des bestiaux. Dès ces premiers temps,
il se forma donc naturellement *des familles ambulantes*, dont l'unique occupation étoit d'élever de
nombreux troupeaux qu'elles vendoient aux familles
fixées. Telles furent avant le déluge les descendans
de Jabel, *Jabel, pastor ovium*, et après le déluge,
ceux *d'Abraham et de Jacob*, et autres patriarches qui
vivoient sous des tentes, et conduisoient leurs bestiaux de vallées en vallées, et de déserts en déserts,
comme on le voit dans l'histoire *de Joseph*.

III. Il y eut donc, dès les premiers temps, *des familles ambulantes*, et il y en a encore dans bien des
pays, où il reste une vaste étendue de terres incultes.
Nous sommes loin de vouloir contester ce fait incontestable. Mais il est évident que ce ne fut pas là
l'état primitif de l'homme, puisque *Caïn* avant son
exil menoit lui-même une vie fixe dans la cité primitive, où il étoit cultivateur, et d'où sortirent successivement tous les biens, tous les bestiaux, toutes les
cités et les familles ambulantes elles-mêmes.

IV. Si ce ne fut pas là *l'état primitif*, c'est le
comble de l'extravagance de prétendre qu'il fut *le
seul*. Tandis que *Caïn* menoit une vie errante, *Enos,
Henoch* et beaucoup d'autres chefs de famille habi-
toient les villes, cultivoient les terres d'alentour, et
se livroient aux différens arts. Tandis que *Jabel* er-
roit avec ses troupeaux, *Jubal et Tubalcaïm* résidoient dans les cités, où ils travailloient à différens

métiers, qui exigeoient une vie sédentaire ; et après le déluge, tandis qu'*Abraham*, *Jacob*, et autres patriarches menoient une vie ambulante, il y avoit, partout où ils voyageoient, une multitude innombrable de familles fixées, de villes bâties et de royaumes existans. Ces faits, outre leur conformité naturelle avec la raison, sont si manifestement consignés dans l'histoire, qu'il faudroit ne l'avoir pas lue pour les contester. Il est démontré que, dès les premiers temps, il y avoit infiniment plus de familles fixées que de familles ambulantes.

V. Maintenant *ces familles ambulantes étoient-elles disséminées dans les bois, et vivoient-elles dans l'indépendance ?* Autre imposture encore plus grossière ! Comme celle *de Caïn*, tout nous dit qu'elles marchoient en corps, qu'elles obéissoient respectueusement à un chef, et que ce chef agissoit en souverain. Il faisoit la paix et la guerre, comme on le voit dans l'histoire *d'Abraham*. Il avoit droit de vie et de mort, comme le démontre l'histoire *de Thamar ;* et personne ne pouvoit acheter, même une mesure de blé, sans sa permission, comme on le voit dans l'histoire *de Jacob*. Ces grandes familles étoient évidemment de véritables cités ambulantes, qui avoient leur police, leurs lois et leurs usages, et qui dépendoient de leur chef, aussi rigoureusement que les cités fixes.

VI. Si cette indépendance n'existoit pas dans les familles patriarcales, où donc la trouvera-t-on ? Seroit-ce chez les Arabes, les Tartares, et d'autres peuples qui, comme les patriarches, errent perpétuellement avec leurs troupeaux dans de vastes déserts? Il est vrai que parmi ces peuples, il y en a qui n'ont pas d'autre demeure que des chariots. Mais, dans ces maisons mobiles, tout le monde sait que ces peuples vivent en famille, qu'ils sont subordonnés à un chef, conséquemment qu'ils n'ont jamais vécu dans l'indépendance. On sait jusqu'à quel point *les Scythes* portoient leur respect barbare pour leurs rois, puisqu'à leur mort ils égorgeoient tous ceux qui les avoient accompagnés pendant la vie, pour les escorter dans le tombeau. Qu'on parcoure tous les peuples anciens et modernes, partout où l'on trouvera des hommes errans, partout on trouvera des lois, des usages, des chefs et des rois, comme chez les peuples fixes.

VII. Voilà ce que c'est que *cette vie nomade, pastorale et patriarcale*, dont on a fait de si belles peintures dans les livres, et dans les tableaux; *cette vie* tant chantée par les poëtes, tant célébrée par nos écrivains romanciers; qui consiste à prendre soin des animaux les plus sales, et les plus dégoûtans, et qui fut dès l'origine le partage des derniers nés; *cette vie* si peu recherchée dans tous les temps, si généralement méprisée chez les Égyptiens, et tous les peuples, où les sciences et les arts étoient en honneur. Pour une famille qui se livroit à une vie errante, il y en avoit des milliers qui résidoient dans les villes. Ainsi il s'en falloit de beaucoup que cette profession fût générale. Voilà ce que c'est que *cette vie pastorale et patriarcale*!...... C'étoient tout simplement, dans les premiers temps, quelques familles sorties des cités fixes, alliées avec elles, et soumises à leur chef, aussi rigoureusement que les peuples agricoles l'étoient à leurs rois. Il n'y a dans tout cela *ni disper-sion, ni égalité, ni indépendance.*

VIII. Cependant lisez *Rousseau*, écoutez tous les démocrates et toutes les têtes systématiques de nos jours : la vie pastorale fut l'état primitif de l'homme, et il n'y avoit alors que cet état, pas une seule bourgade, ni une seule cité, par une seule famille fixée et réunie. Dans ces jours extraordinaires qu'on n'a jamais vus et qu'on ne verra jamais, tout le monde étoit heureux, égal et indépendant : c'étoit un printemps perpétuel, un siècle d'or, où les tigres, et les agneaux jouoient ensemble, où les passions ne portoient point au mal, où même il n'y avoit point de passions.

IX. Que les poëtes aient repu leur imagination de pareilles rêveries ; que les peintres se soient égayés à tracer sur la toile ces traits fabuleux, et qu'on en amuse encore les enfans dans leurs loisirs; rien de plus simple. On peut faire des contes, et des romans à plaisir, pourvu qu'on les donne pour ce qu'ils sont. Mais qu'on les recueille comme des vérités démontrées ; qu'on en fasse des traités de morale, et des livres de droit ; que ceux qui les débitent y croient de bonne foi ; que les peuples, et les souverains y croient de même; que cette croyance gagne partout, et devienne l'opinion universelle: que d'après de pareilles chimères, on brise les constitutions, on bouleverse les gouvernemens pour rétablir partout *la vie pastorale, et patriarcale* des premiers temps ! voilà ce qui fait trembler sur l'étrange aveuglement de notre siècle.

X. Ce qu'il y a de bien certain, c'est que tout ce qu'on nous a dit *de cette vie pastorale, et patriar-*

cale, où tout le monde fut, cinq ou six cents ans, errant et dans l'indépendance, est un tissu de contes puériles, qu'il faut renvoyer aux faiseurs de romans. Il faut n'avoir jamais lu l'histoire pour ignorer que du temps des patriarches, il y avoit une infinité de cités dans la terre *de Canaan*; une infinité dans la Grèce, et dans l'Asie mineure du temps des Cyclopes; et que, de nos jours encore, tandis que les Tartares se promènent sur leurs chariots, l'univers entier est rempli de cités et de peuples fixes.

XI. Il est donc faux que dans les premiers temps, il n'y eût que des familles errantes puisqu'il y avoit partout des rois, et des cités; que ces familles fussent dispersées, puisque partout elles marchoient en corps; qu'elles fussent indépendantes, puisqu'elles avoient leurs lois, leur police, et un chef qui avoit *autorité universelle* sur ses descendans. Jamais ni les historiens, ni les bons auteurs n'ont parlé *de l'état patriarcal* tel que nous nous le figurons. Chez les pasteurs comme chez les laboureurs, partout ce fut *le père* qui gouverna, qui établit et qui fit les parts. Partout les lois, les constitutions, l'arrangement du gouvernement civil fut fait *par le père primitif*, cinq ou six cents ans avant qu'il pût y avoir des peuples. Cette marche est indépendante des professions et des variations, et elle sera partout la même. Donc la cité ne naquit pas *des peuples* dans la vie nomade.

§ II.

Vie sauvage.

I. Il est évident qu'après la dispersion de Babylone

les régions éloignées ne purent être peuplées et habi-
tée que long-temps après les autres. Déjà *l'Asie*
étoit pleine de rois et de cités, que *l'Europe*, *l'Afrique*, et surtout *l'Amérique* étoient encore sans habitans. Ce ne fut que progressivement, et après avoir
traversé de vastes régions, que la population attei-
gnit d'abord les rives de la mer, et qu'elle passa de là
jusqu'aux bornes du monde ; de sorte que la terre
étoit déjà couverte en partie de peuples civilisés, qu'il
n'y avoit pas encore un seul sauvage.

II. Soit curiosité, soit besoin, ceux qui arrivèrent
les premiers sur les bords de la Méditerranée, ne tardèrent pas à faire des essais. Trouvant partout des
bois immenses ; d'après le modèle du vaisseau qui les
avoit sauvés du déluge, s'étant fait des barques et
des canots, ils traversèrent d'abord des rivières, ensuite ils s'essayèrent sur la mer, et enfin, ils s'enhar-
dirent. Tandis que *les Scythes*, et les autres peuples
ambulans s'étendoient vers le nord sur leurs chariots,
les premières barques jetèrent quelques individus
dans les îles de l'Archipel, de là dans la Grèce, ensuite sur les côtes *d'Afrique* et *d'Italie*. Long-temps
après, d'autres furent jetés *dans l'Amérique*. En
suivant attentivement sur le globe la marche de l'histoire, des arts et des monumens, on suit à l'œil la
marche progressive de la population humaine, et
l'on aperçoit aisément de quel point de la terre elle
est partie.

III. Parmi ceux qui se hasardèrent sur la mer, et
qui faisoient leurs premiers essais, sur un élément
furieux qu'ils ne connoissoient pas, dans des canots
mal travaillés qu'ils ne savoient pas conduire, il est

aisé de conjecturer que quelques-uns, après avoir été ballotés par la tempête, se trouvèrent jetés dans des îles, d'autres poussés au loin sur les côtes de la Grèce, où ils arrivèrent après leur naufrage, sans blés, sans bestiaux, sans instrumens de labourage et sans aucunes provisions. Séparés *de l'Asie* et des autres peuples civilisés, par des bras de mer et de vastes déserts, sans pouvoir rien tirer des sociétés primitives, on conçoit qu'ils dûrent tomber, en peu de temps, dans un état de misère, d'ignorance, d'abrutissement et de barbarie, qu'il seroit facile à la raison de deviner, quand l'histoire ne nous en parleroit pas. De là les premiers sauvages. Et comme l'ignorance est la mère de la corruption et du mensonge, il n'est pas étonnant que ces premiers temps aient enfanté tant de fables grossières que l'imagination des poëtes sut embellir en les adoptant. Si ce fut là, comme il est très-probable, la situation des premiers habitans de l'Europe, en arrivant dans le Péloponèse, dénués de tout, ils firent très-bien de manger du gland. C'est là l'instinct très-naturel de l'homme. Plutôt que de mourir de faim, on se jette sur ce que l'on trouve, et faute de blé, on vit de racines et de fruits sauvages. Il n'est personne qui n'en fît encore autant de nos jours.

IV. Si les premiers habitans de l'Europe, séparés *de l'Asie* par l'Archipel, et de vastes déserts, tombèrent à leur arrivée, dans un état aussi affreux, on peut juger, quel fut celui des premiers habitans du nouveau monde, quand ils se trouvèrent, long-temps après, séparés du reste des hommes, par des mers immenses. *Comment l'Amérique s'est-elle trouvée ha-*

bitée ? Seroit-ce par des individus du nord, qui, après avoir échappé aux bêtes féroces et à tous les dangers d'un voyage aussi long, y seroient arrivés, à travers les glaces, par des chemins que nous ne connoissons pas? Ou bien, seroit-ce tout simplement par des vaisseaux, ou des bateaux pêcheurs, qui auroient péri dans ces parages, et dont quelques naufragés se seroient sauvés sur des débris? C'est ce que nous ignorons, et ce qui n'est point du tout nécessaire pour résoudre la question que nous traitons maintenant.

V. Un fait qu'il est impossible de contester, puisqu'il est consigné dans toutes les histoires, c'est que, lorsqu'on a découvert l'Amérique, on n'y a trouvé ni *blés, ni chevaux, ni bestiaux, ni l'usage du fer, ni instrumens de labourage.* D'où il résulte que *dans l'Amérique* comme *dans la Grèce*, le défaut de provisions fut très-certainement la cause de la vie sauvage. Si ces malheureux habitans allèrent tout nus, ce fut parce qu'ils manquèrent de vêtemens; s'ils commencèrent à manger du gland, ce fut parce qu'ils n'avoient pas de blé, et s'ils vécurent ensuite de chasse et de pêche, ce fut parce qu'ils n'avoient pas de bestiaux. D'où il résulte, par la même conséquence également incontestable, que *l'état sauvage ne fut point du tout l'état primitif de l'homme.* Le prétendre, ce seroit affirmer que le premier homme a été jeté sur la terre par la tempête, qu'il y est arrivé par naufrage, sans blé, sans bestiaux et sans provisions; non-seulement lui, mais tous les peuples primitifs qui se sont répandus dans toutes les parties du monde:

extravagance qui ne le céderoit en rien à toutes celles que nous avons déjà réfutées.

VI. Cependant écoutons encore *J. J. Rousseau* si bien nommé *par M. de Bonald le romancier de la vie sauvage*. Selon cet écrivain paradoxal, « Cet « état fut très-certainement l'état primitif de l'homme ; « conséquemment *son état naturel* : et si ce fut son « état naturel ce fut un état de bonheur ; bonheur « dont il a été dépouillé en consentant à la vie civi- « lisée qui a fait tout le malheur du monde. » Rai- sonnement absurde dans tout son contenu, puisque le principe en est faux ; mais raisonnement qui pré- senté par l'oracle du siècle, rebattu d'un bout à l'autre de ses ouvrages, et répété par tous les échos de l'er- reur, devoit, dans un siècle frivole, opérer dans les esprits la plus terrible de toutes les révolutions. Qu'on interroge l'opinion publique. D'après la croyance presque universelle, et celle des hommes même dis- tingués du commun, pas un pays qui n'ait commencé par la vie sauvage ! Si l'on veut savoir ce que l'on étoit avant la civilisation, c'est chez les sauvages que l'on va, parmi les sauvages qu'on vous envoie. *C'est là l'état de nature*, conséquemment l'état délicieux par excellence.

VII. De là cette impatience de secouer le joug des gouvernemens, cette fureur universelle pour la vie sauvage, qui, étant passée des livres dans les esprits, et des esprits dans les cœurs, n'a pas tardé, comme il est d'usage, à se manifester dans les corps. Rougis- sant encore d'aller tout nu, dans des pays accou- tumés à la civilisation, on n'a pas rougi de se vêtir au moins, de manière à le paroître. Dans tout le reste, on a manifesté clairement combien on avoit en hor - reur les assujettissemens ordinaires de la vie civile. Des cheveux gras, *des têtes à la Titus*, des figures barbares, des lavages perpétuels ; de vraies marâtres plongeant le corps palpitant des enfans nouveau-nés dans la mer et dans les rivières, les faisant marcher presque nus, dans les climats les plus rigoureux. Traitement barbare évidemment réprouvé par la nature, puisque les animaux les plus féroces ont grand soin de réchauffer leurs petits, et que, comme le dit *M. de Bonald,* une chaleur douce et modérée convient infiniment mieux au développement de leurs membres délicats. Traitement homicide qui, en crispant le genre nerveux, loin de fortifier les corps, ne forme que de misérables avortons, et a fait périr des milliers d'enfans rachitiques dès le plus bas âge. Mais il nous falloit une race *de cannibales, et d'Esquimaux* ; et l'on n'a pas tardé à surpasser les premiers, par la soif du sang, et les autres par le débordement des mœurs.

VIII. Dans un pareil abrutissement d'esprit et de cœur, les grandes idées *d'un Dieu Créateur* étoient trop immatérielles. Les petits systèmes *des Celse,* et *des Porphyre* convenoient beaucoup mieux. On n'a pas tardé à les reproduire sous d'autres noms. De là ces comètes incréées, qui, après avoir roulé des millions d'années dans le vide, venoient enfin tomber sur le soleil, pour former des mondes de verre, qui étoient eux-mêmes des milliers d'années à se refroidir ; de là ces hommes éventuels, qui, se trouvant sur la terre, on ne sait comment, ont été des milliers d'années à manger du gland, des milliers d'années sans blés, sans troupeaux, sans agriculture et sans arts, et cependant mille fois plus heureux que dans la vie civilisée.

IX. Conceptions grossières, aussi absurdes qu'impossibles, mille fois reproduites, et mille fois pulvérisées. *Petit esprit, ou esprit des petites choses*, qui, selon *M. de Montesquieu* a perdu l'empire romain, après y avoir détruit les mœurs; qui selon *M. de Bonald*, fut, dans tous les temps, le caractère distinctif de la fausse philosophie, et qui, malheureusement, est devenu *l'esprit public* de nos jours; qui, selon la prédiction célèbre de *Léibnitz*, il y a plus de cent ans, préparoit la catastrophe épouvantable qui vient d'arriver, et qui a consommé en peu de jours l'ouvrage de tant de siècles. *Petit esprit, ou esprit des petites choses*, qui renverse tout sans rien relever; qui, par ses rêves insensés, croit remplacer le créateur, et ne le remplace pas; se soustraire à ses châtimens futurs, et ne les évitera pas.

X. Pour nous, que cette catastrophe épouvantable a ramenés, comme malgré nous, à la discussion de ces importantes questions, nous soutenons, avec ceux qui ont encore conservé quelque étincelle de raison, qu'en rejetant *la création*, toutes les comètes, et tous les atômes des matérialistes n'eussent jamais pu créer un grain de blé; et qu'en l'admettant, le Tout-Puissant n'a pas besoin de ces lenteurs, ni de ces vils agens, pour tout produire. Nous soutenons que, si l'homme eût commencé par la vie sauvage, il n'en fût jamais sorti; que s'il eût été d'abord sans blés, il y seroit encore; que si nous en avons de nos jours, il y en

ent au commencement du monde. et qu'ils se retrouvèrent après le déluge, sans quoi il est de toute évidence qu'ils ne seroient pas parvenus jusqu'à nous.
Nous soutenons avec tous les bons auteurs, et même
beaucoup d'écrivains conventionnels, tels que *MM.
de Buffon*, *de Voltaire*, et autres, qui ne sauroient
être suspects à nos adversaires, que la vie sauvage,
cette vie de misère, *d'imbécillité et de dégradation*,
dont parlent les historiens et les voyageurs, ne fut
ni l'état primitif, *ni l'état naturel*, *ni l'état universel
de l'homme*.

XI. Ce ne fut point *son état primitif*, puisque,
plus de deux mille ans avant qu'il y eût des sauvages
dans la Grèce, l'histoire nous montre *Caïn* labourant
la terre, et les enfans *de Noé* en faisant autant, après
le déluge. Ce ne fut point *son état naturel*, puisque
la nature nous crie que tous les biens ayant été faits
pour l'homme, ils furent essentiellement créés avec
lui, et lui avec eux, long-temps avant qu'il pût y
avoir des Grecs. Ce ne fut point *un état universel*,
puisque l'histoire, d'accord avec la raison, nous fait
voir *les Assyriens*, *les Egyptiens*, *les Cananéens*
et toutes les peuplades primitives qui partent de la
Mésopotamie, parfaitement civilisées et approvisionnées, portant avec elles des blés et des biens de toute
espèce, qui se répandent aussi avec elles, *dans l'Asie*,
l'Afrique et toutes les terres contiguës, où jamais il
n'y a eu de véritables sauvages.

XII. *La vie sauvage* est un état *accidentel*, *particulier*, infiniment postérieur à l'origine des corps
civils, dans lequel tombèrent *les Grecs*, *les Américains*, et quelques êtres malheureux, qui se trou-

vèrent séparés des sociétés primitives par la tempête,
ou par d'autres accidens imprévus, qui les jetèrent
dans la plus profonde misère. Or, que diroit-on, remarque un philosophe sensé, d'un homme qui, voyant
une abeille égarée et perdue dans les déserts, prétendroit que c'est *l'état naturel* des abeilles, et que
celles qui sont dans la ruche, et vivent en société,
sont *dans un état contre nature*? De ce que *les Grecs
et les Américains* ont commencé par la vie sauvage,
prétendre que tous les peuples ont commencé comme
eux, c'est donc une erreur contredite par tout l'u-
nivers.

XIII. Parce que *les Grecs et les Américains* ont
commencé par l'état sauvage, affirmer qu'ils y ont été
des millions d'années, c'est ce qui est également démenti par tous les faits. Aussitôt qu'on eut découvert
les misérables habitans de la Grèce, *les Phéniciens*
leur portèrent des blés, *l'Egypte* leur transmit ses
lois et ses arts ; et, de la Grèce, ces biens se répan-
dirent dans l'Europe entière. Il est vrai que *l'Amérique* séparée du reste des sociétés par des mers immenses, dut être aussi plus long-temps dans cet
état de dénuement. Cependant aussitôt qu'elle a été
découverte, tout le monde sait qu'on y a porté des
blés et des bestiaux : nouvelle preuve qu'il y en avoit
ailleurs.

XIV. Mais oser affirmer que dans cet état pitoyable les sauvages sont plus heureux que les peuples
civilisés, c'est insulter au sens le plus commun. Voilà
ce que *M. Volney* (dans ses éclaircissemens, *pag. 493
et suivantes*), nous dit, encore de nos jours, des
sauvages voisins *du Canada*. « Le sauvage américain

« est ivrogne, féroce, dissipateur.....; esclave de ses
« besoins et d'une nature stérile; sans alimens, sans
« repos assuré, souffrant la faim, la soif, le chaud et
« le froid, toutes les intempéries des saisons; sans dé-
« fense, sans demeure fixe, sans sécurité dans ses
« voyages; la crapule et la débauche entre les deux
« sexes, dès la plus tendre enfance; la cruauté, la ven-
« geance, le ressentiment; des guerres perfides et in-
« terminables; une foule d'idées fausses et supersti-
« tieuses, dont l'homme civilisé est affranchi. Voilà la
« vie sauvage. Qu'après cela des rêveurs sentimentaux
« tels que *Rousseau* et autres qui ne les ont pas vus,
« viennent nous vanter la bonté de l'homme dans ce
« misérable état ! »

XV. Si ces sauvages voisins du *Canada* sont dans
un tel état de misère, que penser de ceux qui, par
leur situation, se trouvent encore plus éloignés des
sociétés ? Voici ce qu'on lit (*dans le quatrième voyage
de M. Cook, tome V, pag.* 203), sur les habitans
de la Terre de feu. « Si jamais, dit ce célèbre voya-
« geur, on a pu révoquer en doute les avantages de
« la vie civilisée sur la vie sauvage, la seule vue de
« ces Indiens suffiroit pour décider la question. Jus-
« qu'à ce qu'on me prouve qu'un homme tourmenté
« continuellement par la rigueur du climat est heu-
« reux, je ne croirai point aux déclamations des
« philosophes, qui n'ont pas eu occasion de contem-
« pler la nature humaine dans toutes ses modifica-
« tions, ou qui n'ont pas senti ce qu'ils ont vu.....
« Ils étoient sales, stupides, indolens, si hébétés et
« si misérables, qu'ils ne vouloient ou ne pouvoient
« pas même se préserver de la rigueur des temps. »

Et si l'état des Indiens actuels de l'Amérique est encore si déplorable, quel fut celui des premiers habitans qui n'avoient encore ni cabanes, ni instrumens, ni arcs pour chasser, quand ils furent jetés pour la première fois sur ces côtes inhabitées? Quelle force de génie pour avoir fait croire à tant de monde que ces individus sont heureux, et quelle étendue de foi pour y croire!

XVI. Mais se persuader que ces malheureux, parce qu'ils sont sans pain, sont sans chefs et sans autorités, c'est outre-passer les bornes ordinaires de la crédulité, puisque c'est croire qu'ils sont sans pères et sans mères. Il est vrai que quand *l'Argolide* commença à se peupler, *Inachus* commença aussi à réunir les familles dispersées; mais avant cette réunion, ces familles avoient des chefs, et même de grands chefs. Les villes *d'Elide*, *de Dodone*, les régions *de Tharsis et de Cettim*, *les champs Elisiens* et la rivière *Elissus*, tirent évidemment leur nom *d'Eliza*, *Tharsis*, *Cettim et Dodanim* : et ces noms sont précisément ceux des quatre enfans *d'Jon* ou *Javan*, conséquemment des quatre chefs naturels des principales tribus des Grecs.

XVII. On sait aussi que, lorsque les habitans *du Pérou* commencèrent à se multiplier, *Manco-capack* se présenta à eux pour les réunir; mais on n'ignore pas davantage, que tous les sauvages qu'on a trouvés dans l'Amérique (fût-ce dans les nids *du Paraguai*), vivoient en familles, qui étendoient leur habitation à mesure qu'elles augmentoient en nombre. De là, dans l'histoire *de Robertson*, ces grandes cabanes qui contenoient quelquefois une centaine d'individus, vivant tous ensemble, autour d'un seul feu, *sous l'autorité d'un seul grand-père.*

XVIII. Quand cette grande famille fut forcée de se diviser, il fallut bâtir, autour de la cabane paternelle, de petites cabanes, qui formèrent des villages et des tribus. Et c'est aussi ce qu'on a trouvé chez tous les peuples sauvages. Ils sont tous divisés par tribus, comme tous les autres hommes. Lorsque *le père commun* venoit à mourir, il devoit laisser *au plus ancien* le gouvernement de sa tribu. Qu'on lise l'histoire, on y verra toutes ces gradations sans la plus petite différence. Partout où l'on a trouvé des sauvages, on y a vu des tribus gouvernées *par des anciens* ; au-dessus de ces anciens *un cacique* ; et dans les pays plus avancés en population, au-dessus des caciques, *un empereur.*

XIX. Et il faut bien faire attention *que ces empereurs* n'étoient point du tout élus par le peuple, mais *par les anciens* ; que ces anciens n'étoient point *des vieillards*, comme on a voulu nous le persuader, mais, selon *le père Labat*, les chefs des plus anciennes familles, ceux que nous appelons encore parmi nous séniers ou seigneurs, *seniores* ; que ces anciens n'élisoient point arbitrairement, comme on a voulu nous le faire croire ; qu'ils proclamoient le plus ancien, ou le premier sénier d'entr'eux, et ensuite ses héritiers naturels, comme il arrivoit *dans le Mexique, le Pérou et la Virginie*, même avant la découverte du nouveau monde. De sorte que, chez les sauvages comme partout ailleurs, le trône suivoit régulièrement l'ordre de la naissance : et les élections n'étoient pas autre chose que la proclamation du premier chef, comme nous aurons occasion de le voir ailleurs.

XX. Quand, par impossible, le premier homme eut été jeté sur la terre par la tempête, sans blés, sans bestiaux et sans vêtemens, *comme les Grecs, et les misérables Américains;* que l'état sauvage eût été universel; que tous les peuples y eussent été condamnés par l'auteur de la nature, sans aucun espoir d'en sortir jamais; c'est donc une illusion pitoyable de croire qu'ils eussent été cinq ou six cents ans *sans chefs, sans autorités et sans gouvernemens.* Ils n'y eussent pas été un seul jour, puisque chez les sauvages, comme partout ailleurs, le gouvernement est indispensable. On convient sans peine que, selon les différens accidens qui peuvent leur survenir, les peuples peuvent être plus ou moins riches, plus ou moins forts, plus ou moins approvisionnés, plus ou moins heureux, plus ou moins avancés en civilisation. Des malheureux qui n'ont pas de pain, et qui sont obligés de manger du gland, sont plus à plaindre que ceux qui ont tout en abondance. *L'état accidentel* des hommes peut varier; mais ce qui est invariable et ce qui ne changera jamais dans l'état de l'homme, c'est que, *civil ou barbare, mangeant du pain ou broutant de l'herbe, arrivant par terre ou par mer, vêtu de pourpre ou sans vêtemens,* tout ce que l'on voudra, si je suis le premier occupant d'un pays, j'en suis le maître. Si je suis *l'auteur universel* d'une tribu, c'est moi qui ai *autorité universelle* sur mes descendans. Si je suis *ce père primitif,* fussé-je *antropophage,* le plus barbare et le plus cruel de tous les hommes, c'est par la constitution de la nature que je suis *père*; c'est en vertu *de mon titre d'auteur universel* que j'établis, que je fais les parts, que je constitue sur mes descendans. Et quand j'ai prononcé sur les partages, les partages sont faits ; quand j'ai constitué des successeurs, mes successeurs sont constitués. Chez les sauvages comme partout ailleurs, la constitution civile a été faite par le père, cinq ou six cents ans avant qu'il pût y avoir des conventions populaires. Jamais ni les historiens ni les bons auteurs n'ont pu nous citer un seul pays, où les hommes aient été un seul jour *dans l'indépendance*. Donc *les cités* ne sont pas venues *des peuples* chez les sauvages.

§ III.

Divisions et réunions.

I. Lors de la grande division de la société primitive, les pays qui reçurent immédiatement les premiers débordemens de cette prodigieuse population long-temps concentrée, tels que *Babylone, Ninive, l'Égypte et l'Assyrie*, furent sur-le-champ couverts d'une population immense. D'après l'aversion naturelle que l'on avoit pour se séparer, les chefs qui se fixèrent dans ces premières stations, comme *Nemrod, Mezraïm*, et autres, dûrent se trouver au moment même, à la tête d'un peuple nombreux, dans lequel ils eurent des laboureurs, des artistes, des gardes, des soldats, des blés, des bestiaux, tout ce qu'il falloit enfin pour organiser sur-le-champ de grands corps civils. Qu'on jette les yeux *sur l'Egypte, l'As-sytie et la Babylonie*, on y verra, immédiatement après la dispersion primitive, de grandes monarchies, de grands monarques, et des ouvrages superbes. Tandis que les malheureux habitans du Péloponése mangeoient du gland, on recueilloit dans ces royaumes d'abondantes moissons. La Grèce avoit à peine de mauvaises cabanes que *Ninive, Babylone, la superbe Thèbes à cent portes*, et les édifices les plus hardis, attestoient au genre humain, que les arts n'avoient pas péri sous les eaux du déluge, et que l'état de civilisation véritable existoit plus de deux mille ans avant qu'il y eût *des sauvages*. Tous ces corps civils sont grands dans l'origine, parce qu'ils partent avec une population nombreuse.

II. Il n'en fut pas de même des individus, qui, après des voyages pénibles, arrivèrent l'un après l'autre sur les diverses parties du globe. Il est vrai que plus ils marchoient, plus ils découvroient devant eux une immense étendue de pays, dont ils étoient exclusivement les maîtres. Mais comme ils étoient en petit nombre, cette immense étendue de pays leur devenoit parfaitement inutile. Chaque chef de famille à mesure qu'il arrivoit, après avoir défriché un petit terrein au milieu des bois, y formoit une petite cité dont il laissoit le gouvernement à l'aîné de ses enfans après sa mort. Quand la cité primitive devenoit trop nombreuse, les chefs des branches cadettes alloient former une nouvelle cité dans le voisinage. Chaque étranger qui arrivoit à son tour, s'établissoit dans les parties du même pays qui n'étoient pas encore occupées. Les bois, les vallées, une rivière, un ravin profond, suffisant alors pour intercepter la communication, tous ces petits chefs étoient aussi indépendans entr'eux, que les rois actuels le sont les uns des autres. Et c'est ainsi que les bons auteurs l'entendent, quand ils disent que dans l'origine les hommes étoient *indépendans:* les chefs étoient *indépendans* les uns des autres, mais chaque cité n'étoit pas *indépendante* de son chef.

III. Plus on s'éloigna du berceau du monde, plus les gouvernemens devinrent petits, et plus les souverainetés se multiplièrent. Dès le temps *d'Abraham,* c'est-à-dire quatre cents ans environ après le déluge, comme l'observe *M. Bossuet,* on voyoit une infinité de petits royaumes déjà formés depuis long-temps. *Dans l'Asie mineure, la Grèce, l'Italie, la Germanie, les Gaules, la Grande-Bretagne,* d'après le témoignage de tous les historiens, il y avoit une foule de royaumes, et tous étoient petits. Dans la Germanie, au rapport *de Tacite,* il y avoit presqu'autant de chefs que de bourgades, *Quot pagos, tot ferè duces.* Dans l'origine, lors de la première occupation, chaque village avoit son chef, chaque petite île avoit son roi : et cela devoit être, parce que partout où l'on arrivoit avec peu de monde, on ne pouvoit occuper qu'un petit terrein, et former que de très-petits établissemens; et comme toutes ces petites cités naissantes se trouvoient séparées par des bois et par des déserts, on conçoit pourquoi les historiens disent *que nos pères vivoient au milieu des bois.*

IV. Tous ces chefs, pour peu qu'ils eussent de terrein avec le peu de monde qu'ils avoient, se trouvoient d'abord fort au large, et défrichoient paisiblement autour d'eux ; mais quand chaque pays commença à se remplir, que la population venant à s'atteindre, à se heurter et à se froisser, on commença à vouloir s'étendre, et se faire place les uns aux dépens des autres, il s'établit un état de guerre, de division, et d'anarchie inconnu jusqu'alors, et qui fut terrible pour tous ces petits états. Chaque chef n'ayant pas la force de se défendre, ni de faire respecter son terrein, jamais, comme le dit fort bien *M. Rollin*, il n'y eut de temps plus fécond en troubles, en mutations et en dissensions de toute espèce. Dans cette lutte indispensable, les derniers venus, forcés de céder la place aux premiers, prirent le parti d'aller chercher fortune ailleurs. De là ces colonies, qui s'embarquent dans différens ports, pour aller chercher des établissemens en Grèce, à Carthage, en Italie, dans la Bretagne, et dans les Gaules. Dans les débats de ceux qui restoient, les grands états eurent des avantages visibles sur les petits. De là, dès l'origine, les progrès rapides *de Nemrod, de Ninus, de Sésostris ;* et dans la suite, des Romains, et autres grands conquérans, qui font trembler la terre, et dévorent tous les petits états. De là, dans des temps postérieurs, les invasions des peuples du nord, dont la population *adossée contre les bornes du monde,* dit un auteur célèbre, devoit, de toute nécessité, refluer sur l'empire romain, et l'engloutir à son tour.

V. Dans cet état de guerre, de fluctuation et de carnage, qui résulta nécessairement du choc des peuples qui cherchoient à s'agrandir ; soit pour terminer ces dissensions, soit pour se mettre en état de résister aux grandes puissances, il fallut de toute né-

cessité songer à se réunir. Aussi voit-on, dès la première origine, *Abraham* s'allier avec les maisons *de
Mambré*, *d'Escol et d'Aner*; faire des traités avec
Abimelech, roi de Gerare. Tous les petits chefs en
firent de même dans tous les pays. Et de là naquirent
insensiblement différentes formes de gouvernemens.
Les uns, comme les petits rois de la Grèce et de
la Palestine, s'allioient ensemble sans cependant
renoncer à leur souveraineté : *de là les fédérations
et les alliances.* D'autres, comme le dit *le père Berthier* (*Observations sur le Contrat Social*), prirent
le parti de délibérer ensemble sur leurs intérêts respectifs, et de gouverner en commun leurs petits
états; *de là l'aristocratie.* D'autres se mirent sous la
protection du monarque le plus ancien et le plus
puissant du pays : *de là l'origine antique des grands
vassaux.* D'autres, infiniment plus sages, comme *les
Albains avec les Romains*, et les chefs des Francs
entr'eux, ayant fait généreusement le sacrifice entier
de leur indépendance, remirent leur souveraineté
entre les mains d'un seul; de là les grandes monarchies, qui résultèrent de la réunion de tous ces petits états.

VI. Voilà très-certainement l'état d'anarchie et
d'indépendance, dont parlent tous les bons auteurs,
et qui précéda effectivement la formation des grands
gouvernemens. *Les sociétés primitives, étant devenues fort nombreuses, nous disent-ils, se séparèrent
par branches, qui formèrent autant de petits peuples, chacune sous la direction de leurs chefs.*
Quand tous ces petits peuples se trouvèrent à l'étroit,
ils se battirent, et chaque pays tomba dans un état

d'anarchie épouvantable. Ce sont ces divisions que nous avons prises de nouveau pour des dispersions individuelles, et fort mal à propos. Ce ne sont point des individus, mais de petits peuples qui se quittent, qui se divisent, et qui se font la guerre. Après s'être battus long-temps, tous ces petits peuples fatigués de leurs divisions, prirent enfin le parti prudent de se réunir sous un seul souverain. Voilà ce que nous avons pris *pour une création de souveraineté ;* et c'est une méprise grossière. Long-temps avant de se réunir, long-temps même avant de se séparer, tous les bons auteurs nous disent que ces petits peuples avoient *des chefs* souverains, très-indépendans les uns des autres, chacun dans leur partie, puisque c'étoit de cette indépendance respective que naissoit cette cruelle anarchie : *quot pagos, tot fere duces.*

VII. D'après cela, qu'on se reporte à la situation naturelle de tous ces petits peuples primitifs, renfermés dans le même pays, et que l'on juge sans partialité et sans préjugés. Quoi ! parce que les chefs de cinq ou six petits peuples voisins, mus par différens motifs, prennent enfin le parti prudent de se réunir ensemble ; parce que, sentant ou la nécessité ou la sagesse du conseil qu'on leur donne, ils consentent à remettre chacun la portion d'autorité dont ils jouissent entre les mains du principal d'entr'eux ; *c'est là une création d'autorité* !.... Quoi ! si tous les petits souverains d'Allemagne, au lieu de conserver leur souveraineté respective, sous la protection commune d'un seul empereur, se trouvant dans la même position que ces petits chefs primitifs, consentoient à ne plus former qu'un seul corps civil, et qu'ils se démissent de leur souveraineté dans les mains d'un seul d'entr'eux, *ce seroit là une création de souveraineté* !..... Qui ne voit que ce sont là des paradoxes mal approfondis ?

VIII. Certes, si nous sommes six chefs de diverses branches, et que nous prenions le parti de nous réunir, lorsque le bien général le demande ; comme héritier du fondateur universel, j'ai bien le droit de constituer sur mes sujets qui je jugerai à propos. Au même droit tous les cinq autres peuvent en faire autant, et quand ils seroient cinquante, ce seroit la même chose. Alors celui qui se trouve élu d'un commun accord, se trouvant constitué par les six, devient le souverain général de tous les six petits peuples, puisqu'il réunit à lui seul, l'autorité des six petits chefs. Mais de qui tire-t-il la souveraineté ? C'est de six chefs, et non pas des six peuples, puisqu'elle se trouvoit, long-temps avant les derniers, dans le chef universel de chaque branche. C'est ainsi que se sont formés les grands royaumes : ils se sont composés successivement d'une infinité de petits peuples voisins, qui avoient chacun leurs lois, leur gouvernement et leurs usages ; de là la multiplicité des coutumes dans les grands gouvernemens. Dans les diverses époques de l'ordre social, tantôt ce sont de grands corps civils qui se démembrent et qui se divisent en petits : tantôt ce sont de petits corps civils qui se réunissent en un. Mais avant toutes ces divisions et ces réunions, c'étoient des corps civils qui avoient originairement tiré de leurs chefs naturels leur constitution et leur existence. Partout *autorité* vint *d'autor* et *l'autorité universelle* existoit dans *l'auteur universel* cinq ou six cents ans avant qu'il pût y avoir de peuples. Donc *les cités* ne naquirent jamais *des peuples* dans toutes ces divisions et ces réunions.

§ IV.

Des appels aux peuples.

I. Ce qui est venu grossir le torrent de nos erreurs sur l'origine des cités, ce sont les appels aux peuples. Comme il est infiniment plus doux d'imposer le joug aux autres que de le porter soi-même, la place de maître dut toujours avoir de grands attraits pour ceux qui n'en avoient pas éprouvé les dégoûts. De là, dans le cœur de tous les hommes, cette avidité dévorante de domination, cette soif insatiable des dignités et des honneurs. De là (quoique dans chaque branche du gouvernement, il ne doive y avoir qu'un seul maître) cette foule de prétendans, qui s'efforcent de se supplanter les uns les autres, pour parvenir au commandement, ou du moins, pour le partager s'ils ne peuvent pas l'obtenir pour eux seuls. Et si l'ambition des premières places fut la passion dominante du cœur humain dans tous les temps, qu'on juge avec quel empressement on dut briguer celle qui emporte avec elle la disposition suprême de toutes les dignités et de tous les honneurs!

II. Les prétendans à la souveraineté n'ayant point de tribunal au-dessus de leur tête, pour vider leurs différens, il faut, ou qu'ils s'arrangent entr'eux, ou qu'ils en appellent au peuple. Quand il y eut litige sur la souveraineté, c'est aussi à l'un de ces deux moyens que les prétendans eurent recours. Les uns,

fiers de leurs droits et connoissant toute la versatilité
des jugemens du peuple, convinrent ensemble de s'en
rapporter, soit au sort des armes, soit à la décision
des oracles, soit à tout autre moyen qui ne les livroit
pas au caprice de la multitude, le plus terrible de tous
les juges. D'autres, plus confians dans leurs intrigues
et dans leurs talens, que dans l'évidence de leurs
droits, en appeloient, soit au jugement des soldats, s'ils en étoient sûrs; soit aux suffrages du peuple,
s'ils avoient quelque espoir de se le rendre favorable;
et il est aisé de deviner que de pareils appels furent
toujours accueillis avec transport, par l'esprit inné
d'insubordination et d'indépendance.

III. On sent bien que, dans de pareilles assemblées,
celui qui parloit le mieux, ou qui promettoit le plus,
l'emportoit aisément sur ses concurrens : et c'étoit,
à coup sûr, celui qui comptoit le moins sur ses droits,
qui faisoit les plus belles promesses.... Pour se
faire proclamer, les uns promettoient des grâces, des
priviléges, des exemptions d'impôts; d'autres, un
gouvernement plus doux et plus humain, où tout le
monde seroit heureux. Ceux qui ne pouvoient pas se
prévaloir de leur naissance, en appeloient au mérite,
à l'éloquence, à la bravoure, ou au talent qu'ils
croyoient avoir ; ceux qui ne croyoient pas même
pouvoir compter sur ces titres, excluoient toute espèce de distinction : ils faisoient entendre au peuple,
ou aux soldats, qu'ils étoient les maîtres de choisir
qui ils vouloient ; que la souveraineté leur appartenoit à tous. S'ils venoient à être nommés, ils promettoient d'abolir la royauté, d'y substituer la démocratie, afin que chacun pût gouverner à son tour ; et

l'on conçoit aisément qu'une pareille doctrine fut toujours saisie avec avidité, par l'esprit d'indé-pendance.

IV. Une des causes les plus anciennes et les plus célèbres de ce genre qui ait été portée au jugement du peuple, fut celle *de Gélanor et de Danaüs. Danaüs,* chassé d'Egypte par son frère *Egyptus,* étant descen-du *dans l'Argolide* avec ses gens, prétendit avoir des droits au trône *d'Argos,* et porta sa cause devant le peuple. Le peuple s'étant assemblé, le malheureux *Gélanor,* obligé de plaider devant ses sujets, n'eut pas de peine à établir le droit de ses pères. Mais *Danaüs,* par son appel, et ses discours flatteurs, ayant ébranlé l'esprit de ses juges, la cause resta indécise, et fut remise au jour suivant. Le lendemain matin, un loup s'étant jeté sur un troupeau de bœufs, qui pais-soit sous les murs de la ville, et ayant terrassé le tau-reau qui étoit à la tête, le peuple, auprès duquel, sans doute, on avoit mis à profit les délais, ayant jugé à propos de comparer *Danaüs* au loup, la sou-veraineté lui fut adjugée, et l'infortuné *Gélanor* chassé du trône de ses pères, fut obligé de quitter ses états. Voilà une des premières et des plus anciennes assemblées populaires, dont l'histoire fasse mention, où il ait été question de la souveraineté, et toutes celles qui se sont tenues du temps des rois, sur le même sujet, sont, comme celle-là, des jugemens et des arbitrages.

V. Parce que, dans de pareilles circonstances, les prétendans s'arrangent presque toujours avec le peuple, qu'ils font avec lui des conditions pour se faire proclamer, on a cru que ces arrangemens étoient *des contrats*. Mais dans ce cas des voleurs qui s'arrangent avec mes gens pour prendre mon bien font donc aussi *des contrats*. Pour pouvoir contracter sur un bien et en disposer, il me semble que la première de toutes les conditions est d'en être maître.

Parce que les prétendans conviennent avec le peuple de tels ou tels arrangemens, on a jugé à propos d'appeler ces arrangemens des *conventions*. Mais dans ce cas, ceux qui conviennent avec mes juges, de leur donner une partie de mon bien, s'ils consentent à leur adjuger le tout, font donc aussi *des conventions !* ....

Parce que, dans ces assemblées, les peuples adjugent la souveraineté à un des prétendans, on en a conclu qu'ils étoient les maîtres de choisir qui ils vouloient, et l'on a appelé ces jugemens, *des élections*. Mais, dans ce cas, lorsque je réclame mon bien par devant des juges, ou des arbitres quelconques, ils sont donc libres de choisir indifféremment entre moi et mon adversaire, ces arbitrages s'appelleront donc aussi *des élections* ?

VI. Enfin, parce que dans ces assemblées populaires, on a quelquefois proclamé souverains des individus qui ne l'étoient pas, on en a conclu que les peuples y avoient créé la souveraineté. Mais dans ce cas, des juges ou des arbitres quelconques, qui adjugent à des particuliers un bien qui ne leur appartenoit pas, sont donc aussi les créateurs de leurs droits ?

Ne voit-on pas que tous ces raisonnemens portent à faux ? Avant que les juges prononcent sur un objet, cet objet existe. Des arbitres ne créent pas des droits :

ils examinent simplement où ils sont. Parce que le peuple *d'Argos* d'après l'application arbitraire de la victoire d'un loup, jugea à propos de proclamer *Danaüs* souverain, créa-t-il sa souveraineté? Avant ce jugement inique, y avoit-il des souverains civils à Argos, n'y en avoit-il pas? Voilà la question... Si *Gélanor* étoit souverain avant cette assemblée, ce n'est donc pas dans cette assemblée qu'on a créé les droits souverains.

VII. Quand est-ce qu'on eut recours à l'intervention du peuple?... Ce fut presque toujours quand on ne crut avoir ni droits à la souveraineté, ni moyens pour y parvenir. Ce fut alors qu'on crut devoir s'aider par la ruse. Ainsi *Danaüs*, qui se sentoit trop foible pour expulser le roi *d'Argos*, crut devoir se fortifier de l'assentiment du peuple. Ainsi beaucoup de cadets qui se voyoient exclus du trône, par la constitution de leurs pères, en appeloient au peuple pour essayer de décliner la force des lois. Ce n'étoit point un juge qu'on réclamoit, mais un instrument dont on vouloit se servir pour renverser les véritables héritiers.

C'est ainsi que *Déjocès*, qui n'avoit aucuns moyens pour s'élever à la souveraineté, séduisit le peuple pour parvenir à la domination chez les Mèdes; que *Pisistrate* trompa le peuple pour s'emparer de la citadelle *d'Athènes*; que *Denis le Tyran* abusa le peuple, pour se faire donner une garde *à Syracuse*, que *Brutus* se servit du peuple, pour chasser de Rome les Tarquins; que *les Césars* flattèrent le peuple, pour se mettre à la tête des armées, et parvenir à l'empire : c'est toujours des peuples, comme le remarque *l'illustre Bossuet*, que se sont servis les usur-

pateurs pour renverser les trônes, chasser les héritiers légitimes, et faire triompher leurs intérêts personnels... Or, je le demande de bonne foi, sont-ce
là des arbitrages, sont-ce là des jugemens ; que veut-
on conclure de pareils appels ?

VIII. D'après le penchant violent que les hommes
ont pour l'indépendance, on sait très-bien qu'il est
aisé de soulever les peuples, et de les engager à se
défaire de leurs souverains : mais avant de s'en défaire, ils en ont. Avant l'appel fait au peuple par les
usurpateurs modernes, il y avoit des rois en France.
Avant *les Brutus et les Césars*, il en y avoit *à Rome.*
Avant *les Pisistrate et les Denis*, il y en avoit *à
Athènes*, *et à Syracuse*. Avant les *Déjocès et les
Danaüs*, il y en avoit eu *à Argos*, et chez les Mèdes.
Avant tous ces appels aux peuples il y avoit déjà une
constitution. Par qui cette constitution avoit-elle été
faite ? Etoit-ce par le peuple, ou par le fondateur ?
Voilà la question qui reviendra toujours.

IX. Mais quand toutes ces assemblées populaires
postérieures à l'existence des cités, seroient de vrais
arbitrages, elles ne prouveroient rien en faveur du
peuple, puisque les jugemens justes ou injustes que
l'on y prononce, tombent sur un objet préexistant.
Il n'étoit question dans ces appels, ni de créer la
souveraineté, ni de constituer, mais de voir parmi
les concurrens celui que la constitution appeloit à
régner. Tous ces appels prouvent au contraire ce que
nous avons établi : savoir qu'originairement *la souveraineté vient des pères*, puisqu'avant tous les peuples et tous les appels aux peuples il y avoit déjà des
constitutions. Donc dans tous ces arbitrages et ces

jugemens, *la souveraineté* n'est jamais venue des peuples.

§ V.

Des Révolutions.

I. Enfin, ce qui nous a trompés par-dessus tout, sur l'origine des corps civils, ce sont les changemens de constitution.

A force d'intrigues, de soulèvemens et de principes faux, il y eut enfin des factieux qui, soutenus d'une partie du peuple, non seulement chassèrent leurs souverains, mais vinrent à bout de changer les constitutions et d'en faire d'autres qui se trouvèrent légitimées avec le temps. Ce fut alors que l'esprit d'indépendance triompha, que les cris frénétiques de liberté et d'égalité commencèrent à se faire entendre, et que les peuples se crurent les maîtres des souverains, et des constitutions. De là la source féconde des erreurs que nous avons réfutées dans nos premières questions, et qui ont occasionné tant de bouleversemens dans l'univers.

II. Parce que dans les révolutions, il y a des souverains détrônés, chassés, emprisonnés, on croit qu'ils sont destitués!... Mais alors des pères chassés de leur maison par leurs enfans, seroient donc destitués de leur paternité; des maîtres incarcérés par leurs serviteurs, seroient donc destitués de leurs propriétés?... Et parce qu'on substitue de nouveaux souverains aux anciens, on imagine les avoir constitués!.. Mais alors celui qui, après avoir volé le bien d'un autre, le donneroit à son ami, feroit donc aussi *des constitutions.*

III. *A qui fut originairement l'autorité univer-selle?* Si elle eût pris sa source dans le peuple, la volonté du peuple pourroit peut-être en régler les dispositions. Mais si, comme nous l'avons prouvé, elle fut *à l'auteur universel,* il n'y a plus qu'une question bien simple à faire : *A qui l'auteur universel la donna-t-il d'abord?* Est-ce à vous?... Non, ce fut à celui que vous détrônez. — Dès lors, de quel droit le chassez-vous? De quel droit prétendez-vous reprendre une souveraineté qui ne vous appartient pas?.... Vous avez beau dire : vos révolutions sont des attentats, et des attentats ne donnent pas des droits. Ceux que le fondateur a constitués resteront constitués malgré vous. Qu'on les chasse, qu'on les exile, qu'on les emprisonne, qu'on les déporte aux extrémités du monde : la souveraineté les suivra dans leurs voyages ; elle descendra avec eux dans le fond des cachots ; elle s'attachera inséparablement à eux et à leurs héritiers, malgré toutes les révolutions et toutes les violences, parce que le droit étant immatériel par sa nature, est placé au-dessus de toutes les atteintes, et ne dépendra jamais des événemens.

IV. En vain force-t-on les anciens souverains à signer leur abdication, ou à sanctionner les nouvelles constitutions, ils n'en sont pas les maîtres. *Codrus,* chez les Lacédémoniens, pouvoit bien se démettre en faveur de ses héritiers, mais il n'avoit pas le droit de consentir à être *archonte,* parce que dans les états héréditaires la souveraineté n'appartient pas au souverain actuel ; qu'il n'en est que le dépositaire; obligé de la transmettre malgré lui à ceux qui lui sont désignés.

V. Où sont-ils donc ces souverains destitués par le peuple?... Je vois, dans les révolutions, des souverains chassés, des députés nommés. Mais les premiers sont-ils *destitués*, les derniers sont-ils *constitués*, les droits se trouvent-ils transportés par le fait de la rébellion même?... Dans quelles écoles enseigne-t-on ces règles de droit? Quel est celui de nos adversaires qui consentiroit à les adopter pour lui-même? Comment ne voit-on pas que les principes faux dont on se sert contre le souverain serviront bientôt contre nous; qu'on passera immanquablement de l'un à l'autre, ou plutôt qu'on y a déjà passé, puisque c'est un pillage général dans les révolutions. Pour *constituer* ou pour *destituer*, il faut être *maître de droit*, et il est démontré que *les peuples* ne le sont pas.

VI. Nous allons plus loin, nous disons qu'ils ne deviennent pas *maîtres de fait*. En obtenant le pouvoir étrange de s'opposer aux lois, quelquefois même celui de renvoyer leurs magistrats, *les peuples* crurent enfin qu'ils devenoient maîtres de fait. Ils ne le devinrent pas plus que des enfans qui s'arrogeroient le pouvoir monstrueux de s'opposer aux volontés de leur père, ou des soldats qui usurperoient le pouvoir funeste de résister perpétuellement à leurs officiers. Que résulteroit-il de cette perpétuelle opposition?.... une lutte cruelle, où ils seroient perpétuellement écrasés, parce que cette opposition est contre nature.

VII. Tel fut *le veto* chez les Romains, et *l'ostracisme* chez les Athéniens : ce fut un pouvoir inconstitutionnel qui introduisit l'anarchie dans leur constitution, et les conduisit à leur perte. Quand une loi leur déplaisoit, juste ou injuste, les Romains avoient extorqué le pouvoir détestable de s'y opposer, et quand leurs maîtres leur déplaisoient, bons ou mauvais, les Athéniens s'étoient arrogé le pouvoir abominable de les exiler.... A quoi aboutissoit ce pouvoir subversif? A rejeter les meilleures lois, et à expulser les meilleurs maîtres, non pas à cesser d'en avoir. Quand on avoit rejeté une loi, il en falloit une nouvelle, et quand on avoit exilé un général, il en falloit promptement un autre à sa place : et c'étoit toujours *le sénat* qui faisoit les lois, et *le général* qui faisoit mouvoir les soldats. Qu'avoient donc fait *les peuples* en extorquant par force de pareils pouvoirs? Ils s'étoient jetés dans la cruelle nécessité d'être perpétuellement en guerre avec leurs législateurs, sans jamais pouvoir le devenir; et c'est ce qui arrive à tous les peuples qui font insérer de pareilles clauses dans leurs nouvelles constitutions. Étant essentiellement inconstitutionnelles, tant qu'elles subsistent, elles sont une source inépuisable de révoltes et de séditions d'un côté, d'oppression et de tyrannie de l'autre. Mais, en rendant *le peuple* rebelle, elles ne le rendent pas *souverain*, il n'en est que plus écrasé et plus malheureux.

VIII. Parce qu'à l'époque des révolutions, *les peuples* obtinrent presque toujours des constitutions démocratiques, dans lesquelles on leur accorda le pouvoir de nommer leurs législateurs, ils se crurent les maîtres *de leurs souverains*!... Mais, des enfans, à qui on accorderoit le choix de leurs précepteurs, deviendroient-ils les maîtres *de leurs précepteurs ?* des soldats à qui on accorderoit à des époques fixées le pouvoir de changer *de généraux*, deviendroient-ils pour cela les maîtres *de leurs généraux ?...* Qui ne voit que tous ces raisonnemens sont pitoyables ; que ce sont des sophismes grossiers , légèrement adoptés par l'esprit d'indépendance ? Ce n'est point dans les assemblées électives, mais dans l'assemblée législative qu'on fait les lois, et c'est *par la loi* qu'on est maître.

IX. Lorsqu'*un peuple*, dans une nouvelle constitution, a obtenu la nomination *de ses législateurs*, il ne faut donc pas croire qu'il soit devenu maître. Il ne l'est, ni de la législation , ni de la. constitution , ni même de la nomination. Il n'est point libre. Il faut qu'il nomme; qu'il nomme dans tel temps , dans telle classe, pour tel temps et de telle manière. Il faut qu'il suive de point en point tout ce qui lui est prescrit par les constitutions. Si quelqu'un refuse de s'y conformer , on le punit de mort. Qu'ont donc accordé les nouveaux constituans en donnant le pouvoir de nommer ? Ils ont donné *au peuple* l'ordre de changer *de maîtres*, tous les ans, ou tous les deux ans : et *les peuples*, en obtenant ce pouvoir désastreux , se sont jetés dans la cruelle nécessité d'éprouver, tous les ans ou tous les deux ans, beaucoup de brigues et d'agitations pour se donner perpétuellement *de nouveaux maîtres*, qui s'engraisseront successivement aux dépens du public, sans pouvoir jamais mettre fin à ces changemens. Quand ils s'en fatigueroient, il faudroit malgré eux, qu'ils suivissent, de point en point, l'ancienne constitution sans pouvoir y rien changer par eux-mêmes. Voyez en Angleterre, où le bas peuple demande depuis long-temps *une nouvelle représentation* , si les législateurs la lui accordent..... non sans doute, parce que, dès qu'ils sont tous arrivés à la législation, ils sentent très-bien qu'ils sont les *maîtres du peuple*, représentans *des anciens souverains*, et non pas *du peuple*; tenant *d'eux* la souveraineté, et non pas *du peuple*; comme eux, *propriétaires* de la souveraineté, sans que qui que ce soit au monde puisse y toucher, sans eux et malgré eux. Et c'est là ce qui fait la stabilité de toutes les anciennes constitutions même électives, c'est que, dans la partie *de la souveraineté*, *les peuples* n'en seront jamais les maîtres.

X. Or que dire d'un peuple qui, sous la nouvelle constitution, a *des maîtres*, et beaucoup plus *de maîtres* que sous l'ancienne, qui se trouve obligé de nommer, de changer, et de subir tous les inconvéniens attachés aux élections périodiques, qui lui sont ordonnées; obligé de suivre *la constitution* dans tous ses points, quand il ne le voudroit pas ?.... Ce *peuple* est-il *maître*, est-ce lui qui fait *les constitutions*?.... Il est évident qu'il ne fit pas la première, puisqu'elle étoit faite *par le fondateur*, long-temps avant qu'il y eût *des peuples*; que ce n'est pas lui qui fait la dernière, puisque dans cette constitution, on le lie, on le garotte, on lui fait la loi sous peine de mort, jusque dans la nomination même. Donc nous nous trompons *sur les droits des peuples*.

XI. Les révolutions, dit *M. de Bonald*, sont les maladies du corps politique, par lesquelles il se débarrasse de ses mauvaises humeurs. C'est effectivement dans les révolutions que le peuple devroit se trouver victorieusement détrompé de sa fausse liberté, par son esclavage, de l'égalité, par son assujétissement; de sa

souveraineté, par sa misère; de son indépendance, par
son oppression ; de sa fureur démocratique, par l'agitation perpétuelle de ses élections, et la multiplicité
de ses maîtres ; mais quand les principes faux sont in-
vétérés, la maladie est longue et quelquefois elle est
mortelle. Ce qu'il y a de bien certain, c'est qu'après
la révolution comme auparavant, *le peuple* a des
maîtres *de droit :* ce sont les anciens souverains. Il a
des maîtres *de fait*, ce sont les nouveaux constituans.
Donc jamais il ne fut, et jamais il ne pourra devenir,
ni *de droit*, ni *de fait*, le maître des constitutions. Par
la raison que dans aucune constitution, *la souveraineté* ne lui a jamais appartenu, et ne lui appartien-
dra jamais.

§ VI.

Du consentement des peuples.

I. Quoique les constitutions ne soient pas rédigées
par les peuples, on n'en soutient pas moins que ce sont
eux qui constituent, parce qu'ils *y consentent.*

Nous ne voyons que deux manières de consentir,
l'une *tacite* et l'autre *formelle.* Pour consentir formellement aux constitutions, il faudroit, comme nous
l'avons déjà dit, que le peuple fût consulté dans une
assemblée. Or pour ne laisser aucun subterfuge à nos
adversaires, après avoir démontré l'impossibilité de
ces consultations, prouvons-en maintenant la fausseté.
Où sont-elles ces assemblées prétendues dans lesquelles les peuples ont consenti? Car enfin, comme
le dit *M. Bossuet*, quand on affirme d'un ton si positif, qu'il y en a eu, le moins qu'on puisse demander

aux fauteurs de cette audacieuse assertion, c'est qu'ils prouvent ce qu'ils avancent. Où sont-elles ces fameuses assemblées ? Nous ignorons si d'autres ont pu se procurer, sur cet article, quelques éclaircissemens. Pour nous, après avoir fait sincèrement toutes les recherches dont nous sommes capables, nous certifions que nous n'avons trouvé, ni dans l'histoire, ni dans les monumens, quelqu'anciens qu'ils soient, aucune trace de ces conventions prétendues.

II. On voit *Osiris* régner en Egypte : *Egialeus* à Sycione; *Inachus* à Argos : pas la plus petite mention d'assemblée. Nous avons passé chez les Scythes, les Cafres, les Gétules, chez les peuples les plus barbares, et les moins avancés en civilisation, et nous y avons trouvé des chefs, ou des rois, et pas la plus petite mention d'assemblée. Nous avons suivi, l'une après l'autre, la chaîne des rois *de Tyr, de Babylone, de Lydie, de Troie, d'Athènes, de Lacédémone, de Macédoine, du Latium*, et des peuples les plus anciens. Nous avons cherché dans tous les publicistes, moralistes, ou théologiens qui se sont déclarés pour cette opinion : pas la plus petite mention d'assemblée. Nos adversaires n'en ont pas trouvé plus que nous, puisqu'ils déclarent formellement qu'il n'en est parlé nulle part. *Nulla de iis litterarum monumenta extant*, dit *Puffendorf*.

III. Il est vrai qu'ils prétendent que la raison doit suppléer au silence de l'histoire. Mais la raison nous crie encore plus fortement qu'eux; que ces assemblées n'ont jamais existé. Car, comme le dit *le grand Bossuet dans son 5ᵉ. Avert.*, si jamais ce fameux contrat eût eu lieu, la date, l'endroit, les articles, les conditions eussent passé à la postérité. Une pièce aussi importante pour l'indépendance des peuples, eût été citée dans toutes les affaires, rappelée à toutes les époques; répétée de bouche en bouche, transmise d'âge en âge, conservée dans toutes les archives, comme dans toutes les maisons, perpétuée dans toutes les histoires, et l'on convient qu'elle n'est nulle part: *Nulla de iis litterarum monumenta extant.*

IV. Où est-il donc ce consentement, où sont-ils ces rois constitués par les peuples? Qu'on nous en cite un seul. *Nemrod*, *Cham*, *Osiris* assemblent-ils leurs descendans, pour leur demander la permission de régner sur eux? Après ces premiers rois, *Orus*, *Ninus*, *Phroneus* demandent ils à leurs sujets la permission de succéder à leurs pères ? Leurs successeurs assemblent-ils les peuples, pour leur demander la permission de remplacer leurs prédécesseurs?

V. *Sont-ce les chefs des colonies* ? Ne sont-ils pas tous constitués par leurs pères, en vertu de leur naissance? *Ce Danaüs*, dont nous avons parlé, qui chasse *Gélanor* de ses états, n'étoit il pas fils de *Belus*? *Agénor* fils de *Neptune*, *Cadmus* d'*Agénor*, *Dardanus*, d'*Electre et de Jupiter*? *Cécrops*, *Didon*, *Hercules*, *Romulus*, tous les chefs des anciens peuples en général n'étoient-ils pas du sang des rois? ne se plaçoient-ils pas tous à la tête de leurs sujets, en vertu de leur rang, et de la volonté constitutive de leurs aïeux?...

VI. Où sont-ils ces souverains constitués par les peuples? *Sont-ce les conquérans?... Sésostris. Bel*, *Sémiramis*, *Cyrus*, *Alexandre*, quand ils voulurent porter au loin la terreur de leurs armes, assemblèrent-ils les peuples pour leur demander la permission de les conquérir? *Perdiccas*, après la mort *d'Alexandre*, consulte-t-il les peuples conquis, pour donner l'Egypte *à Ptolémée*, la Syrie *à Laomédon*, la Macédoine *à Antipater?* Tous ces rois, quand il est question de prendre possession des royaumes qui leur sont assignés, demandent ils aux peuples leur agrément pour régner sur eux ?... Pour légitimer les conquêtes, le consentement *des anciens souverains* est indispensable, comme nous le verrons par la suite à l'article *des conquérans*, mais celui *des peuples*, jamais.

VII. « Quand une assertion est suffisamment prou-
« vée, ce seroit une surabondance déplacée, dit *M.*
« *Bossuet*, de multiplier inutilement les citations;
« mais qu'aussi, sans preuves, sans exemples, sans
« autorités, sans témoignages, ni de poëte, ni d'o-
« rateur, ni d'historien, ni d'aucun écrivain quel qu'il
« soit, on ose poser en fait que, dans l'origine, ce
« sont les peuples qui se sont donnés des souverains
« et qui leur ont dicté des conditions ; et cela sans
« montrer, ni l'original, ni la copie de ces condi-
« tions, sans les connoître en aucune manière, et
« sans en avoir le moindre soupçon; c'est un autre
« excès qui n'a point de nom, et on ne peut pas
« abuser davantage de la foi publique. »

VIII. Les partisans des pactes, écrasés par l'évidence des faits, sont enfin forcés de convenir que, dès l'origine, à commencer par *Nemrod, Osiris* et autres, il y a eu une infinité de rois, qui ont régné sans l'agrément des peuples; mais ils disent que dans la suite du temps, les peuples y ont donné *un consentement présumé*. Voilà donc, de leur aveu, à quoi se réduisent toutes ces assemblées, et tous ces contrats fameux où les peuples dictoient des conditions aux souverains : *à un consentement présumé*, qui arrive long-temps après l'établissement des gouvernemens ; qui se donne sans assemblées, sans délibérations ; par un peuple qu'on n'interroge pas, et qui n'a rien arrangé de ce qui existe. Après avoir cherché partout, ils conviennent qu'il n'existe aucune trace de ces pactes prétendus, *nulla de iis monumenta extant*, et tous les réduisent *à un consentement présumé*.

IX. Or, nous le demandons à l'homme sensé : qu'entend-on *par ce consentement présumé* que personne ne donne, et que personne ne demande ?.... N'est-ce pas une véritable dérision pour les peuples ? Quelle espèce de consentement chaque particulier donne-t-il à un souverain, qui a toujours cinquante mille hommes à sa disposition, si on ne lui obéit pas ?

X. *Mais enfin, vous consentez*, dit-on, *à ses lois, puisque vous restez sous son gouvernement !....* J'y reste, parce que je ne veux pas quitter mes terres, ma maison et l'héritage de mes pères.... J'y reste, parce que j'y suis intéressé ; que j'y suis forcé, et parce que j'y suis obligé. Un sujet, qui s'est fixé dans un état, n'a pas plus le droit de quitter son souverain sans sa permission, qu'un enfant n'a le droit de quitter son père.

XI. *Un consentement présumé !...* Mais où est-il ce consentement ?... Si ce silence perpétuel et forcé d'un sujet à l'égard du gouvernement est un contrat, ne craignons point d'outrer les choses, il n'est point de prisonnier qui ne contracte journellement avec le geolier qui le tient dans les fers.... Mais à quoi bon ce contrat? s'écrie *l'éloquent Bossuet*, avec sa supériorité ordinaire! « Les enfans qui sont au berceau « ont-ils fait aussi un pacte avec leurs parens, pour « les obliger à les aimer plus que leur vie?... Mais les « parens ont-ils eu besoin de faire un pacte avec leurs « enfans, pour les obliger à leur obéir? C'est bien « écrire sans réflexion que de supposer ces prétendus « pactes. »

XII. Rien de plus absurde que *ce prétendu consentement présumé des peuples*, qu'on met en avant pour tâcher d'expliquer le système des pactes ; mais quand il ne seroit pas aussi absurde, il suffit bien qu'il soit impossible pour le rejeter ; et nous en avons démontré victorieusement l'impossibilité intrinsèque dans le Contrat Social. Puisque la souveraineté est *universelle*, pour donner la souveraineté, il faudroit *un consentement universel*, une réunion unanime de toutes les volontés, sans en excepter une seule. Or, il est démontré que cette réunion unanime de volontés est intrinsèquement impossible. Donc ce consentement *tacite ou formel* des peuples est la plus insigne de toutes les folies.

XIII. On convient bien, continue toujours *M. Bossuet*, qu'il y a des obligations mutuelles, entre un père et son enfant, un prince et ses sujets. Mais ces obligations ne sont point fondées sur des pactes. Que les enfans consentent ou non, ils sont obligés d'obéir à leurs pères. Que le père consente ou non, il est tenu de bien gouverner ses enfans : et il sera sévèrement puni s'il ne le fait pas. Et par qui sera-t-il puni?

Par Dieu lui-même, qui n'a pas attendu le consentement des parties, pour leur imposer des devoirs.
(Voy. *le cinquième Avertissement de Bossuet, ch. L
et suivans.*)

XIV. Cette loi suprême du maître de la nature qui,
en plaçant *un père universel* à la tête de chaque
peuple, lui a ordonné de bien gouverner, et a prescrit à ses descendans de bien obéir, sous les peines
les plus terribles, s'ils ont la témérité de transgresser
ses lois, lie le souverain et les sujets un peu plus
solidement *qu'un consentement tacite,* qui n'exista
jamais, et qui d'ailleurs seroit aussi mobile que la
volonté des parties. Il est donc faux que jamais aucune constitution ait pu résulter, ni des révolutions
et des bouleversemens, ni *du consentement tacite ou
formel des peuples ;* jamais *la souveraineté* n'a pu
dépendre que *des souverains,* comme *la propriété*
n'a jamais pu dépendre que *des propriétaires.* Donc
nous nous trompons *sur les droits des peuples.*

§. VII.

Par qui Dieu constitue-t-il ?

I. Ici s'élève une question qui replongeroit l'ordre
civil dans le chaos, si elle se trouvoit fondée. C'est
de savoir *si les peuples ne peuvent pas constituer de
la part de l'Être Suprême ?* C'est le sentiment de plusieurs *publicistes , moralistes et théologiens,* qui,
pour tâcher d'arracher au moins *la souveraineté* de
la main des peuples, prétendent que ce sont eux *qui
préparent la matière,* et donnent la forme aux gou-

vernemens; et qu'après cette préparation, c'est *Dieu* qui sanctionne, qui bénit et qui constitue.

II. Nous sommes loin de vouloir ravir à Dieu le souverain domaine qu'il a incontestablement sur les gouvernemens des hommes. Nous avons été les premiers à établir, dans la question des autorités, qu'en sa qualité *d'auteur universel du monde*, il est infiniment au-dessus de tous les souverains, et de tous les fondateurs; qu'il peut, quand il le veut, constituer des représentans pour les gouverner eux-mêmes, et que, quand il lui plaît de constituer ou de destituer, il n'a pas besoin du consentement des hommes, pour légitimer ses dispositions. Dans le spirituel, comme dans le civil, source première et indépendante de toutes les autorités, il en est parfaitement le maître. Quand il le voulut, il fit gouverner les chefs d'*Israël*, tantôt par *Moïse*, tantôt par *des juges*, tantôt par *des rois*, tantôt par *le conseil des prêtres*. Quand il le jugea à propos, il constitua *Aaron*, il suscita des prophètes, il substitua l'église à la synagogue. Arbitre suprême de la nature, il peut en suspendre la marche, en arrêter ou en déranger le cours. Et partout où Dieu paroît, il faut que toute puissance humaine disparoisse. Voilà le principe des principes, sur lequel nous sommes parfaitement d'accord avec tous les auteurs estimables que nous avons cités.

III. Mais il est un autre principe non moins certain, sur lequel il faut que tous ces auteurs tombent également d'accord avec nous, et qui va jeter un grand jour sur cette question : c'est que, toutes les fois que Dieu voulut s'écarter de l'ordre de la nature, il parla; que toutes les fois qu'il voulut constituer extraordinairement, il fit voir extraordinairement que ceux qu'il suscitoit venoient de sa part. Il leur donna des mandats et une mission, qui portoit avec elle des caractères frappans de divinité ; et ses envoyés furent toujours ostensiblement investis de son autorité et de ses pouvoirs. C'est ce qu'on appelle *des constitutions extraordinaires.*

IV. Or, nous le demandons à tous les partisans des pactes, quelque modification qu'ils cherchent à y mettre : quand est-ce que Dieu a parlé aux peuples ? Quand est-ce qu'il leur a délégué la commission extraordinaire de se donner des souverains ; qu'il les a chargés d'arranger, ou de déranger, même matériellement, la forme des gouvernemens ? Où cela est-il écrit ? Où est à cet effet le titre, l'approbation, la mission divine des peuples ?.... Je crois bien que les partisans de ce sentiment renoncent à nous la montrer. Donc les peuples ne l'ont jamais eue.

V. Mais si jamais les peuples n'ont reçu de Dieu la commission extraordinaire d'arranger la forme des gouvernemens, reste donc la mission ordinaire: et c'est, sans aucun doute, la seule dont prétendent parler ces auteurs. Or, quand les peuples ont-ils reçu de Dieu cette mission ordinaire? *Est-ce lors de la création?* Ils n'existoient pas encore. *Est-ce lors de la fondation primitive des cités?* Ils n'y étoient pas davantage. Dès l'instant de la création, ce fut *au père* que Dieu conféra *l'autorité universelle* sur ses descendans; à lui qu'il donna le pouvoir de constituer et d'arranger sa cité, comme il le jugea à propos. Par tout pays, ce fut *le père,* qui fut naturellement constitué et ce fut lui qui constitua, long-temps avant qu'il pût y avoir des peuples. Donc jamais les peuples n'ont reçu de Dieu , *ni naturellement, ni surnaturellement ; ni ordinairement, ni extraordinairement ,* le pouvoir d'arranger la forme des gouvernemens. Donc Dieu n'a jamais constitué *par les peuples..*

VI. Non-seulement Dieu n'a jamais constitué par *les peuples ;* mais nous disons qu'il n'a jamais pu le faire. Car, pour constituer *par les peuples,* il faudroit qu'il pût rendre *le contrat social* praticable, tenir *l'universalité* des individus perpétuellement rassemblée, diviser chaque volonté en deux parts, mettre *l'universalité* d'un côté, et *l'universalité* de l'autre , donner ordre *au peuple* tout entier de constituer *sur le peuple* tout entier. Ceux qui se jettent dans de pareilles absurdités, ne pensent pas que Dieu, tout Dieu qu'il est, ne peut pas changer l'essence des choses. Il peut bien bénir un mariage, parce que les deux parties sont d'accord ; mais *d'un seul peuple,* en faire deux parties universelles, et bénir un contrat essentiellement impraticable : c'est ce qu'il n'a jamais pu faire , et ce qu'il ne fera jamais.

VII. Quand on objecte aux partisans de ces opinions, que *l'arrangement de l'ordre social vient de Dieu,* aussi bien que celui des familles : ils répondent qu'il en vient toujours *médiatement,* puisque c'est, de la part de Dieu, que *les peuples* l'arrangent, et que c'est Dieu qui sanctionne leurs arrangemens.

Nous répondons que cette doctrine, avec toutes ses subtilités, n'est, ni moins fausse, ni moins dangereuse que le système des pactes. Nous disons d'abord qu'elle est fausse, puisque Dieu n'a jamais donné *aux peuples* la commission ordinaire, ni extraordinaire, d'arranger la forme des gouvernemens.

Nous disons en second lieu qu'elle est absurde. Car prétendre que Dieu constitue *les souverains*, par le moyen *des peuples*, c'est comme si l'on disoit qu'il constitue *les pères* par les enfans, les officiers par les soldats, *les bergers* par les troupeaux (qu'on nous passe le parallèle.) Il n'est point d'esprit, quelque borné qu'il soit, qui ne sente l'absurdité scandaleuse de l'intervention de Dieu, dans de pareils bouleversemens.

VIII. Nous disons, en troisième lieu, que cette doctrine est aussi dangereuse que le système des pactes. Car qu'est-ce qui varie la forme des gouvernemens? n'est-ce pas l'arrangement matériel des constitutions? En accordant *aux peuples* cet arrangement, vous leur accordez donc tout ce qu'ils demandent ; et *la consécration de Dieu*, que vous y ajoutez, ne fait que confirmer la terrible concession qu'ils obtiennent de vous. Si je laissois à mes enfans *la liberté* d'arranger, et de déranger tout dans ma maison, en promettant indéfiniment, non-seulement de sanctionner leurs arrangemens, mais de conférer *l'autorité* d'après leur choix, ne seroient-ils pas absolument les maîtres ? Si *vous* accordez que c'est Dieu qui arrange les gouvernemens par le moyen *des peuples*, on vous dira aussi que c'est lui qui les dérange, qui chasse les souverains, qui change les constitutions, qui brise et bouleverse tout par leur moyen. N'est-ce pas là le langage que l'on a tenu en France, et que l'on tient dans toutes les révolutions ? On fera parler Dieu comme on le voudra, puisqu'il ne parle pas ; et chacun se permettra de le faire parler à sa manière.

IX. On est effrayé, quand on réfléchit que c'est là la doctrine nécessaire, où il faut se jeter, quand on a perdu de vue la source des autorités. Nous disons *doctrine nécessaire* : car pour peu qu'on pense solidement il faut en revenir à cette grande maxime : *que toute puissance vient de Dieu.* Or, quand on a perdu de vue *l'auteur universel* de chaque peuple, il faut de toute nécessité : ou dire franchement que *l'ordre civil vient des peuples ;* ou dire subtilement *qu'il vient de Dieu par leur moyen.* Les impies ont aisément admis le premier parti. Ceux qui se piquent de régularité, n'ont pas eu d'autre ressource, que de se jeter dans le second : mais en s'y jetant, ils ont senti qu'ils retomboient dans le même abîme. Car, dire *que l'ordre civil vient des peuples,* ou dire *qu'il vient de Dieu par eux,* c'est toujours livrer *l'ordre civil* à la disposition des sujets, qui, dans l'un comme dans l'autre cas, seroient les arbitres des gouvernemens. Ce seroit même, dans le dernier cas, le maître de l'univers qui seroit le ministre *des peuples,* et qui dépendroit de leur volonté dans l'installation des puissances : ce qui n'est qu'un scandale de plus. Nouvelle preuve que le dérangement d'une seule vérité oblige les hommes les plus éclairés eux-mêmes à se jeter dans des subtilités dangereuses, qui ne font qu'accréditer les erreurs.

X. Rappelés à la vérité par l'excès même de nos malheurs, abjurons des doctrines meurtrières qui ont occasionné tant de désastres dans le monde. Dans le spirituel comme dans le civil, lorsque Dieu voulut constituer extraordinairement, il en fut bien le maître sans doute. Mais, quand il le fit, il n'eut pas besoin *des peuples*; il sut bien installer par lui-même ses prophètes et ses envoyés. Et quand il les eut installés, ce fut par eux qu'il constitua *sur les peuples*.

XI. Dans l'ordre ordinaire, quand Dieu constitua, il lui fut bien impossible de se servir *des peuples*, puisque, quand il donna *un auteur universel* à chaque branche du genre humain, ses descendans n'existoient pas. Dans la constitution primitive de chaque cité, c'est *au père universel* lui seul que Dieu a donné *la souveraineté*. C'est par lui qu'il parle, par lui qu'il gouverne, par lui qu'il agit. Dans quelque pays que ce soit, c'est là très-certainement *son ministre, son agent et son représentant dans l'ordre ordinaire*.

XII. D'où il faut de toute nécessité tirer ces conséquences, que l'esprit sensé ne contestera pas. En vertu *de l'autorité suprême* qu'il a acquise par la génération, *le père universel* a fait les lois, et *le peuple* les renverse; il a arrangé sa cité, et *le peuple* la dérange; il a prescrit la forme de son gouvernement, et *le peuple* le réforme; il a constitué ses successeurs, et *le peuple* vient les proscrire, les massacrer, et changer les constitutions malgré eux. Nous soutenons que ces entreprises sont des attentats, non-seulement contre le fondateur, mais contre Dieu même; que celui qui dérange la constitution malgré les anciens *souverains*, attaque Dieu lui-même; non-seulement que Dieu ne permet pas aux sujets cet attentat; mais qu'il le leur défend; non-seulement qu'il ne consacre pas ces arrangemens, mais qu'il les proscrit; non-seulement qu'il n'approuve pas ces nouvelles constitutions, mais qu'il les condamne. Nous soutenons qu'il punira sévèrement ceux qui font les révolutions, et ceux qui les aident, et les auteurs qui attribuent témérairement *aux peuples*, de pareils *droits*, et de pareils *pouvoirs*.

XIII. Dans l'ordre ordinaire comme dans l'ordre extraordinaire, il est donc certain *que toute puissance vient de Dieu*: mais par qui vient-elle : est-ce *par les peuples*, ou *par les pères ?...* Voilà la question. Nous avons prouvé que, dans aucun temps, ni dans aucun pays, jamais *les peuples* n'ont pu, ni avoir, ni posséder, ni recevoir, ni conférer *la souveraineté*; ni de la part de Dieu, ni de la part des hommes; ni naturellement; ni surnaturellement; ni dans les oligarchies, ni dans les démocraties, ni dans aucune forme de gouvernement; que les termes *de peuple et de souverain* s'excluoient mutuellement, et ne pourront jamais se concilier ensemble. Donc jamais, dans aucun temps et dans aucun pays, *la souveraineté* n'a pu venir de Dieu par les peuples.

Par qui donc vient-elle ?... Rien de plus clair. Dans l'ordre spirituel, elle vient de Dieu par ses envoyés, qui par là deviennent *les pères spirituels* des peuples. Dans l'ordre civil, le seul dont il soit ici question, *l'autorité universelle* vient de Dieu *par l'auteur universel*, qui la possédant en toute propriété par droit de nature, a pu également la donner en toute propriété à qui il a jugé à propos.

XIV. De là suivent des raisonnemens aussi simples que naturels, et qui nous paroissent concluans.

1°. Par tout pays *l'auteur universel* d'une cité en est essentiellement *l'auteur civil*. Or *cet auteur uni-*

versel a été constitué par Dieu lui même. Donc dans son origine *l'ordre civil* vient immédiatement de Dieu lui-même.

2°. Par tout pays *l'auteur universel* de chaque peuple existoit avant son peuple. Donc dans aucun pays *l'ordre civil* n'est venu de Dieu par les peuples ; mais par *l'auteur universel*, et ses successeurs.

3°. Par tout pays *l'auteur universel*, de chaque peuple avoit fait des partages, désigné ses successeurs, constitué civilement avant qu'il y eût des variations, des bouleversemens, et des révolutions. Donc dans aucun pays, l'ordre civil n'a été créé dans les variations, et dans les révolutions. Partout *la cité* naquit immédiatement de la famille, sans lacune, sans anarchie, et sans interruption quelconque ; de sorte que dans les variations mêmes, ce sont les chefs, et non pas les peuples qui confèrent les droits souverains. Donc *la souveraineté* n'a jamais appartenu *aux peuples*. Donc jamais il n'y eut, et jamais il ne pourra y avoir de *gouvernemens représentatifs des peuples*. *Mais si Dieu lui-même n'a jamais* pu faire de gouvernemens *représentatifs des peuples*, comment en ferions nous ? Où prendrions nous la pièce essentielle sans laquelle il n'y aura jamais une seule constitution légitime : *la souveraineté ?... Concluons.*

XV. Depuis le commencement du monde, il y a eu une infinité de variations dans les cités, et il y en aura encore beaucoup. Mais au milieu de ces changemens, ce qui ne variera jamais, *c'est la nature.* Que l'on coupe, que l'on ébranche, qu'on divise et qu'on subdivise, chaque arbre social aura toujours sa souche, et chaque branche du genre humain aura toujours son chef.

1°. Quelque vicissitude qu'on suppose dans la forme extérieure des gouvernemens; qu'ils deviennent successivement *monarchiques ou républicains, barbares ou civilisés, grands ou petits, réunis ou divisés, agités ou paisibles*; dans tous les temps, tous les pays, et toutes les positions, on peut être certain que ce fut dans *l'auteur universel* de chaque division que *l'autorité civile* prit sa source. C'est de lui qu'elle passa à ses successeurs, qui l'ont transmise aux souverains actuels, d'où elle passera à ceux qui gouverneront, jusqu'à la consommation des siècles, à travers toutes les révolutions et tous les bouleversemens possibles. 2°. On peut être certain que ce fut le père universel lui seul qui constitua de la part de Dieu, long-temps avant qu'il y eût des peuples, lui seul qui ait pu conférer *la souveraineté* dans la première constitution, lui seul qui puisse la conférer dans les nouvelles par ses successeurs. Il est *faux* que *les peuples* aient jamais pu ni la donner, ni la recevoir, ni la créer dans aucun cas. Il est *faux* qu'ils aient jamais été sans chefs, sans autorités, sans gouvernemens civils, dans un état d'anarchie et d'indépendance. *Cette création des corps civils par les peuples*, cinq ou six cents ans après la première occupation de chaque pays, est un principe *faux* auquel il faut renoncer pour jamais. Nous l'avons prouvé par toutes les histoires et par tous les monumens de l'univers. De là, le fait décisif suivant avec toutes les conséquences qui en sont inséparables.

XVI. *Fait décisif.*

Si, par la succession seule des naissances, les peuples de tous les pays, quels qu'ils soient, barbares ou civilisés, ont eu des chefs avant que de naître; le serment d'égorger et d'assassiner, jusqu'à ce qu'on croie qu'il y a eu des peuples qui se sont donné des chefs, est encore une atrocité détestable. Quand on égorgeroit jusqu'à la fin du monde, il n'en resteroit pas moins certain que, dans chaque pays, ce fut le père primitif qui fit les premiers partages, lui qui se donna des successeurs et lui qui leur transmit son autorité universelle et souveraine plus de cinq cents ans avant qu'il pût y avoir des pactes sociaux; qu'ainsi *la souveraineté* n'a jamais pu venir des peuples dans aucun temps, dans aucun pays, ni dans aucune circonstance.

Il est bien vrai que, dans tous les pays, les chefs prudens ne firent jamais une seule loi, ni une seule constitution sans y appeler les principaux de leurs inférieurs, ce qu'on appela *les états*, que ce fut même à eux qu'ils accordèrent le droit de nommer, surtout dans la vacance des trônes. Mais, comme nous l'avons déjà dit, entre la nomination et la collation, la différence est énorme. Si les états purent nommer dans certains cas, ce furent toujours les chefs qui conférèrent les pouvoirs et qui prescrivirent les conditions dans les nominations mêmes, parce que *l'autorité souveraine* étant à eux en toute propriété, jamais elle ne pourra être transmise à d'autres autrement que par l'effet de leurs volontés. Et c'est ainsi que M. *Bossuet* et tous les bons auteurs ont toujours entendu par le mot *peuple.* Ils ont toujours pris le corps avec la tête, et les peuples avec leurs chefs, comme on le verra plus amplement développé *dans notre Appendix de droit naturel politique et religieux,* lorsque nous donnerons *la conciliation des bons auteurs.*

Soyez-en donc bien sûrs, peuples de la terre, de quelque région que vous soyiez, quand vous verseriez tout votre sang dans les batailles, quand on vous feroit périr par millions, comme on l'a fait depuis trente ans, l'ouvrage de Dieu restera toujours le même. C'est, non pas à vous, mais à vos chefs que le Tout-Puissant a donné *l'autorité universelle et souveraine;* jamais elle ne passera dans vos mains : et la doctrine qui enseigne *que la souveraineté est un bien national,* sera toujours une peste dans tous les pays. Dans tous les pays, on peut égorger, assassiner, chasser ses souverains et en mettre d'autres à leur place, mais les légitimer, leur donner des droits et des pouvoirs, c'est ce qu'on ne fera jamais. Après tous nos crimes et tous nos attentats, le fait décisif qui restera toujours, c'est que, la souveraineté étant le bien des souverains, elle ne marchera jamais qu'à leurs ordres.

Aussi, la grande difficulté qui reste à résoudre n'est pas de savoir d'où les souverains actuels ont reçu leurs pouvoirs sur les descendans des fondateurs, il est clair qu'ils ont pu les recevoir des fondateurs eux-mêmes. Mais cette foule innombrable d'étrangers qui se sont mêlés à leurs descendans; mais tous ces pays conquis et même usurpés, sur lesquels les fondateurs n'avoient aucun droit, d'où ont-ils pu tirer des pouvoirs sur tout cela ?...... Voilà la grande question qui nous reste à examiner pour terminer tout ce que l'on peut désirer sur la transmission des pouvoirs souverains.

SIXIÈME QUESTION.

DES SOUVERAINS ACTUELS.

Comment ont-ils pu avoir autorité sur les étrangers.

§ I, *Des étrangers;* § II, *Des conquérans;* § III, *Des usurpateurs;* § IV, *Suite terrible de l'usurpation;* § V, *Pouvoirs des souverains actuels;* § VI, *Conclusion,* etc.

ÉTAT DE LA QUESTION.

I. Jusqu'ici, il n'a pas été difficile de concevoir comment le fondateur de chaque peuple, qui avoit *autorité universelle* sur ses descendans, a pu transmettre à ses successeurs ce qu'il possédoit lui-même : *quod sanè habet qui procreavit ergà natum ex se,* dit Aristote. Mais depuis le fondateur, il s'est joint à ses descendans beaucoup d'autres individus, et même beaucoup d'autres peuples, sur lesquels il n'avoit aucuns droits personnels. Où le souverain actuel prendra-t-il l'autorité qui lui manque, *pour tous ces étrangers, pour des pays conquis, peut-être même pour des royaumes totalement usurpés?* Voilà la grande difficulté. Ce ne sont pas tant les variations, que *le mélange* inévitable des cités, qui en a imposé à beaucoup d'auteurs, et qui les a déterminés à recourir, soit à *l'universalité* du peuple, soit à *l'auteur universel* du monde, pour trouver *des pouvoirs universels.*

II. Nous examinerons successivement tous ces articles. Et dans cette question comme dans les autres, on verra que, s'il y a eu de l'embarras, c'est qu'on avoit perdu de vue *la source des autorités humaines.*

§ I.

Des Etrangers.

I. Il est aisé de conjecturer que, dès le commencement du monde, ne fût-ce que par alliances, par engagemens et par identité de travaux, il dut se faire beaucoup de mélange dans les familles ; que lors de la première séparation après le déluge, il y eut très-probablement des descendans *de Japhet* qui restèrent avec *Nemrod* à Babylone ; des descendans *de Sem* qui passèrent avec *Cham* en Egypte, et des descendans *de Cham* qui suivirent les enfans *de Japhet* en Europe ; que, sans sortir du berceau du genre humain, les diverses branches de famille commencèrent à se confondre ; qu'avec le temps elles se trouvèrent encore bien plus confondues par la mobilité inévitable des événemens humains. C'est ainsi que par l'émission des colonies, les conquêtes, le commerce, les transactions, les réunions, les transmigrations qui se firent d'une partie du globe à l'autre, *les Egyptiens* se mêlèrent *avec les Grecs, les Tyriens* avec *les Africains, les Troyens* avec *les Latins, les*

Albains avec *les Romains* , *les Francs* avec *les Gaulois*, et long-temps après *les Européens* avec *les Américains*. On voit que nous n'affoiblissons pas la difficulté de ce mélange.

II. Il est encore très-certain que *Nemrod* n'avoit aucune autorité personnelle sur les descendans de *Japhet*, ni *Japhet* sur ceux de *Sem*, ni aucun souverain sur tous les étrangers qui viennent se joindre à ses sujets; que cependant pour avoir droit de les gouverner, il faut avoir *autorité* très-réelle sur tous. S'il est dans tout un empire un seul individu sur lequel on n'ait pas de pouvoirs, il n'y a pas de *souveraineté*, parce que, comme tout le monde le sait, *la souveraineté* est essentiellement *universelle*.

III. Cette difficulté qui a jeté le monde dans l'abîme des pactes, et que ce système n'a pas résolue, quelque effrayante qu'elle paroisse de loin, n'est rien dans la réalité et va disparoître en présence des fondateurs. S'il y eut essentiellement *un auteur universel* à la tête de chaque branche du genre humain, n'est-il pas évident que chacun d'eux a pu céder réciproquement *les droits* qu'il avoit sur ses descendans; et que, *par cette cession*, chacun d'eux eut *une autorité très-réelle* sur les étrangers qui venoient se joindre à leurs sujets? Ce ne fut point en vertu *de son autorité personnelle* que *Japhet* gouvernoit les descendans de *Sem*, mais c'étoit en vertu de celle de cet autre père universel. Tant qu'un souverain ne réclame pas ses sujets, tout le monde sait qu'il transporte *ses droits* à celui qui les reçoit dans son empire. Et ce qui se fait encore tous les jours entre les souverains actuels, put se faire avec la même facilité dès le commencement du monde.

IV. On est étonné que ces vérités qui paroissent si simples ne se trouvent dans aucuns traités. C'est une nouvelle preuve que *la source des autorités civiles* étoit totalement oubliée. Cependant, nous ne sommes pas les premiers qui ayons fait commencer les gouvernemens *par les pères :* nous avons cité nous-mêmes des milliers d'auteurs qui l'ont fait avant nous. Et ces auteurs estimables n'ignoroient pas que ces chefs primitifs avoient *autorité* sur leurs descendans ; mais ils savoient aussi parfaitement qu'ils n'étoient pas les pères *des étrangers,* et qu'il y en eut beaucoup qui vinrent se réunir à leur famille dès les premières générations. Voilà l'écueil où l'on est venu se briser. Pour donner à ces pères primitifs l'autorité qui leur manquoit, ils n'ont point vu d'autre ressource que *le consentement de ces étrangers,* qu'ils ont fait bénir *par l'auteur universel du monde.* Mais ce consentement *des peuples* ne donne pas *l'autorité,* et cette bénédiction de Dieu ne livre pas moins *les pères* eux - mêmes *au consentement arbitraire des peuples,* conséquemment à toutes les suites terribles du système des pactes.

V. Que falloit-il pour faire cesser cet inconvénient ? *Remonter aux pères primitifs de ces peuples qui, dès l'origine, se cédèrent réciproquement leurs droits....*

Rien de plus facile, dira-t-on. —Cela peut être ; mais enfin il falloit le faire. Rien de plus aisé, comme on le sait, que de trouver le nouveau monde, et d'y aller quand on en a su le chemin. Cependant, pour le découvrir, il falloit un homme qui conçût le dessein d'aller aux Indes par ces mers inconnues, et qui eût le courage de s'exposer à tous les périls d'un pareil voyage.

VI. Pour trouver *la source des souverainetés*, il ne suffisoit pas de savoir qu'un père a *autorité* sur ses enfans, il falloit découvrir ce que *c'est que l'autorité* dans sa nature et son essence constitutive, ses qualités, son universalité, sa perpétuité; remonter de père en père jusqu'au premier, approfondir *ce que c'est que la souveraineté*, en quoi elle consiste, les élémens dont elle se compose; comment elle étoit *universelle*, comment elle pouvoit s'étendre sur les étrangers, comment chaque père primitif l'avoit acquise, comment il la possédoit de son vivant, comme il l'a cédée aux autres et transmise à ses successeurs; comment elle est descendue à travers toutes les variations et les révolutions *jusqu'aux souverains actuels, aux conquérans et aux usurpateurs*, etc., etc.

VII. Qu'ils sont donc injustes ceux qui se persuadent qu'ils savoient depuis long-temps ce qui leur paroît si naturel quand ils l'ont appris!..... « Un chêne « antique s'élève, dit éloquemment M. *de Montes-* « *quieu*, liv. 30, ch. 1, *de l'Esprit des Lois*, l'œil « en voit de loin le feuillage; il approche, il en voit « la tige, mais il n'en aperçoit pas les racines : *il faut* « *percer la terre pour la trouver.* »

VIII. Jusqu'à la dernière révolution, nous n'avons tous que trop bien ressemblé à ces voyageurs. Apercevant de loin l'arbre antique des gouvernemens, nous en avons admiré le feuillage, c'est-à-dire *les peuples*; en approchant de plus près, nous en avons vu le tronc, c'est-à-dire *les souverains actuels*; mais nous n'en avons point aperçu les racines. Si nous eussions percé la terre, nous y aurions trouvé *les fondateurs des peuples*. Et ces hommes immortels, se soulevant de leur cercueil, se fussent ranimés pour nous dire : « Insensés, que cherchez-vous dans vos « absurdes systèmes? *La source de la souveraineté?* « Apprenez que c'est en nous que Dieu l'a placée, en « nous qu'elle a pris naissance, de nous qu'elle est « émanée; que c'est nous qui avons fait les partages, « les lois et les constitutions, plus de cinq cents ans « avant vos prétendus pactes. Au lieu de renverser « notre ouvrage, allez dire à vos contemporains que « ceux qui les gouvernent sont investis de notre pa- « ternité; que le véritable *esprit* des lois et des gou- « vernemens, c'est *notre esprit*, qui subsistera jusqu'à « la consommation des siècles, et dont on ne s'écar- « ra jamais sans bouleverser les empires. »

IX. Cessons donc d'aller chercher dans Dieu ce que Dieu lui-même a placé dans les hommes. La source secondaire *des autorités* civiles n'est point dans le ciel, elle fut sur la terre. En la perçant pro- fondément, nous y trouverons les fondateurs des peuples, qui se sont cédés réciproquement leurs droits des les premiers temps. Et si cette multitude de fondateurs laisse encore quelque confusion dans nos idées, en suivant la chaîne des pères, remontons à celui dont ils sont tous sortis, et ce mélange des peuples ne nous embarrassera plus.

X. Certes, lors de la première dispersion, quand *le chef universel* de tous les peuples donna la mission à ses enfans, il étoit impossible qu'il existât pour lui

un seul étranger parmi cette famille immense. Il est incontestable qu'il avoit *autorité* très-réelle et très-positive sur tous. Dans le moment qu'il divisa sa prodigieuse population par grandes familles, il divisa par cela même *son autorité universelle* en autant de parts. « Allez, dit-il au chef de chaque division, je
« vous constitue sur mes descendans, comme Dieu
« m'a constitué sur vous-mêmes. Pénétrez-vous, et
« de la grandeur de vos droits, et de l'étendue im-
« mense de vos devoirs. Ce ne sont pas seulement
« vos sujets, mais les mieus que je vous confie. Ce
« n'est pas seulement en vertu de votre autorité,
« mais en vertu de la mienne que vous leur dicterez
« des lois ; et *mon autorité* s'étend sur tous, et elle
« est indestructible. Elle passera d'âge en âge, et de
« générations en générations, ainsi que mes autres
« droits, sans pouvoir jamais cesser, jusqu'à ce qu'il
« n'y ait plus de générations sur la terre. *Auteur*
« *universel* de tous les hommes, il est impossible
« qu'un seul d'entr'eux puisse jamais devenir *étran-*
« *ger* à mon sang. Je vous remets, sur tous ceux qui
« vous suivront, tous mes droits et mes pouvoirs. Dans
« quelque pays que vous vous fixiez, investis chacun
« d'une portion de mon autorité, vous serez par-
« tout, vous et vos successeurs, à la tête de tous ceux
« que vous gouvernerez, *mes représentans et mes*
« *images.* »

XI. Ce que nous disons du premier chef du genre humain s'applique au premier père *de l'Europe*, à celui *de l'Afrique*, à celui *de l'Amérique* ; enfin au premier occupant de chaque pays. Dès qu'on a trouvé les fondateurs des peuples, constituant en vertu de leur titre *d'auteurs universels*, et se cédant réciproquement leurs droits *sur les étrangers*, plus de cinq cents ans avant qu'il puisse y avoir des peuples, non-seulement tous les pactes sociaux, mais toutes les difficultés sur l'autorité civile disparoissent comme les fantômes s'évanouissent à la clarté du jour.

XII. Tant qu'un souverain ne réclame pas ceux de ses sujets qui vont habiter dans un autre empire, c'est une marque certaine qu'il transmet à l'autre souverain les droits personnels d'autorité qu'il avoit sur eux. *Voilà la loi primitive et fondamentale , aussi ancienne que le monde, consacrée par l'acceptation unanime de tous les souverains, qui transmet à chacun d'eux la portion d'autorité qu'ils n'avoient pas personnellement sur les étrangers.* C'est en vertu de cette loi primitive et fondamentale, que, dès l'origine, *Nemrod* avoit une autorité très-réelle et très-positive sur les descendans *de Cham* qui restèrent avec lui *à Babylone*; *Cham*, une autorité très-réelle et très-positive sur les descendans *de Japhet*, qui le suivirent dans ses voyages; *Romulus,* une autorité très-réelle et très-positive sur les vagabonds qui venoient se ranger sous ses étendards; que chaque souverain actuel a une autorité très-réelle et très-positive, non-seulement sur les sujets qui lui ont été transmis par ses prédécesseurs, mais encore sur tous les étrangers qui viennent nouvellement se ranger sous ses lois et se fixer sous son empire; qu'un père a autorité très-réelle sur les enfans illégitimes qui naîtront dans sa maison, et que le père adultère ne réclame pas;

qu'un évêque, dans le spirituel, a *autorité* très-réelle sur les étrangers qui viennent se fixer dans son diocèse, etc., etc.

XIII. *Et comment l'ont-ils cette autorité sur les étrangers ?* Ce n'est ni par extension, ni par la force, ni par convention, ni par le consentement, le respect l'attachement, l'élection ou l'adhésion de ces nouveaux venus, ni par la sanction de Dieu, comme le disent une infinité de moralistes et théologiens. C'est *par concession, par délégation, et par constitution véritable*; parce que, dès l'origine du monde, les fondateurs se transportèrent mutuellement leurs droits respectifs, et que les souverains actuels peuvent, quand ils le veulent, en faire encore autant de nos jours. En plaçant la source *des autorités civiles* où Dieu l'a placée, *dans l'auteur universel de chaque peuple*, cinq ou six cents ans avant les peuples, on n'a plus besoin de conventions, d'élections et de bénédictions. Les étrangers étant descendus comme les autres *d'un père primitif*, il est impossible qu'il ait existé depuis le commencement du monde un seul souverain qui ait manqué *d'autorité* sur eux. Strictement et rigoureusement investis *de la paternité* des fondateurs, tous ceux qui ont gouverné, qui gouvernent ou qui gouverneront, seront *leurs représentans et leurs images*, conséquemment *les pères civils* de tous leurs sujets et des étrangers eux-mêmes, au droit des premiers fondateurs; non pas par le consentement des inférieurs, mais par celui des supérieurs, des évêques ou des souverains, qui ne réclament pas.

XIV. Quant aux frères et aux branches collatérales, la question est encore infiniment plus facile à résoudre que pour les étrangers. En effet, puisque *l'autorité paternelle*, à quelque degré qu'on la prenne, s'étend essentiellement sur tous les enfans, il est évident que celui qui se trouve héritier du trône, n'y fût-il appelé que par son père, auroit déjà autorité sur tous ses frères. Mais si, outre son père, il y est appelé par ses ancêtres, et de plus, par les fondateurs, il est clair que, par là, réunissant en lui seul toutes ces autorités, il devient bien positivement *le père civil* de tous, conséquemment celui de ses frères eux-mêmes. Tant qu'ils seront domiciliés dans son empire, si quelqu'un d'entre eux refusoit d'obéir à ses lois, il commettroit le plus détestable de tous les crimes, parce qu'il outrageroit, dans son frère, *la majesté paternelle* de tous ses prédécesseurs.

XV. C'est ainsi que *Salomon*, dès qu'il fut investi *de l'autorité de David*, devint le père civil d'*Adonias*; qu'*Arsaces* une fois constitué par son père, fut le souverain *du jeune Cyrus*; que *Sésostris*, appelé au trône par la volonté constitutionnelle de ses pères, avoit le droit de chasser d'Egypte son frère *Danaüs*, quand il osa lui disputer ses droits; qu'en France, Louis XVI d'abord, et ensuite Louis XVIII, furent *les souverains* de leurs frères, non pas par *leur propre autorité*, mais par celle de leurs aïeux; que dans les états monarchiques en général, les frères qui sont exclus du trône par la constitution, sont de *véritables parricides*, quand ils osent se révolter contre celui d'entr'eux, qui se trouve constitutionnellement appelé *à la souveraineté*, parce qu'en vertu de la volonté du fondateur, celui-là seul est devenu dans toute la force du terme *le représentant réel* de tous ses prédécesseurs, conséquemment *le père civil* de tous. En deux mots :

XVI. Frères ou étrangers, tous ont eu *des pères et des souverains* qui ont cédé volontairement *au souverain actuel* leur autorité sur tous ceux qu'ils ne réclament pas. Donc jamais *les souverains* n'ont tenu leurs pouvoirs, ni des étrangers, ni de leurs frères, ni d'aucun de ceux qui sont sous leur empire.

§ II.

Des Conquérans.

I. Un guerrier qui se rend maître d'un terrein par la force de ses armes, prend le nom *de conquérant*. Un particulier fait *des acquisitions :* un souverain fait *des conquêtes,* parce qu'il est aidé, dans ses triomphes, par ses officiers et ses soldats.

II. Quand les souverains ne sauroient s'accorder sur un objet, n'ayant pas de juges au-dessus d'eux, ils n'ont pas d'autre moyen définitif que *la guerre* pour vider leurs différens ; mais comme il peut y avoir *des guerres justes, et des guerres injustes,* c'est une grande erreur de croire que *la conquête* emporte toujours avec elle la *translation des droits.*

III. Toutes les fois qu'un souverain légitime est injustement attaqué dans ses possessions, et que, se renfermant dans les bornes d'une défense indispensable, il remporte des avantages sur ses ennemis, tout le monde convient que, par le fait même de la victoire, il devient le *souverain* des peuples vaincus. Ainsi dans une guerre juste, où l'on combat de bonne foi de part et d'autre, dès qu'on a acquis une possession réelle et solide sur un objet, par la supériorité de ses armes, personne ne doute que les droits du vaincu ne passent, à l'instant même, dans les mains du vainqueur; non par la force, ni par la victoire, ni par la prise de l'objet conquis, mais *par la loi de la guerre*, c'est-à-dire, *par la volonté légale des souverains*, qui, dès les premiers temps, ont arrêté que dans le cas d'une guerre volontaire de part et d'autre, les droits suivroient régulièrement le parti de la victoire. *Aut occupatione vacua, aut bello capta statim capientium fiunt. Requiritur tamen possessio firma, mansuris munitionibus captis firmata.* (Grot. lib. 3, cap 6.)

IV. Dans une guerre évidemment injuste, au contraire, dans laquelle *un souverain paisible* est attaqué dans ses possessions, par un homme féroce et ambitieux, qui foule aux pieds les réclamations des vaincus, et qui ravage tout par la supériorité de ses armes, il ne faut pas croire que *les droits* puissent être transférés : par la raison que *le vaincu* n'y consentant pas, il ne sauroit être dépouillé malgré lui *de ses droits*, pas plus qu'un propriétaire ordinaire ne peut être malgré lui, dépouillé des siens. Aux yeux de tous les publicistes, ces grands succès ne sont que de grands brigandages , ces grands triomphes que de grands attentats, ces grands conquérans que de grands fléaux, et d'infâmes dilapidateurs. L'objet envahi est dans leurs mains sans doute, mais *les droits* n'y sont pas, parce que, dans aucun cas, *des droits* ne pourront jamais s'emporter

par la violence. *Populos solá regni cupiditate con-*
terere, quid aliud quàm grande latrocinium? (Grot.
lib. 2 cap. 22.)

V. Généralement parlant, en fait *de conquête*, c'est
sur la volonté du vaincu qu'il faut fixer les yeux.
Pour qu'il y ait *conquête*, il faut, ou que *le vaincu*
ait voulu la guerre, et qu'il ait été l'agresseur comme
les Romains vis-à-vis des Francs : ou qu'il ait *accepté*
la guerre, comme deux souverains qui remettent volontairement au sort des armes la décision de leurs
contestations : ou qu'il ait *ratifié* les effets de la guerre
dans des traités ou dans des congrès, parce qu'alors
tout se trouve légitimé par ses arrangemens. *Volenti*
non fit injuria. Mais des souverains qu'on détrône
malgré eux, sont loin de consentir à la guerre. Ainsi
ces guerres injustes ne dépouilleront jamais *le vaincu*
de ses droits. De sorte que, dans la guerre elle-même,
jamais *le droit* ne pourra être transmis que *par la vo-*
lonté de l'ancien propriétaire. Ce principe est général
en fait de propriétés. *Id quod nostrum est, sine facto*
nostro, ad alium transferri non potest.

§. III.

Des usurpateurs.

I. Mais d'après ces principes, dira-t-on, *les usur-*
pateurs ne pourront jamais être légitimés ?..

Non, sans doute, *par la force et par le fait de l'usur-*
pation même. Il est sur cet article, des opinions si révol-
tantes, si manifestement réprouvées par le droit naturel,
et si contraires aux vrais intérêts des usurpateurs eux-

mêmes, que ce seroit trahir l'humanité que de ne pas s'élever fortement contr'elles. En effet, quand on entend soutenir sérieusement dans le monde : *qu'un usurpateur est légitimé aussitôt qu'il est reconnu des puissances ; et qu'un souverain légitime est dépouillé de ses droits, aussitôt qu'il n'est plus en état de protéger son peuple*, comment tenir à de pareilles assertions ?

II. *Un souverain est dépouillé de ses droits, aussitôt qu'il n'est plus en état de protéger son peuple !*..... Mais par qui ? par quelle loi ? par quelle raison ? Par la raison qu'il est le plus foible, par la raison qu'il est malheureux. Quel délire !... Quoi, parce que je suis plus foible que le voleur qui m'enleve ma bourse malgré moi, j'ai perdu mes droits sur ma bourse ?.... Parce que je suis moins fort que cinquante brigands qui me chassent de ma maison, j'ai perdu mes droits sur ma maison ?.... Où a-t-on puisé une doctrine aussi extravagante ? Dans quel auteur sensé la trouve-t-on ?.... *Le souverain n'est plus en état de protéger son peuple !*..... Non sans doute. Il n'est pas même en état de se défendre lui-même. Livré entre les mains de ses ennemis, des hommes atroces le chassent, le dépouillent. Ils porteront peut-être l'attentat jusqu'à le mettre à mort. Il est écrasé et il est malheureux ; donc il a perdu ses droits ; donc il faut se tourner contre lui du côté des voleurs.... Quelle indigne conséquence !

III. *Le souverain n'est plus en état de protéger son peuple !*..... Non sans doute. Il n'est pas même en état de se défendre lui-même. Mais quelle en est la cause ?..... N'est-ce pas la rébellion de son peuple, la défection de ses armées, l'infidélité de tous ceux qui étoient obligés de le soutenir ?.... Quoi, parce qu'un peuple a été infidèle ; parce qu'il a déjà commis le plus horrible de tous les crimes, il lui sera permis de le consommer par le plus monstrueux de tous les attentats !...... Si le souverain n'est plus en état de protéger son peuple, c'est parce que celui-ci l'a abandonné ; peut-être parce qu'il s'est tourné contre lui, en tout, ou en partie. Qu'on rentre dans le devoir, et le souverain recouvrera sa puissance. Tant qu'on ne le fera pas, n'est-il pas bien juste qu'on porte la peine de sa défection, qu'on subisse jusqu'au bout les horreurs d'un bouleversement dont on est la cause. Si le souverain est tenu de protéger son peuple, celui-ci n'est-il pas tenu de soutenir son souverain, et de verser pour lui jusqu'à la dernière goutte de son sang ?......

IV. *Le souverain n'est plus en état de protéger son peuple !*..... Donc il a perdu ses droits !.... Mais dans ce cas, il auroit perdu ses droits, dès l'instant de l'usurpation même. Car dès l'instant de l'usurpation, il étoit le plus foible. C'est parce que je suis plus foible que les brigands, que je leur laisse enlever ma bourse, ou que je leur abandonne ma maison. De manière que, si l'on veut presser les conséquences de cet exécrable raisonnement, ce sera l'acte du vol qui légitimera le vol, la rébellion des armées qui légitimera la rébellion, la défection du peuple qui légitimera cette défection. Ce sera la force ou la foiblesse, le crime et la témérité qui régleront les prescriptions, et qui transporteront les droits !....

V. *L'usurpateur est reconnu des puissances !*

Qu'entend-on par là ? Quoi, parce que les puissances, d'après la corruption de leurs ministres, peut-être celle de leurs officiers et de leurs généraux, forcées de céder au torrent de la rébellion, et à la perversité des principes publics, ont été obligées de reconnoître que l'usurpateur est le plus fort, elles ont reconnu pour cela qu'il avoit *des droits ?* Mais dans la translation des droits, que fait la force et la contrainte ?..... Qu'y font les triomphes et les succès ? Qu'y feroient même les traités volontaires des autres souverains ?... Peuvent-ils disposer de ce qui ne leur appartient pas ?......

VI. La meilleure réponse qu'on puisse faire à de pareilles assertions, c'est de les vouer au mépris qu'elles méritent. Si l'usurpateur acquéroit des droits aussitôt qu'il est le plus fort, ce seroit le succès du crime qui régleroit le droit public, le droit des gens, et la morale toute entière. Il n'y auroit plus rien de stable pour les peuples, pour les souverains, ni pour les individus ; que dis je ? il n'y auroit plus de stabilité pour les usurpateurs eux-mêmes. Car enfin, s'il est permis d'abandonner les anciens souverains aussitôt qu'ils sont les plus foibles, on pourra également abandonner les nouveaux aussitôt qu'ils auront des revers. La dynastie de l'usurpateur lui-même, quand elle sera légitimée, sera donc également condamnée à perdre ses droits toutes les fois qu'on pourra venir à bout de se soulever contre elle. La règle qu'on veut établir contre l'un, servira un jour contre l'autre. Les souverains et les peuples seront dans une perpétuelle agitation, sans pouvoir jamais compter sur un moment de repos. C'est ainsi que l'erreur est tou-

jours un poignard meurtrier, même pour celui qui
l'adopte, et que ce qui paroît au premier coup d'œil
favorable aux usurpateurs, leur est définitivement
contraire.

VII. Que toutes les usurpations de la souveraineté
traînent après elles des guerres, des desastres et des
calamités de toute espéce ; c'est ce que personne ne
peut ignorer, puisque tout l'univers en a fait la triste
expérience. Mais ces suites épouvantables qui de-
vroient en dégoûter les peuples prudens, n'excusent
pas les peuples coupables, et ne légitiment pas leurs
forfaits. Aussi sans aucun égard à toute cette série
de troubles, de divisions, de misères et d'atrocités,
de foiblesse de la part du souverain, et de succès du
côté de l'usurpateur, quelque prétexte que l'on allègue et quelque raison que l'on oppose, sans même
daigner faire la plus petite mention de la reconnoissance des puissances ; tous les publicistes estimés s'é-
lèvent avec force contre ceux qui voudroient préci-
piter la translation des droits, et abréger le temps qui
peut la rendre légitime.

VIII. Les uns, comme *Vasquès* (*Controv. illus*),
et le célèbre *Dupuy* (*Traité des droits du Roi*),
prétendent qu'il est impossible que les droits soient
transmis, tant qu'il reste des successeurs : les autres,
tels que *Grotius*, *Puffendorf*, *Suarès*, *Navarre*, et
autres, après tous les troubles et toutes les guerres
de succession, demandent encore une possession *séculaire*, paisible et non interrompue. Tous exigent
un temps très-long. Pour nous, comme *la souveraineté* est très-certainement *la propriété* des souverains, nous croyons qu'en fait *de souveraineté*,

comme pour tous les autres droits, on ne sauroit avoir d'autre règle que la *volonté* des anciens possesseurs ; qu'ainsi, dans tous les cas et dans toutes les suppositions, les suites de l'usurpation sont toujours terribles, et pour les usurpateurs et pour les peuples.

§ IV.

Suites terribles de l'usurpation.

I. *La souveraineté* étant, par sa nature, la première de toutes les propriétés, il est certain qu'elle peut être transmise, comme toutes les autres, *par le consentement des anciens propriétaires* : mais, comme toutes les autres, il est impossible qu'elle se trouve transmise *sans leur consentement* : et après les usurpations, *ce consentement* est toujours très-difficile à obtenir, parce que *la souveraineté* étant le plus beau de tous les droits, l'ancien souverain ne consent jamais à sa transmission qu'après des guerres sanglantes et de longues difficultés, lorsqu'il lui paroît moralement impossible de la conserver à ses héritiers légitimes. Cependant, comme il est des souverains de bien des espèces, la facilité ou la difficulté *du consentement* pouvant varier à raison de ces différences, nous en indiquerons ici les principales d'après lesquelles on pourra juger de toutes les autres.

II. Partout où le *souverain est composé*, comme dans les républiques, les aristocraties, les démocraties, les chambres et les sénats, il est de toute évidence que le dernier *souverain* est toujours le maître de se désister de ses droits, pourvu que la pluralité en tombe d'accord. Pourquoi cela ?..... Parce que tous les membres du souverain étant vivans, ils sont toujours dans la possibilité de délibérer ensemble et de décréter ce qui leur convient, selon les diverses considérations d'intérêt, de nécessité ou d'impossibilité morales où ils se trouvent, selon les circonstances. C'est ainsi qu'après des guerres sanglantes, où il eut toujours le dessous, *le sénat de Rome* se décida à faire une cession légale et absolue *de la souveraineté*, dans les mains de *Tibère*, et que, par là, la possession des empereurs se trouva définitivement légitimée. C'est ainsi que de nos jours l'Angleterre, après des guerres dispendieuses, a été la maîtresse de se désister de ses poursuites à l'égard des Provinces - Unies de l'Amérique. Et c'est ainsi que *tous les souverains composés* en général pourront toujours délibérer à la pluralité des suffrages sur tout ce qui concerne leurs droits ou leurs intérêts respectifs.

III. Il n'en est pas de même dans les monarchies héréditaires, où les héritiers futurs ne sauroient être présens aux délibérations. Comme *la souveraineté* y a été léguée à une dynastie toute entière, quand les héritiers actuels consentiroient à se désister; il est certain que, par cette cession illégale, les héritiers futurs ne seroient point du tout dépouillés de leurs droits. Voilà pourquoi il est des publicistes qui pensent que, dans ces sortes de constitutions, l'usurpateur ne sauroit être légitimé, ni par les états, ni par qui que ce soit, que lorsque l'ancienne dynastie est totalement éteinte : de sorte que, dans ce sentiment, *à Rome*, le sénat ne put être définitivement légitimé qu'après l'extinction totale des Tarquins; *Pepin*, en

France, qu'après l'extinction totale de la première race; *Hugues Capet*, qu'après l'extinction totale de la seconde, et ainsi des autres. Et il faut convenir que cette perspective seroit bien effrayante pour les usurpateurs.

IV. Il est vrai qu'un premier propriétaire étant très fort le maître d'apposer des conditions, et même *celle de la prescription*, à la possession de son bien, la plus grande partie des publicistes admettent également *la prescription*, dans certains cas, dans la possession de la souveraineté. Mais les conditions qu'ils apposent *à cette prescription* ne sont guères moins terribles; car, pour que *le consentement* des premiers propriétaires puisse être réputé avoir lieu, ils exigent, de la part de l'usurpateur, une *possession séculaire* paisible, soutenue, et non interrompue : *possessio continuata et non interrupta*; possession séculaire à laquelle ni l'usurpateur, ni ses premiers successeurs ne pourront jamais atteindre; *possession paisible* qui ne sauroit commencer qu'après l'extinction de toutes les guerres de successions, qui peuvent elles-mêmes durer plusieurs siècles; *possession paisible* que les héritiers légitimes ont tout le temps d'interrompre sans cesse, et de renvoyer, par ces interruptions, à des temps indéfinis.

V. Conditions inévitables qui ne dépendent point du tout de la volonté des usurpateurs, mais de celle des fondateurs et des anciens souverains, qui n'ont pu vouloir, dit-on, que leurs droits souverains restassent dans une fluctuation éternelle, et qui ne les ont transmis à leurs successeurs que sous ces conditions : temps que *les diètes et les états* voudroient en vain prévenir, puisqu'ils ne sauroient disposer *de la souveraineté* que de la manière qui leur est prescrite par les anciens propriétaires; de sorte que, dans les guerres comme dans les conquêtes, dans les usurpations comme dans les prescriptions, c'est un principe certain et indestructible, que la force n'y fait rien, que *le consentement* des anciens propriétaires est le seul qui puisse transférer les droits; *consentement* qu'il faut attendre, qu'il est impossible de prévenir, et, quel que soit le sentiment que l'on embrasse, *consentement* qu'il faut toujours attendre très long-temps, dans les cas de la prescription même. Certes, si un premier propriétaire peut donner son bien sous la condition *de la prescription* dans certains cas, ces cas doivent être bien rares, et cette espèce de prescription extrêmement difficile à acquérir.

VI. Ce qu'il y a de certain, c'est que, dans les gouvernemens simples comme dans les gouvernemens composés, quand on voit paroître des révolutions et des usurpations, il faut s'attendre que les droits ne pourront jamais être transmis qu'après des guerres sanglantes et des calamités qui font frémir, et que, si l'on pensoit bien aux suites terribles de l'usurpation, on ne s'y engageroit jamais. Pourquoi tant de peuples misérablement abusés se sont-ils précipités du faîte du bonheur dont ils jouissoient, dans l'abîme des plus désastreuses révolutions?..... C'est parce qu'on leur avoit fait entendre qu'étant les maîtres *de la souveraineté*, ils pouvoient, à leur gré, la conférer à qui ils jugeoient à propos. S'ils eussent su que, *ce droit* appartenant *en toute propriété* à leurs anciens souverains, il étoit impossible à qui que ce soit de les en dépouiller malgré eux ; qu'en soutenant les rebelles, ils alloient se plonger volontairement dans une série interminable de guerres, d'atrocités, de secousses, de ruines, de divisions et d'agitations dont il leur seroit impossible de voir la fin, et dont aucune puissance au monde ne pourroit jamais les délivrer, parce que la transmission *de la souveraineté* ne dépendra jamais que *des souverains* eux seuls ; s'ils eussent été parfaitement instruits de ces grandes vérités, que de maux n'eussent-ils pas évités, et que de désastres ne se fussent-ils pas épargnés depuis le commencement du monde !

VII. Pourquoi tant d'usurpateurs, misérablement trompés par de faux systèmes, se sont-ils jetés inconsidérément dans l'abîme des révolutions à la tête de leurs partisans, et s'y sont-ils perdus avec eux ?... C'est parce qu'on leur avoit dit que *les peuples* étant maîtres *de la souveraineté*, s'ils venoient à bout de se faire proclamer par eux, ils disposeroient à leur gré des lois et des constitutions. S'ils eussent cru qu'en se plaçant à la tête d'une révolution, ils alloient s'engager, eux et leurs successeurs, dans un enchaînement inévitable de guerres et de divisions, de traverses et de sollicitudes, dont toute leur puissance et leur sagacité ne les tireroit jamais ; cette terrible perspective les eût effrayés, et ils se fussent épargné bien des calamités, à eux et à tout l'univers.

VIII. Ce n'est donc pas seulement pour l'intérêt des souverains, mais plus spécialement encore pour l'intérêt des peuples, et celui des usurpateurs eux-mêmes, qu'il est important de rétablir les principes fondamentaux sur le véritable *propriétaire* des droits souverains. Oui, nous en convenons : quelque révoltante que soit l'usurpation par elle-même, il n'est pas impossible que *la souveraineté* ne se trouve enfin transmise dans la main des usurpateurs, et nous ne saurions nier, que, dans le civil comme dans le spirituel, il est toujours des hommes investis du pouvoir important de la transmettre. Mais pour que cette translation ait lieu, il ne suffit pas de soulever des peuples, d'égorger des rois, de lever de nombreuses armées, d'exiger des sermens, de subjuguer des royaumes, de se faire proclamer par les puissances, et reconnoître par le plus grand nombre des sujets. *En fait de droits*, tout cela ne donne rien, absolument rien.

IX. Pour que cette translation puisse avoir lieu, le consentement des anciens souverains est indispensable. Si on ne peut pas obtenir celui des derniers il faut attendre celui des premiers. Mais, selon les publicistes les plus indulgens pour que les fondateurs soient censés y consentir, il faut en passer par des conditions infiniment rigoureuses. Il faut d'abord que toute guerre de succession soit finie. Cela ne suffit pas. Après toute guerre de succession finie, et après que tous les partis sont absolument abattus, il faut que *l'usurpateur* puisse parvenir *à une possession séculaire, paisible et non interrompue.* Or, on conviendra que de pareilles conditions sont bien effrayantes; que *les peuples* qui se jettent témérairement dans d'aussi terribles révolutions, sont bien à plaindre; que *les factieux* qui les y précipitent sont bien aveugles; que l'entreprise est aussi périlleuse en elle-même, qu'elle est coupable et criminelle pour eux tous.

X. On conviendra qu'avant de pouvoir obtenir *le consentement des anciens souverains* même dans l'opinion de la prescription, on a bien des partis à abattre, bien des obstacles à surmonter, bien des guerres à soutenir, bien du sang à répandre, bien des maux à essuyer, bien des dangers à courir, bien des mécontens à apaiser, bien des ennemis à combattre, bien des hommes à sacrifier, bien des peuples à faire souffrir; ... qu'après s'être donné tant de peines, avoir versé tant de sang, occasioné tant de troubles, essuyé tant de dangers : long-temps avant que cette prescription puisse avoir lieu, il faut quitter la terre, comparoître, chargé du crime de l'usurpation, au tribunal redoutable qui saisit tous les crimes; laisser les rênes du gouvernement à des héritiers, qui n'auront peut-être ni les mêmes talens, ni le même bonheur; que souvent, 'après avoir prospéré long-temps, les événemens changent, la fortune décline, le parti contraire se fortifie, l'héritier légitime reprend le dessus, et chasse à son tour *l'usurpateur :* ou que du moins, par des forces imposantes il remonte momentanément sur le trône, et que par cette interruption inattendue, il replonge encore pour long-temps, dans de nouveaux troubles et de nouveaux malheurs, dont il est impossible de prévoir la fin, et qui ne laissent aux peuples trompés, et aux factieux qui se sont trompés eux-mêmes, que le désespoir, et les remords accablans de s'être engagés témérairement dans une entreprise aussi désastreuse.

XI. Malheur aux hommes qui adoptent des principes faux, surtout en fait de gouvernemens! Malheur aux factieux, qui appellent les peuples à la rébellion, et aux peuples qui s'y laissent entraîner, d'après les principes faux des factieux! Ils se jettent tous dans un abîme de calamités, dont ils ne se tireront pas à leur gré, quand ils y seront engagés. Désabusez-vous, peuples de la terre!.... jamais vous ne pourrez donner *la légitimité* aux souverains. Pour devenir *légitimes*, il faut que tous ceux qui vous gouvernent reçoivent *la souveraineté*: et c'est, non pas en vous, mais *dans votre auteur universel* que Dieu en a placé la source. C'est de là qu'il faut la faire descendre; et il n'y a, pour cela, que deux moyens: c'est ou le consentement du dernier propriétaire, ou celui du fondateur, qui a pu consentir à la prescription dans des cas bien rares. Sans cela, tous les peuples de la terre ne pourront jamais *légitimer* un usurpateur. *Résumons-nous.*

XII. En fait de propriétés en général, il n'y aura jamais qu'une seule volonté qui puisse effectuer la transmission, c'est *celle des anciens propriétaires.* Tant qu'elle n'y sera pas, c'est en vain qu'on criera *la paix*, *la paix*, et qu'on se flattera de l'avoir obtenue. C'est une chose impossible. Les troubles, les séditions, et les agitations renaîtront sans cesse. Ce ne seront que des guerres et des cruautés interminables, des partis qui s'égorgeront les uns les autres, et qui extermineront les nations existantes, sans pouvoir jamais parvenir à un état de repos, parce qu'il est impossible d'y parvenir sans *la légitimité.*

XIII. Encore si, dans ces temps orageux, on pouvoit suivre sans obstacle la route de ses devoirs. Mais

non. Un usurpateur, trompé par des principes faux,
est un homme atroce, qui, croyant avoir *des droits*,
quand il n'en a pas, ne sait garder aucune mesure,
et n'épargne aucunes cruautés pour se faire obéir.

§ V.

Conduite envers l'usurpateur.

I. En fait d'usurpation, la grande difficulté n'est
donc pas de savoir quand les droits sont transféré, mais
quel est *le véritable propriétaire de la souveraineté?*..
Si ce sont *les anciens souverains*, il est très aisé de
savoir quand il existe un véritable désistement de leur
part. Mais quand on croit que c'est *le peuple*, comment connoître de quel côté est la majorité?.. Quand
les uns le croient, et que les autres ne le croient pas ;
que l'usurpateur surtout en est persuadé, comment se
conduire à son égard jusqu'à ce qu'on soit sûr *de sa
légitimité?*.. Voilà le grand embarras.

II. S'il se contentoit *d'une soumission passive*, personne ne doute que cette espèce *de soumission* ne soit
permise: non pas, comme le dit *Grotius*, qu'il ait le
droit de l'exiger, mais parce que *le souverain légitime*
qui est le maître de ses pouvoirs, préfère très-certainement une soumission nécessaire, qui conserve tout,
à une résistance déplacée, qui jetteroit tout dans la
confusion et dans le chaos. *Dum possidet* (usurpator)
*actus imperii quos exercet, vim habere possunt obli-
gandi, non ex ipsius jure, quod nullum est, sed ex
eo quod omninò probabile sit eum qui jus imperandi
habet, id malle, interim rata esse quæ imperat.*

quàm, legibus, judiciisque sublatis, summam in-
duci confusionem..... Et ce maître des droits quel
est-il, selon *Grotius,* et tous les publicistes éclairés?..
Est-ce *le peuple?* Non sans doute. Mais le *souverain*
légitime, simple, mixte, ou composé qui gouvernoit
auparavant, *qui jus imperandi habet.*

III. *Et jusqu'à quel point doit aller cette sou-*
mission passive?.... Rien de plus obscur, si on consulte les passions; et rien de plus clair, si l'on veut
s'en tenir au simple bon sens. En effet, si cinquante
brigands bien armés, après avoir massacré votre
père, et égorgé vos frères, s'être constitués les maîtres
absolus de votre personne et de votre bien, vous ordonnoient de cultiver la terre, et de leur en remettre
le principal produit; s'ils vous ordonnoient même,
sous peine de mort, de marcher avec eux contre les
ennemis qui voudroient détruire votre maison, ne croi-
riez-vous pas pouvoir le faire?.. A quoi vous serviroit-il
de leur résister dans tout cela, sinon à perdre tout,
et à vous faire égorger vous-même?... Mais si ces
cinquante voleurs, après avoir garotté votre père,
vous ordonnoient de les aider à le massacrer, et de
leur dénoncer tout ce qui pourroit tendre à le rétablir
dans ses possessions; de ratifier leurs brigandages;
de sanctionner tout ce qu'ils ont fait, et de signer
qu'ils ont eu *le droit* de le faire; le feriez-vous?....
Voilà cependant à quoi se réduit cette fameuse question d'après le simple bon sens.

IV. Tant que l'usurpateur est le plus fort, fût-il
aussi atroce que *Néron,* aussi coupable que *Phocas,*
quoiqu'il n'ait pas *les droits souverains,* pas de
doute qu'on peut être *passif* sous son gouvernement.

Et que peut-il exiger en vertu *de cette soumission ?...* Le travail, la culture des terres, le paiement des impôts, le transport des armes, l'observation des lois de police et réglementaires; tout ce qui peut contribuer directement ou indirectement à la sûreté, la salubrité, la défense, et au bien-être de la patrie; et conséquemment à la conservation de la chose pour de meilleurs temps. Voilà ce qui s'appelle *être passif*, et céder corporellement à la nécessité des circonstances, d'après les intentions interprétatives *du véritable propriétaire.*

V. Mais agir directement contre son souverain légitime, livrer sa personne sacrée, aider à le massacrer, dénoncer tout ce qui tendroit à le rétablir, souscrire à des lois injustes, reconnoître que l'usurpateur a *des droits souverains*, lui prêter serment d'amour, d'attachement et de fidélité : voilà ce qu'on ne sauroit faire, et ce que *le souverain légitime* lui-même ne sauroit permettre, parce que, s'il doit vouloir tout ce qui peut contribuer à la conservation de la chose, il doit vouloir par-dessus tout, la conservation de la personne de ses héritiers; et s'il peut, au besoin, dispenser *de ses droits personnels*, il ne sauroit dispenser, ni de ceux d'autrui, ni de ceux de l'Être Suprême, qui nous défend rigoureusement tout ce qui est essentiellement mauvais.

VI. Dira-t-on qu'il n'est question dans tout cela, que *de constitutions civiles ?..* Quelle raison !.. Comme si des injustices proposées par une constitution civile cessoient d'être des injustices !... A-t-on jamais vu les premiers chrétiens jurer de se soumettre, *même passivement*, à des choses réprouvées par le droit naturel, ou par les commandemens du maître de l'univers? L'Evangile ne comprend-il pas la morale toute entière?

VII. Quand on objecte qu'il y a partout *des lois injustes....* c'est un vil subterfuge. Des lois injustes ne me font rien, tant qu'on ne me les propose pas. Il faut bien distinguer entre un gouvernement et ce qu'il ordonne. Quand je suis *à la Chine*, je suis, de droit, soumis au gouvernement, et obligé de lui obéir, tant qu'il ne me propose pas des choses défendues. Mais s'il veut que je m'oblige d'obéir à toutes ses lois, je dois mourir plutôt que d'obtempérer, parce qu'il est des lois que je ne dois pas suivre. Autre chose est de vivre sous un gouvernement injuste : autre chose, de ratifier les injustices de ce gouvernement.

VIII. *Soumission passive* au gouvernement existant dans tout ce qui n'est pas évidemment injuste. Voilà, d'après les règles du droit naturel, ce qu'on peut se permettre. Et cette règle des particuliers est exactement la même pour les puissances. Tant qu'un souverain n'est pas en état de résister, il peut rester neutre, et ne pas agir. Mais, loin qu'il lui soit permis de se joindre à l'usurpateur contre le souverain légitime, il est tenu, au contraire, aussitôt qu'il le peut, de se réunir aux autres puissances *contre l'usurpateur*. Cette obligation est de droit naturel et politique tout ensemble.

IX. Cette maxime si rebattue, et dont on a tant abusé, *que chacun est maître chez soi,* a, comme tous les principes généraux, ses exceptions indiquées par la nature. Que diroit-on d'un brigand, qui égorgeant chez lui son père et sa mère, prétendroit que ses voisins n'ont pas le droit de se mêler de son intérieur; et que, diroit-on des voisins s'ils le laissoient faire?... La justice, l'humanité, ce sentiment invincible qui crie aux particuliers de se secourir quand les principes généraux sont violés, le crie également aux nations et aux souverains. La loi naturelle et divine leur ordonne impérieusement de se réunir contre le brigand qui les viole. *Plato, puniendum censet, qui vim illatam non arcet... Qui non defendit, nec obstat, si potest, injuriæ, tàm est in vitio, quàm si parentes, aut patriam, aut socios deserat.*

X. D'après cela, nous le demandons aux usurpateurs : à quoi bon tant de vexations et de sermens? Que désirez-vous?... *soumission passive* au gouvernement existant?... Elle est permise, tant que vous ne proposerez pas des choses injustes... Vous reconnoître *pour souverain légitime*, et jurer que *le peuple* vous a donné *des droits....* Ce seroit un mensonge. Jamais *le peuple* ne fut le maître *de la souveraineté*, et ne le sera jamais. *Les anciens souverains* sont les seuls qui puissent vous en donner : et quand vous inonderiez la terre de sang, jusqu'à *leur consentement préalable*, ou celui de leurs ayans cause, vous n'en aurez pas.

XI. *Résumons le tout, en deux mots :* Pour *les conquérans*, comme pour *les usurpateurs*, il faut bien se souvenir : 1°. Que *le droit* existoit, avant toutes les guerres et les usurpations possibles; qu'ains aucune espèce de société n'a jamais pu commencer par ces sortes de moyens. 2°. Que *le droit* n'ayant pu être acquis que *par la volonté* du propriétaire, jamais il ne pourra être transmis que par un effet de ses volontés; qu'ainsi après toutes les conquêtes, les usurpations et les prescriptions mêmes, *le consentement* des anciens propriétaires est la marque indispensable *de la translation des droits*. Actuellement lorsque les souverains ont *des droits*, peuvent ils les transmettre à d'autres et en disposer à leur tour, comme ils le jugent à propos? Voilà la dernière question que nous achèverons d'expliquer dans la section suivante.

§ VI.

Pouvoirs des souverains actuels.

I. Quand les souverains actuels ont *des droits*, peuvent-ils traiter, contracter, transiger avec d'autres et faire de nouvelles constitutions? *Quels sont dans tout cela leurs pouvoirs?* Voilà la dernière question qu'on puisse faire sur la transmission des droits souverains; et en voici en deux mots la réponse : ils peuvent le faire aussi facilement que les autres propriétaires, en se conformant aux lois de leurs prédécesseurs.

II. Et c'est ici surtout que nous allons mesurer de plus près la profondeur de l'abîme où nous ont entraînés nos misérables systèmes. Pourquoi la dernière révolution a-t-elle été si terrible? C'est parce que la fausse philosophie ayant arraché *la souveraineté* des mains des souverains, et l'ayant transportée dans celles des peuples, d'abord les Bourbons en France ont été jugés, égorgés, chassés et exilés, les grands massacrés, les terres partagées, les lois changées, et les transactions brisées par des factieux qui, se disant *les représentans des peuples*, se sont crus *les propriétaires* des pouvoirs souverains. Et pourquoi le coup que l'on a porté en France a-t-il retenti jusqu'au bout du monde, et a-t-il fait trembler tous les souverains sur leurs trônes?... C'est que si les peuples sont *propriétaires* de la souveraineté en France, ils le sont également dans tout le reste de la terre. Et que, tant que *cette grande propriété* sera déplacée, tous les souverains doivent s'attendre au sort des Bourbons, comme tous les gouvernemens à celui de la France.

III. « Non, » dit *M. de La Mennais*, avec son éloquence ordinaire, pag. 240 et suivantes, « jamais,
« quoi que l'on fasse, on ne nous montrera, dans les
« siècles qui ont précédé, l'exemple d'une dissolution
« aussi complète et aussi rapide. A peine quelques
« mois s'écoulent, et l'on voit disparoître la religion,
« la royauté, les corps constitutifs de l'état, et l'état
« lui même; les lois, les mœurs, les coutumes héré-
« ditaires, les opinions reçues, les maximes antiques,
« les idées, les principes, les sentimens transmis de
« génération en génération, tout meurt, tout s'éva-
« nouit, tout s'efface; une énergie inconnue hâte,
« précipite la destruction : les débris s'accumulent
« sur les débris, ils se mêlent, se confondent : on
« ne peut plus ni les compter, ni les reconnoître, et
« les souvenirs mêmes sont des ruines. La société,
« en proie à la désolation, présente l'affreuse image
« d'une cité dévastée, dépouillée de ses remparts et
« de ses monumens, sur laquelle un implacable vain-
« queur a promené la charrue et semé le sel, em-
« blème lugubre d'une éternelle stérilité. Cette terri-

« ble révolution, dit-il encore, a, pour ainsi dire,
« arraché jusqu'à la racine, et jeté dédaigneusement
« au loin, comme une plante inutile et vénéneuse,
« toute institution sociale, etc. » Voilà bien les effets
de cette terrible révolution décrits de main de maître;
et, comme nous l'avons déjà dit, on en trouvera de
superbes descriptions dans tous les écrivains distingués de nos jours.

IV. Mais la cause de ces terribles effets, quelle est-
elle?... Nous soutenons que c'est *le déplacement des
pouvoirs.* Transportez les pouvoirs de celui qui gouverne le monde dans les mains de ses créatures, l'univers ne sera plus qu'une vaste boucherie où toutes les
passions déchaînées exerceront les plus horribles ravages. Placez les pouvoirs d'un père dans les enfans,
d'un maître dans les ouvriers, d'un professeur dans
les écoliers, d'un souverain dans les sujets, ce sera la
même chose. Il est impossible qu'un supérieur soit *le
représentant* de ses inférieurs et qu'il tienne d'eux ses
pouvoirs.

V. *Le représentant d'un grand peuple.* Tous ces
grands mots étoient bons avant la révolution. Mais
maintenant que l'excès de nos maux nous a appris à
réfléchir, nous soutenons qu'aucun souverain, quel
qu'il soit, simple, mixte ou composé, ne put jamais
être *le représentant* du peuple; qu'il ne put jamais
en recevoir ses pouvoirs; que la chose est impossible:
impossible, parce que Dieu ne les y a point mis; impossible, parce qu'il faudroit, comme l'exige *J. - J.
Rousseau,* à chaque loi, à chaque acte de gouvernement, que *l'universalité* du peuple fût assemblée:
il faudroit, à chaque enfant nouveau-né, s'assurer de

son consentement, sans quoi les pouvoirs cesseroient d'être *universels*...... Folie, extravagance, aveuglement pitoyable que *ces gouvernemens représentatifs des peuples* : et nous défions le génie le plus transcendant de nous expliquer le moyen d'en faire.

VI. *Des peuples libres !* Et nous, nous soutenons qu'on ne pourra jamais tirer de ces absurdes conceptions que le déchaînement des passions qui dévoreront les peuples eux-mêmes. *Les droits des peuples !...* Et nous, nous soutenons qu'ils n'en auront jamais *le pouvoir* ; que toutes les constitutions que l'on a faites *au nom du peuple*, depuis près de trente ans, ont été absolument nulles ; qu'elles devoient crouler les unes sur les autres, et que toutes celles que l'on voudra faire *au nom du peuple* crouleront de même, parce que jamais les peuples ne pourront conférer la souveraineté, ni *légitimer* aucunes constitutions.

VII. *Les représentans d'une grande nation !...* Les représentans de *l'Etre Suprême* sont bien plus grands : et c'est là ce que sont les souverains, simples, mixtes ou composés ; jamais ils n'ont pu tirer que de là leurs pouvoirs. *Les représentans d'une grande nation !...* Et nous, nous soutenons que, tant qu'on s'obstinera à placer la source de la souveraineté dans les peuples, il n'y aura plus ni peuples, ni sociétés, ni souveraineté, ni gouvernemens, ni frères, ni patrie : il n'y aura plus rien. Ce sera, comme le dit *M. de La Mennais*, et comme nous le verrons dans notre Appendix historique de droit naturel, *la confusion et le chaos.*

VIII. Reportez au contraire les pouvoirs souverains où Dieu les a mis, *dans le père universel* de chaque peuple ; dès-lors, à ce beau nom *de père*, celui de mère, de frères, d'enfans, de patrie et de grande famille reparoît; dès-lors, chaque souverain devient *le père* de son peuple, et chaque peuple devient *la grande famille* de son souverain; dès-lors, pour faire des souverains et légitimer de nouvelles constitutions, il n'est plus nécessaire d'assembler *l'universalité* des sujets. Dès que le désistement des anciennes dynasties est connu, la souveraineté se trouve transmise aux nouveaux souverains par la volonté légale des anciens propriétaires; et autant il est impossible de légitimer qui que ce soit *de la part des peuples*, autant il est facile de le faire *de la part des anciens souverains*. Qu'on se souvienne que, dès son vivant, *le chef universel* de chaque tribu possédoit, dans toute sa plénitude, *l'autorité universelle et souveraine*, et l'on aura la clef de toutes les transmissions.

IX. Si l'on demande pourquoi ces chefs primitifs, qui possédoient par eux-mêmes une si grande puissance, furent d'abord de si petits souverains, nous répondrons que ce fut par des raisons qui se présentent d'elles-mêmes à l'esprit qui sait réfléchir : parce que, n'ayant encore que très-peu de monde, ils ne purent d'abord défricher qu'un bien petit pays. La succession inévitable des naissances, qui forma une différence énorme dans les défrichemens, en forma nécessairement une grande dans l'étendue des empires. Dans chaque pays, il y en eut de très-petits, avant qu'il pût y en avoir de grands, et il y en avoit déjà de bien grands dans les pays avancés en population, quand ils étoient encore bien petits dans d'autres.

X. C'est ainsi qu'*Ismaël*, qui avoit douze enfans, après s'être formé dans les déserts une habitation qu'il laissa à son aîné, ayant ensuite établi ses onze cadets en toute souveraineté dans onze parties du même désert, sa nation, comme on le voit dans l'histoire, se trouva d'abord partagée en douze tribus, qui avoient chacune *leur chef*. Mais ce qui arriva à *Ismaël* dans les déserts étoit déjà arrivé, comme nous l'avons dit ailleurs, dès l'origine du monde, aux enfans *d'Adam* et *de Caïn*, qui s'établissoient chacun dans un petit terrain, à la tête de leur famille ; après le déluge, aux petits enfans *de Noé*, qui marchoient vers leur destination, à la tête de leur peuplade ; dans la terre *de Canaan*, où chaque petit pays avoit son roi ; se répéta dans la Germanie et la Franconie, où, comme le dit *Tacite*, chaque village avoit *son chef : quot pagos, tot ferè duces*; se reproduisit en France, en Angleterre, et dans l'Europe entière, où chaque province avoit *son duc*; existe encore en Afrique, en Amérique, et chez les sauvages eux-mêmes, où chaque tribu a *son seigneur*. L'histoire naturelle de la formation des sociétés est partout la même. La succession des naissances et des défrichemens y produisit partout les mêmes gradations. Mais ce qui ne varia jamais, et ce qui confirme pleinement notre histoire, c'est que, partout, *le duc* existoit avant sa tribu, et *le souverain* avant son peuple, de sorte que jamais *l'autorité* ne put venir des sujets.

XI. Tant que ces petits souverains eurent peu de monde, comme nous l'avons déjà observé, ils vécurent en paix chacun dans leur terrain ; mais lorsque leur population vint à s'atteindre, il s'établit entr'eux et leurs voisins, un état de guerre, où les états déjà formés menacèrent d'envahir les petits, et où les petits furent forcés de se réunir pour tenir tête aux grandes puissances : et ce fut alors qu'il fallut faire *de grandes constitutions*. Mais ces grandes constitutions ne furent pas plus difficiles à faire que les petites, puisque ce furent partout, non pas les peuples, mais *les chefs* qui les firent. Ce fut partout, tout simplement, un congrès de petits souverains qui disposèrent entr'eux de leur souveraineté, et qui la remirent à qui ils voulurent, comme *un droit personnel* dont ils étoient les propriétaires.

XII. Et pour concevoir avec quelle facilité se firent ces dispositions, supposons que, faisant partie de ce congrès, nous ayons le droit d'y faire des propositions, quelle forme de gouvernement y proposerons-nous ?....... Comme *Marcomire*, principal chef des Francs, proposerons-nous de nous réunir tous sous le gouvernement d'un seul, pour pouvoir tenir contre les Romains ? Alors, après avoir proclamé *Pharamond*, fils de *Marcomire*, notre monarque général, nous lui remettrons chacun *la petite souveraineté* que nous avions sur nos sujets respectifs, en conservant sous lui le titre *de ducs et pairs*.... Au lieu d'une grande monarchie, préférerons-nous *une aristocratie?* Quoi de plus aisé ?... Au lieu de remettre nos pouvoirs à un seul, nous gouvernerons en commun, et nous conviendrons ensemble du mode dont on nous donnera des successeurs. Préférera-t-on de se réunir volontairement aux grandes puissances déjà formées ? Ces réunions volontaires ont eu lieu partout, en France, en Espagne, en Angleterre, et dans tous les pays. Aimera-t-on mieux remettre la souveraineté au sort de la guerre? Dès-lors, ce sera le vainqueur qui en deviendra le maître, par l'acceptation antérieure du vaincu. Enfin, après des révoltes partielles, telles qu'*en Suisse, en Hollande, et dans les Provinces-Unies d'Amérique*, nous proposeroit-on des formes républicaines, mixtes ou composées? Qui nous empêcheroit de céder nos pouvoirs, en tout ou en partie, aux députés du peuple ou à ceux des grands, sur des pays qu'il seroit impossible de recouvrer, sans risquer de perdre le tout et de nous perdre nous-mêmes, nous et nos ayant-cause? Alors les législateurs, une fois investis *de la souveraineté*, ne seront pas les représentans du peuple, mais les nôtres. Quelle difficulté y a-t-il?

XIII. Enfin *la souveraineté est-elle la propriété des souverains, ou celle des peuples?* Voilà la question décisive à laquelle se réduit toute cette première partie? Si, comme nous l'avons démontré, il est impossible qu'elle puisse jamais appartenir aux peuples, et qu'elle soit nécessairement *la propriété* des souverains, ne pouvons-nous pas, si nous sommes du nombre, *au droit des chefs primitifs*, faire tout ce qu'ils feroient eux mêmes en pareil cas; réunir ou diviser nos pouvoirs; les donner, à un ou à plusieurs; à vingt ou à cinquante: à des chambres ou à des sénats; aux députés des peuples, ou à ceux des grands; à vie, ou à une dynastie toute entière?... nous donner *des représentans* plus aisément que les peuples, qui, en fait de souveraineté, ne le pourront jamais?

XIV. Mais ce que nous pouvons faire, *les diètes et les états* le peuvent comme nous, dans la vacance des trônes, puisque nous leur en avons donné les pouvoirs. En observant cependant, qu'ils ne le peuvent, que sous toutes les conditions que nous avons prescrites; que lorsque les trônes sont vacans; que les anciennes dynasties sont éteintes; ou qu'elles ont cessé de poursuivre, ou de réclamer, dans l'intervalle immense prescrit par les lois. En observant encore, que, lorsque la transmission est faite selon les règes, les nouveaux souverains, quels qu'ils soient, simples, mixtes ou composés, deviennent *les propriétaires* de la souveraineté, au droit de leurs prédécesseurs, et que, qui que ce soit au monde ne sauroit, à leur tour, les en dépouiller malgré eux.

XV. Voilà, en fait de souveraineté, les pouvoirs des souverains actuels. En se conformant aux lois des anciens souverains, ils ont des pouvoirs aussi étendus que tous les autres propriétaires; mais quelque puissans qu'ils soient, ils ont aussi les mêmes bornes: c'est *la propriété* des autres. Car si *la souveraineté* ne vient pas des peuples, *la propriété* de chaque sujet n'en vient pas davantage. Si j'ai cultivé un champ, ou fait quelqu'ouvrage d'esprit ou de corps, c'est, non pas avec la main du peuple, mais avec la mienne: et si j'en recueille les fruits, c'est non pas *le peuple*, mais *Dieu* qui me les a donnés. *Ma propriété* n'est, ni aux peuples, ni aux puissances, elle est à moi et à moi seul: et si le souverain a le droit de lever des impôts, c'est pour la défendre, et non pour l'envahir.

XVI. Voilà pourquoi, comme nous l'avons déjà dit, il fallut dans tous les temps *une représentation nationale* pour défendre les propriétés contre les abus du pouvoir. *Représentation nationale* composée d'anciens propriétaires, avec lesquels le souverain peut réformer les anciennes lois, mais sans lesquels il ne le peut pas : sans quoi il peut être bien sûr qu'il n'en résultera que des troubles, des dissensions et des révolutions, que toute sa puissance n'empêchera pas, parce que ce n'est que pour protéger les droits de ses sujets qu'il est *le propriétaire* de sa puissance.

XVII. C'est ainsi que les souverains actuels, quand une fois ils sont investis de l'autorité des pères primitifs, deviennent très-réellement *les pères de leurs peuples*; ayant, en vertu de cette auguste paternité, des droits personnels à leur soumission, à leur respect, et à leur amour; non pas comme *représentans* d'une grande nation, mais comme ceux des pères primitifs : obligés, comme eux, d'aimer leurs sujets comme leurs enfans, de défendre avec intrépidité, leurs personnes et leurs propriétés contre les ennemis, et du dedans et du dehors, et de mourir s'il le faut avec eux, pour le salut de la patrie, et le maintien des institutions de leurs pères.

XVIII. C'est ainsi que la nature de la souveraineté étant parfaitement rétablie, il est facile d'en mesurer toute l'étendue, d'en suivre le cours, d'en apprécier les bornes, d'en connoître avec ponctualité tous les droits et les devoirs. On voit clairement, comment au droit des fondateurs, les souverains peuvent tout sur leur propriété, et rien sur celle des autres, dont ils ne sont que les conservateurs. On aperçoit aisément quand les petits états ont cessé; quand les grands gouvernemens ont paru; et quand les républiques ont pris naissance; dans quel instant les usurpateurs ont pu devenir souverains, et dans quel instant ils ont pu eesser de l'être, pour être remplacés par d'autres à leur tour. *D'après la volonté légale des anciens souverains*, qui ont été les premiers propriétaires des pouvoirs, la *souveraineté* a pu se trouver transmise en d'autres mains, sans doute ; mais dans quelques mains qu'elle passe, jamais *le droit* ne se perd, et jamais *la souveraineté* ne sauroit s'éteindre. Quand elle n'est pas dans les mains de l'usurpateur, elle est encore dans celles des héritiers légitimes ; et quand elle n'est plus dans les mains de l'héritier légitime, elle passe dans celles du nouveau possesseur, mais toujours selon la volonté des anciens propriétaires, qui ont fixé les règles de ces transmissions, après les usurpations mêmes : jamais au signal des peuples qui ne seront jamais les maîtres de ces droits.

XIX. C'est un fleuve majestueux, dont les eaux tantôt se réunissent, et tantôt se divisent ; tantôt semblent se perdre sous terre, tantôt rompent leurs digues, et changent de lit, tantôt tombent en cascades et se précipitent avec fracas du haut des rochers, et tantôt traversent paisiblement des campagnes riantes. Mais quels que soient les obstacles, et les précipices, les changemens, et les révolutions, c'est toujours la même source, et c'est toujours *l'autorité très-naturelle des pères primitifs*, qui passe d'un lit à un autre, et qui fait la matière des traités, des transactions, des cessions, des conquêtes, des désistemens et des transmissions, après les usurpations mêmes ; et qui, sans jamais changer de nature, est descendue par la volonté des anciens propriétaires, de souverains en souverains, sur la tête de ceux qui gouvernent de nos jours, même dans les républiques ; d'où elle passera, *en toute propriété*, aux souverains futurs, sans pouvoir jamais appartenir aux peuples.

XX. Comment a-t-on pu quitter des vérités si claires, si lumineuses, si conformes à tous les monumens, pour se jeter dans des systèmes faux, impossibles et extravagans, qui ont plongé le monde dans des subtilités métaphysiques qu'on ne comprendra jamais ; dans des doctrines meurtrières qui ont fait de l'univers un vaste théâtre de crimes, d'attentats et d'assassinats ? N'est-il pas évident que, sur l'origine des sociétés, des autorités, et des souverainetés, nous sommes aux antipodes de la vérité, de la sécurité et de la nature ? *Concluons.*

CONCLUSION

DE CETTE PREMIÈRE PARTIE ET DES FAITS DÉCISIFS.

Nous avons exposé avec la simplicité de la vérité, l'origine et la formation des sociétés par les chefs, replacé la tête au-dessus du corps, expliqué comment dans chaque pays, *le père primitif* avoit fait des partages, des lois et des constitutions plus de cinq cents ans avant qu'il pût y avoir des peuples. Et le tout s'est trouvé complétement confirmé par l'histoire. Ceux qui balanceroient encore de se rendre, sont priés de voir comment ils définiroient *l'autorité*, et ce qu'ils répondroient aux principales questions que nous avons faites : savoir, si Dieu a tiré son autorité *de l'universalité* de ses créatures, un père de ses enfans, le chef d'une tribu, *de l'universalité* de ses descendans; la tête, de l'universalité des membres, et d'écouter franchement la réponse qui s'élèvera du fond de leur conscience. Un gouvernement où les inférieurs seroient les maîtres, sera-t-il jamais un gouvernement?

Hommes inconsidérés, semble nous dire Dieu lui-même dans le beau cantique de Moïse : vous demandez d'où est venue *l'autorité universelle et souveraine?* Remontez à l'origine du monde, *memento dierum antiquorum :* suivez le cours des générations : *cogita generationes singulas.* Interrogez votre père, et il vous répondra : *interroga patrem tuum :* vos pères primitifs; et ils vous le diront : *majores tuos, et dicent tibi.* Où étoient les peuples, quand le Très-Haut donnoit *un chef universel* au genre humain, quand il divisoit les nations, et qu'il séparoit les enfans d'Adam par peuplades qui marchoient à leur destination sous la conduite des chefs qu'il leur avoit donnés : *quando dividebat Altissimus gentes, et separabat filios Adam.* Avoit-il besoin de les assembler pour leur demander des pouvoirs?... Mortels insensés, rendez gloire à notre Dieu : *date magnificentiam Deo nostro.* Depuis le dernier père de famille, jusqu'au plus puissant souverain, il n'est pas *une seule autorité* qui ne vienne de lui : *non est potestas nisi à Deo :* pas une seule qui puisse venir des peuples. L'autorité ne fut jamais et ne sera jamais l'ouvrage des hommes. *Non est potestas nisi à Deo.*

Le sentiment qui fait venir de Dieu *la souveraineté, par les pères primitifs,* est le seul vrai, le seul solide, le seul qui puisse conférer *des pouvoirs* à ceux qui gouvernent, sous toutes les formes possibles de gouvernement. Nous l'avons prouvé dans cette première partie ; et nous osons défier les dissidens de renverser une seule de nos preuves.

L'opinion au contraire, qui la fait venir *des peuples*, est le plus faux, le plus impie, le plus absurde, le plus extravagant, le plus impossible, et le plus sanguinaire de tous les systèmes. C'est lui qui, après avoir changé la source de tous les droits, arraché des mains du créateur la chaîne des pouvoirs, dépouillé tous les fondateurs des peuples de leur souveraineté, a sapé l'ordre civil par la base, tranché la tête des sociétés, renversé l'Etre-Suprême de son trône, anéanti son plus bel ouvrage, détruit, dans les esprits, toute idée *d'autorité*, fait assassiner nos princes et nos souverains, placé la source du fleuve à l'embouchure, livré *au plus grand nombre* qui n'a rien, la disposition des trônes, des domaines, des lois et des constitutions, des propriétés, et du sang même des sujets, renversé le droit naturel et le droit civil tout ensemble, dissous tous les liens sociaux, inondé la terre de maux, et qui finira par perdre le monde si on ne s'en désiste pas.

Ce même système, après avoir tranché la tête des peuples, n'auroit-il pas, du même coup, haché et mutilé tous les membres, décomposé les corps, anéanti tous les ordres, tous les rangs, et tous les états, fait le malheur des nations, en faisant celui des souverains ? C'est ce que nous verrons dans une seconde partie, dans laquelle nous donnerons, s'il y a lieu, *l'histoire naturelle de la formation des peuples.*

TABLE DES MATIÈRES

DE CETTE PREMIÈRE PARTIE.

QUESTION PRÉLIMINAIRE.

PREMIÈRE QUESTION.

L'égalité des droits a t-elle jamais existé? Pag. 21

ÉTAT DE LA QUESTION.

§ I. *Egalité impossible d'après l'ordre de la nature.*

§ II. *Egalité impossible d'après la raison.*

§ III. *Egalité impossible d'après le mérite seul.*

§ IV. *Egalité impossible d'après l'expérience.*

SECONDE QUESTION.

Du Contrat Social. Fut-il jamais praticable?

ÉTAT DE LA QUESTION.

§ I. Contrat extravagant dans le Contrat.

TROISIÈME QUESTION.

Source des autorités. Que toute autorité vient d'autor, et l'autorité universelle de l'auteur universel de chaque peuple.

ÉTAT DE LA QUESTION.

§ I. *Preuves de raison.*

§ II. *Sources fausses.*

QUATRIÈME QUESTION.

Des cités. Qu'elles prirent également leur source dans *l'auteur universel.*

ÉTAT DE LA QUESTION.

§ I. *Origine des cités.*

§ IV. *Qu'est-ce donc qu'une constitution, et qu'est-ce que la souveraineté ?*

§ V. *De l'autorité naturelle et de l'autorité civile. Distinction de nom.*

§ VI. *Objections.*

CINQUIÈME QUESTION.

Variations des cités. Qu'aucune espèce de cité n'a jamais pu venir des peuples.

ÉTAT DE LA QUESTION.

§ I. *Vie nomade.*

§ II. *Vie sauvage.*

§. III. *Des divisions et des réunions.*

§ IV. *Appels aux peuples.*

§ V. *Des révolutions.*

§ VI. *Du consentement des peuples.*

§ VII. *Par qui Dieu constitue-t-il?*

SIXIÈME QUESTION.

Des souverains actuels. D'où ont-ils tiré leur autorité sur les étrangers ?

§ I. Des étrangers.

§ II. Des conquérans.

§ III. Des usurpateurs.

§ IV. *Suites terribles de l'usurpation.*

§ V. *Conduite envers l'usurpateur.*

§ VI. *Pouvoirs des souverains actuels.*

FIN DE LA TABLE.

PETIT APERÇU DES TROIS PARTIES.

Quoique chaque partie de cet ouvrage puisse paroître séparément, cependant elles ne formeront toutes trois qu'un ouvrage complet.

LA PREMIÈRE PARTIE

Qu'on vient de voir *sur l'origine des sociétés et des souverainetés,* contient six grandes questions.

1°. *L'égalité des droits.* — Impossible d'après la nature, d'après la raison, d'après le mérite seul, d'après l'expérience et tous les monumens. etc. etc. etc. Fait décisif.

2°. *Le Contrat social.* — Extravagant dans le contrat. Impossible dans la législation. Impraticable dans la constitution. Terrible dans ses effets. etc. etc. etc. Fait décisif.

3°. *Source des autorités.* — Que toute autorité vient *d'autor :* Et l'autorité universelle et souveraine, *de l'auteur universel* de chaque peuple. Prouvé par la raison, et par toutes les histoires; celle des Romains, des Hébreux, des Machabées, etc. etc. etc. Fait décisif.

4°. *Des Cités.* — Leur origine. Celle des lois, des constitutions, des propriétés, des autorités naturelles et civiles. Raison des deux dénominations. etc. etc. etc. Fait décisif.

5°. *Variations des Cités.* — Vie nomade. Vie sauvage. Divisions et réunions. Appels aux peuples. Révolutions, etc. Que jamais et dans aucune circonstance, la souveraineté n'a pu venir des peuples, etc. etc. etc. Fait décisif.

6°. *Souverains actuels.* — D'où tirent-ils leurs pouvoirs sur les étrangers, sur les pays conquis, et même usurpés ? Des conquérans, des usurpateurs. Quand et comment peuvent-ils être légitimés ? Que faire en attendant ? Pouvoirs des souverains actuels. Avec quelle facilité ils les transmettent. etc. etc. etc. Fait décisif, et conclusion de la première partie.

LA SECONDE PARTIE

Qui est toute prête, et que nous donnerons, dès qu'on nous fera l'honneur de la demander, contiendra quatre grandes Questions.

Le Sacerdoce. — Son origine. Son antiquité. Son universalité. Du culte. De la morale. Des sacrifices. Des prières. Des cérémonies. De la religion naturelle. Du paganisme. Des deux autorités. Leur distinction. Leur nécessité. Leur indépendance. Temporel du sacerdoce. Sa spoliation. Son assujétissement et sa dégradation, etc. etc. etc. Fait décisif.

2°. *La Noblesse.* — Son origine certaine. Sa nature. Son antiquité. Son universalité. Sa transmission civile. De l'anoblissement. Avec quoi l'on anoblit? Peut-on le faire quand on le veut, et tant qu'on le veut?.. Des fiefs-nobles. Leur origine. Décadence de la noblesse, ses causes et ses remèdes. etc. etc. etc. Fait décisif.

3.° *Tiers-Etat ou Communes.* — Son origine. Ses fonctions. Sa destination. Sa dénomination. De l'esclavage Ses causes incontestables. Son universalité. De l'affranchissement. Celui des Villes. Celui des campagnes. Progrès des affranchissemens. Leurs avantages. Leurs lenteurs inévitables. De la féodalité. Ses droits et ses abus. etc. etc etc. Fait décisif.

4°. *Des différens Corps.* — Celui *des Pontifes.* Leur dignité. Leur grandeur. Leur antiquité. Leur primauté etc. *Des Prêtres.* Leur utilité. Leurs fonctions. Leur nécessité. Portrait d'un bon pasteur. etc. *Des Missionnaires.* Leurs conquêtes. Leur manière de conquérir et de subjuguer les peuples. etc. *Les petites écoles,* et des corps qui se livrent à ces pénibles fonctions, etc. *Des Collèges,* et des corps religieux qui les tiennent. *Des hôpitaux,* et des corps religieux qui en ont soin. *Des moines.* Leurs vœux. Leurs prières Leurs méditations. Leurs ouvrages. La réunion et la perpétuité de leurs travaux. *Des autres corps.* Militaires, magistrats, arts et métiers, etc. etc, etc. Fait décisif et conclusion.

LA TROISIÈME PARTIE

Sur la liberté et la combinaison des pouvoirs ; que nous donnerons, s'il y a lieu, contiendra cinq grandes Questions.

1°. *La liberté.* — Son mécanisme. Ses deux poids opposés. Les penchans du corps d'un côté, et l'autorité de l'autre. Comment Dieu les a liés ensemble par la loi naturelle ? Comment nous devons les lier nous-mêmes, pour qu'on puisse avoir dans le même instant, la faculté de vouloir et de ne pas vouloir. Liberté sans contrepoids. Liberté fausse. Liberté des passions et des révolutions. Pourquoi si terrible ? etc. etc. etc. Fait décisif.

2°. *L'équilibre des Gouvernemens.* — Deux forces opposées. Force motrice d'un côté, la résistance de l'autre. Le pouvoir législatif d'un côté, la résistance des peuples de l'autre. Sans cela point d'équilibre, ni de liberté dans les constitutions. Comment ces deux forces doivent être placées. Comment elles doivent être réglées. Division du pouvoir législatif, ou du pouvoir moteur, fausse combinaison. Ruine absolue de l'équilibre, etc. etc. etc. Fait décisif.

3°. *Concert des deux Autorités.* — Leur distinction. Leur nécessité. Chacune sa nature. Chacune son district. Chacune son ministère. Chacune ses pouvoirs. Chacune ses lois, ses juges et ses tribunaux. Chacune ses fonds. Protection réciproque. etc. etc. etc. Fait décisif.

4°. *Accord du Naturel et du Surnaturel.* — *Le royaume de Dieu.* Récompense surnaturelle par rapport à l'homme ; mais est-elle surnaturelle par rapport à Dieu ? . *L'Enfer* de même. Son éternité est-elle contraire à la nature d'un être éternel ?.. *De la Pénitence.* Son tribunal et ses effets avantageux. *Du Purgatoire.* Sa nécessité. Sans quoi, l'impunité d désordre. *Du sacrifice.* Dépenses énormes de ceux de la nature. Beauté et simplicité du nôtre *Du surnaturel en général.* Sacremens, mystères, miracles, prophéties, combien tout cela est naturel pour Dieu. Ôtez *le surnaturel,* plus de récompenses, ni de châti-

574

mens, plus de contrepoids pour les passions; plus d'équilibre,
ni de libre arbitre.

5°. *Des Diverses Constitutions.* — Du despotisme. De la
démocratie. Du monarchianisme, et de la monarchie, où le monarque a tous les pouvoirs souverains d'un côté, et où le peuple est tout entier de l'autre, avec tous ses ordres, tous ses
états, libre de réclamer la justice, la loi de Dieu, et celle des
fondateurs. Laquelle de ces constitutions est la plus libre, la
mieux balancée, la plus conforme aux règles de l'équilibre,
du libre arbitre et de la combinaison des pouvoirs, etc. etc.
etc. Fait décisif.

Voilà un léger aperçu des trois parties, après lesquelles
nous ajouterons *un petit appendix historique, de droit naturel, politique et religieux* sur chacune de ces questions.

Si nous donnons cette collection complette de vérités, et
qu'on veuille bien les accueillir sans partialité, nous osons es-
pérer sans compter sur nos propres forces, mais sur celles des
vérités que nous exposons, qu'on aura tout ce qu'il faut, non-
seulement pour se prémunir contre les principes faux qui désolent le monde, mais pour s'en détromper si on a eu le malheur d'en admettre.

FIN.

DE L'IMPRIMERIE D'ADRIEN EGRON.